运营管理

(第二版)

孙 慧 主编

复旦大学出版社

前 言

运营管理是企业经营管理中的一项重要内容,是企业管理的四大职能之一。随着生产管理水平不断提高、生产管理技术的不断改进、新的生产方式和管理模式不断涌现,以及社会进步带来了服务业的逐步兴起,生产的概念已扩大到服务领域,生产管理的理论和方法已在服务业得到多方面的应用,并逐步形成了包含生产和服务管理的学科体系——运营管理。运营管理阐述的主要内容是要素的投入转化为有形产品和无形服务的过程。

本书重点介绍了运营管理的基本理论与方法,尽可能体现现代运营管理的新理念和新方法,使读者对运营管理的体系、功能和作用有一个全新的认识和理解。本书的宗旨在于:为高等院校的工商管理专业学生(或从事生产运营管理实践的相关人员)提供一本介绍现代企业运营管理原理和方法的教材或专业书籍,以满足社会和企业培养一线管理人才的需要。本书具有以下四大特色。

1. 体系完整。本书介绍了一个完整的运营管理过程:第一章导论;第二章至第四章介绍了运营系统的设计,包括产品和服务设计、流程设计、设施选址与设施布置等三个章节;第五章至第八章介绍了运营系统的运行管理,包括运营计划、库存管理、质量管理和项目管理等四个章节;第九章至第十章介绍了运营系统的改进,包括准时生产与精细生产、业务流程再造等两个章节。这体现了系统设计—系统运行管理—系统改进的完整过程。

2. 加大了服务性企业运营管理的比重。制造业的生产管理和服务业的运作管理有很多共同点,同时又有很多不同之处。目前运营管理的教材仍然侧重于对生产管理的讲解,对服务性企业的管理的讲解所占比重较少。但是,随着经济和社会的发展,服务业在国民经济中的地位越来越重要,据统计,2010年我国服务业占GDP的比重由2004年的40.4%上升为43%,在一些发达地区,服务业在地方经济的发展中更是占据了半壁江山。因此,研究服务性企业的运营管理具有重要意义,本书对这方面讲解的比重较大。

3. 注重实务性。本教材围绕现代运营管理实务操作的相关知识、技能要求进行编写,突出技能性和实用性的特点,注重对运营管理具体方法的介绍,着重说明怎么做、如何做。

4. 通俗易懂。本书在编写的过程中,尽量避免大段地介绍基本概念与理论,采用一个知识点配一个小例子的方法,穿插一些短小的、具有经典性或时效性的"案例"和"延伸阅读"材料,使抽象的知识变得更加具体和生动。在方便读者理解教材内容的同时,也增加了其阅读的趣味性。

本书是集体合作的成果。孙慧教授担任主编,负责确定编写大纲及各章结构框架,并对全书进行审阅和修改。全书共分十章,其中孙慧撰写第一章、第二章、第三章、第四章、第九章、第十章;程柯老师撰写第五章、第六章、第八章;刘春霞撰写第七章。

本书得到了上海财经大学国际工商管理学院博士生导师王玉教授的殷切关心和悉心指导,也得到了复旦大学出版社王联合老师的大力支持和无私帮助,高凌云、钟嘉禾、郑鸿钧、沈斌等老师提供了部分案例素材,并对教材的编写和修改提出了宝贵建议,在此一并表示由衷的感谢!

在编写本书过程中,参阅了国内外许多同行的研究成果,借鉴并引用了参考文献中的部分内容,同时也参考了大量的网页资料,谨向这些文献的编著者和出版社致以诚挚的感谢!

由于编写人员学术水平和教学经验有限,书中难免会有错误与不足之处,期盼广大读者批评指正,以利日后改进。

本书向读者提供配套 PPT 及习题,如有需要,可以发邮件于我的电子邮箱:sunh.hi@163.com。

孙慧
2016 年 7 月于上海

目录

第一章 导论 ... 1
- 学习目标 ... 1
- 第一节 运营管理概述 ... 4
  - 一、运营概念的演化 ... 4
  - 二、运营管理的基本概念 ... 9
- 第二节 运营战略的竞争优势要素 ... 13
  - 一、运营战略与企业竞争力 ... 13
  - 二、影响企业竞争优势的主要因素 ... 14
- 本章学习要点回顾 ... 21
- 复习思考 ... 22

第二章 产品与服务设计 ... 23
- 学习目标 ... 23
- 第一节 产品与服务设计概述 ... 25
  - 一、产品与服务设计的含义 ... 26
  - 二、影响产品与服务设计的主要因素 ... 27
  - 三、产品与服务设计的主要趋势 ... 33
- 第二节 产品设计 ... 38
  - 一、新产品的分类 ... 38
  - 二、新产品开发过程 ... 41
  - 三、产品开发模式 ... 42
- 第三节 服务设计 ... 48
  - 一、服务的分类 ... 48
  - 二、服务设计的过程 ... 50
  - 三、服务设计的内容 ... 50
  - 四、服务蓝图 ... 52
- 本章学习要点回顾 ... 55

复习思考 55

第三章 流程设计 57
学习目标 57
第一节 流程设计概述 60
一、流程的概念与类型 60
二、流程图 65
三、流程设计的影响因素 67
第二节 产品流程的设计与选择 71
一、产品-流程矩阵 71
二、产品-流程的生命周期 72
三、产品流程选择的经济性分析 73
第三节 服务流程设计 74
一、服务流程设计基本要求 74
二、服务-流程矩阵 75
三、服务流程设计过程 76
四、服务流程的选择 77
本章学习要点回顾 80
复习思考 80

第四章 设施选址与设施布置 81
学习目标 81
第一节 设施选址 84
一、设施选址概述 84
二、制造业选址的影响因素 89
三、服务业选址的影响因素 91
四、选址方案评估方法 93
第二节 设施布置 99
一、设施布置概述 99
二、制造企业设施布置 101
三、服务企业设施布置 106
四、设施布置支持方法 109
本章学习要点回顾 113
复习思考 114

第五章 运营计划 …… 115
学习目标 …… 115
第一节 运营计划概述 …… 117
一、运营计划的分类 …… 117
二、运营计划的环境 …… 119
三、制订计划的步骤 …… 120
第二节 主生产计划 …… 121
一、主生产计划的选择策略 …… 121
二、制定主生产计划的步骤 …… 126
三、主生产计划的方法——试算法 …… 126
第三节 物料需求计划 …… 130
一、MRP 概述 …… 130
二、MRP 的产生与发展 …… 131
三、MRP 的基本原理 …… 132
第四节 作业计划 …… 138
一、作业计划概述 …… 138
二、制造企业的作业计划 …… 139
三、服务业的作业计划 …… 141
本章学习要点回顾 …… 142
复习思考 …… 143

第六章 库存管理 …… 145
学习目标 …… 145
第一节 库存概述 …… 148
一、库存的定义 …… 148
二、库存的作用 …… 148
三、库存的分类 …… 151
四、库存成本的分类 …… 152
五、库存管理的目标 …… 153
第二节 库存控制系统 …… 154
一、定量控制系统 …… 154
二、定期控制系统 …… 155
三、最大最小系统 …… 156
第三节 库存管理的方法 …… 157

一、ABC 分类法 ……………………………………………………… 157
　　二、经济订货批量模型 ……………………………………………… 161
　　三、供应商管理库存(VMI) ………………………………………… 165
本章学习要点回顾 ………………………………………………………… 170
复习思考 …………………………………………………………………… 170

第七章　质量管理 …………………………………………………………… 171
学习目标 …………………………………………………………………… 171
第一节　质量管理概述 …………………………………………………… 173
　　一、质量 ……………………………………………………………… 173
　　二、质量管理 ………………………………………………………… 175
　　三、质量管理的发展历程 …………………………………………… 176
第二节　质量过程控制的方法 …………………………………………… 182
　　一、6S 管理 …………………………………………………………… 183
　　二、6σ 管理 …………………………………………………………… 186
　　三、服务质量差距模型 ……………………………………………… 191
第三节　常用的质量分析方法 …………………………………………… 197
　　一、调查表 …………………………………………………………… 197
　　二、排列图 …………………………………………………………… 198
　　三、因果图 …………………………………………………………… 199
　　四、分层法 …………………………………………………………… 201
　　五、直方图 …………………………………………………………… 201
　　六、散布图 …………………………………………………………… 203
　　七、控制图 …………………………………………………………… 204
本章学习要点回顾 ………………………………………………………… 205
复习思考 …………………………………………………………………… 206

第八章　项目管理 …………………………………………………………… 207
学习目标 …………………………………………………………………… 207
第一节　项目管理概述 …………………………………………………… 210
　　一、项目的含义及特点 ……………………………………………… 210
　　二、项目管理的目标 ………………………………………………… 212
　　三、项目的组织结构 ………………………………………………… 215
　　四、项目成功的关键因素 …………………………………………… 216
第二节　项目计划制定的方法 …………………………………………… 219

　　　　一、甘特图 ·· 219
　　　　二、网络计划技术及步骤 ································ 220
　　　　三、网络图 ·· 223
　　　　四、关键路线 ·· 225
　　第三节　网络计划的优化 ······································ 228
　　　　一、时间优化 ·· 228
　　　　二、时间-费用优化 ······································ 228
　　　　三、时间-资源优化 ······································ 232
　　本章学习要点回顾 ·· 233
　　复习思考 ·· 233

第九章　准时生产与精细生产 ·· 235
　　学习目标 ·· 235
　　第一节　准时生产 ·· 238
　　　　一、准时生产哲理 ······································ 238
　　　　二、准时生产的原理 ···································· 242
　　　　三、准时生产的特征 ···································· 245
　　　　四、服务业的准时生产 ·································· 247
　　第二节　精细生产 ·· 247
　　　　一、精细生产方式的起源 ································ 247
　　　　二、精细生产方式的含义 ································ 249
　　　　三、精细生产的内容 ···································· 252
　　本章学习要点回顾 ·· 254
　　复习思考 ·· 254

第十章　业务流程再造 ·· 255
　　学习目标 ·· 255
　　第一节　业务流程再造概述 ···································· 258
　　　　一、业务流程再造的含义 ································ 258
　　　　二、业务流程再造的相关概念 ···························· 260
　　　　三、业务流程再造的必要性 ······························ 262
　　　　四、业务流程再造的主要作用 ···························· 264
　　第二节　业务流程的设计 ······································ 266
　　　　一、业务流程设计的影响因素 ···························· 266
　　　　二、业务流程设计的步骤 ································ 269

第三节 流程再造的实施过程 ·················· 271
　一、实施 BPR 的前提 ···················· 271
　二、流程再造的原则 ····················· 273
　三、流程再造的方法 ····················· 277
本章学习要点回顾 ······················· 279
复习思考 ··························· 279
参考文献 ··························· 280

第一章
导 论

学习目标

1. 了解运营概念演化的过程
2. 理解产品和服务的区别
3. 熟悉运营活动的过程
4. 理解运营管理的概念及主要任务
5. 掌握运营管理的基本内容
6. 理解运营战略的竞争优势六大要素

本章学习内容导图

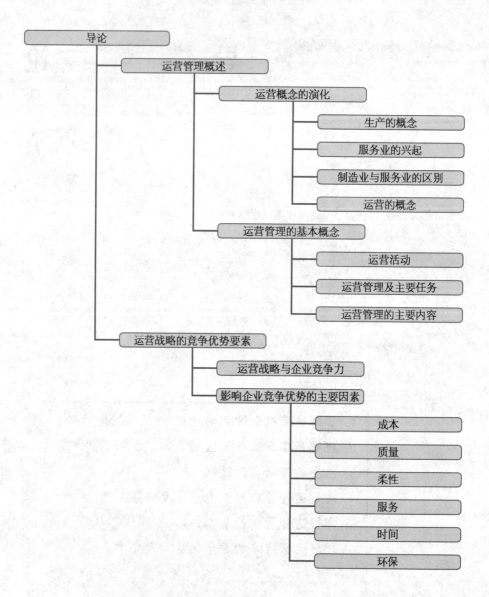

第一章 导 论

 引导案例

　　1950年春天,丰田汽车公司的丰田喜一郎到美国参观了当时世界上最大、最有效率的汽车制造厂——福特汽车公司在底特律的Rouge工厂。回到日本之后,丰田喜一郎与生产管理专家大野耐一经过仔细研究后得出一条主要结论:大量生产方式不适于日本。原因是日本经济十分困难,不可能花大量的外汇去购买美国的技术与装备,不可能花巨额投资去建像Rouge那样的工厂。况且当时日本国内市场对汽车的需要量小,需要的汽车品种却相当多,不可能实行大量生产。受到劳工法保护,日本老板不能像美国老板那样随时解雇工人,日本企业也不能像美国企业那样,在生产中雇用大量的移民。

　　丰田喜一郎还发现:福特的生产过程中仍有可改进之处。汽车生产需要大量的冲压件,冲压件的加工需要在压力机上配备重达数吨的模具,压制不同的零件需要不同的模具。在美国,更换模具是由专家来完成的,换一次模具常常需要1—2天时间。为了提高效率,西方一些汽车制造厂常常配备数百台压力机,数月甚至数年才更换一次模具。这样大量生产冲压件,在制品库存相当高。一旦工序失控,会生产大量不合格品,造成大量返工。在很多大量生产的工厂,有20%—25%的工作时间是用来返修产品的。

　　为了解决换模问题,大野耐一花了十多年时间研究出一种快速换模方法。他利用滚道送进送出模具,采取一种可使普通工人迅速掌握的操作办法,使换模时间减为3分钟左右。"3分钟换模"使加工不同零件与加工相同零件几乎没有什么差别,可以进行多品种、小批量生产。这样做的结果是,每个零件的制造成本比大量生产还低。原因在于小批生产使在制品库存大大降低,加工过程的质量问题可以及时发现,避免了大量生产不合格品和大量返修,而且一机多用,降低了固定成本。

　　丰田汽车公司之所以能够后来者居上,取决于对产品加工过程的管理和不断改进。什么是运营管理?产品加工过程与运营管理间有何关系?如何通过运营管理使企业在激烈竞争的市场上获得竞争优势,这是本章关注的主要内容。

资料来源:陈荣秋、周水银,生产运作管理的理论与实践,2002

第一节　运营管理概述

生产是人类获得一切社会财富的来源,随着社会的进步,生产活动的内容和方式不断发生变化,其活动领域也在不断扩大。

一、运营概念的演化

(一)生产的概念——制造业有形产品的生产

传统意义上,人们只要提到"生产"两字,就会联想到有形产品、制造企业、生产设备和工人等问题,有形产品是指那些能够看得见、摸得着的实体物品,在市场上通常表现为一定的质量水平、外观特色、式样、品牌名称和包装等。如电视机、空调、手表,乃至我们所用的一张纸、一支笔等产品必须使用物质资料,并借助于企业的设备和工人才能生产出来。

生产一般是指物质资料的生产,通过物质资料的生产将原材料转化为特定的产品,主要研究对象是传统的制造业有形产品的生产制造过程。相关学科称为"生产管理"(Production Management)。

(二)服务业的兴起

社会经济活动是一个不断发展的过程,由最初的农、林、牧、渔业的生产发展到加工制造业,此后服务业的经济活动比例逐步上升,如银行、证券公司、零售企业、医院、酒店、咨询机构、学校、运输企业等,无论是就业人数,还是在国民生产总值中所占的比重都有很大的增加。

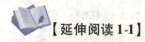
【延伸阅读1-1】
社会经济的不同发展阶段

美国思想家和社会学家丹尼尔·贝尔以技术为中轴,将社会经济的发展分成前工业社会、工业社会和后工业社会三个阶段。

在前工业社会中,主要的产业部门是农业、林业、渔业、矿业等行业。人们主要从事农业和采掘业,包括种植庄稼和树木、捕鱼、狩猎,采掘煤炭、岩盐、淘金等等。这些经济部门以消耗自然资源为主,人们利用体力、兽力和简单的工具,以家庭为基本单位进行生产,直接从自然界提取所需的物品。劳动生产率低下、受自然条件的影响大,可将其归类为第一产业。

在工业社会中,主要的产业部门是加工业、建筑业等行业。人们主要从事制造业,如服装、汽车、自行车、船舶、楼房、铁路、高速公路、桥梁等人造物品。制造业的实质是通过物理的和(或)化学的方法,改变自然界的物质,生产人们需要的物质产品,极大地丰富了人们的生活。人们利用机器和动力,以工厂为单位进行生产,使劳动生产率大幅度提高,可将其归类为第二产业。

后工业社会是一个服务社会,经济结构将发生重大变化,服务性产业将成为社会经济的主导产业。饭店、旅馆、旅游、娱乐、运动等产业开始发展,保健和教育成为人们普遍的需求。人们主要从事各种各样的服务,如贸易、运输、金融、研究、教育和管理等工作。人类利用知识、智慧和创造力,以信息技术为依托,通过不同的社会组织,为顾客提供服务,信息成为关键资源。

资料来源:丹尼尔·贝尔著,王建民译,后工业社会的来临,1997

20世纪60年代,世界主要发达国家的经济重心开始转向服务业,产业结构呈现出"工业型经济"向"服务型经济"转型的总趋势。美欧大多数工业发达国家在工业达到较高发展水平后,都相继加快了服务业的发展,使社会经济逐步进入更多依靠服务业的新增长阶段,即形成了以服务业为主导的"三二一"经济结构。判断世界上某一国家经济发达与否的一个重要指标,是其服务产业占GDP的比重。目前,全球服务业增加值占国内生产总值(GDP)比重达到60%以上,一些主要发达国家达到了70%以上,即使是中低收入国家也达到了40%以上的平均水平。

与世界上人均收入和中国相近的国家相比,中国的服务业发展水平明显偏低。我国自20世纪90年代中后期以来,服务业增加值占GDP比重实际上是在一个低水平上保持稳定,"十五"期间,我国服务业实现了较快发展。根据2004年和2008年开展的第一、第二次经济普查数据,我国以服务业为主的第三产业比重由2004年的41.2%上升为2008年的42.9%,提高了1.7个百分点。据统计局公布的数据显示,2010年第三产业增加值占GDP比重为44.2%,较2009年略有下降,在此之后,比重逐年上升,到2015年,第三产业增加值占GDP比重首次超过50%,达到50.5%。

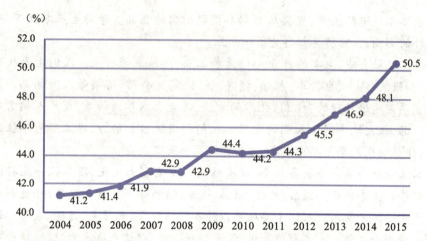

图 1-1　2004—2015 年第三产业增加值占 GDP 比重

资料来源：根据国家统计局网站 http://data.stats.gov.cn/easyquery.htm?cn=C01 整理

【延伸阅读 1-2】

根据世界贸易组织统计和信息系统局(SISD)的国际服务贸易分类表,国际服务贸易分为 11 大类 142 个服务项目,这个分类表基本上包括了服务业的主要范围：

- 商业服务,是指在商业活动中涉及的服务交换活动,包括专业服务、计算机及其有关服务、研究与开发服务、房地产服务、无经纪人介入的租赁服务及其他的商业服务,如广告服务等。
- 通信服务,包括邮政服务、快件服务、电讯服务、视听服务。
- 建筑及有关工程服务,包括建筑物的一般建筑工作、安装与装配工作、建筑物的完善与装饰工作等。
- 销售服务,包括代理机构的服务、批发贸易服务、零售服务、特约代理服务及其他销售服务。
- 教育服务,包括初等教育服务、中等教育服务、高等教育服务、成人教育服务及其他教育服务。
- 环境服务,包括污水处理服务、废物处理服务、卫生及其相关服务、其他的环境服务。
- 金融服务,包括保险及与保险有关的服务、银行及其他金融服务(保险除外)。

- 健康与社会服务，包括医院服务、其他人类健康服务、社会服务及其他健康与社会服务。
- 与旅游有关的服务，包括宾馆与饭店、旅行社及旅游经纪人服务社、导游服务等。
- 娱乐、文化与体育服务，包括娱乐服务、新闻机构的服务、图书馆、档案馆、博物馆及其他文化服务、体育及其他娱乐服务。
- 运输服务，包括海运服务、内河航运服务、空运服务、空间运输、铁路运输服务、公路运输服务、管道运输服务及所有运输方式的辅助性服务。

资料来源：根据 http://baike.baidu.com 资料整理

（三）制造业与服务业的区别

制造业与服务业相比，在产品形态上存在极大的差别（见表1-1）。制造业的产品是可见的、有形的、可保存和可运输的、可用于以后消费的，其产品质量容易被测量。服务业的产品往往是不可见的、无形的、不可保存和运输的，其生产过程与消费过程合二为一，其质量很难测量，只能通过消费进行感知。如航空公司提供的客运服务、特定的航线就是一种产品，产品的生产过程也就是消费过程，可以在消费过程中感受服务质量的高低。

表1-1　产品和服务的主要区别

制造业的产品（有形产品）	服务业的产品（无形产品）
可见的、有形的	不可见的、无形的
可以形成库存、可保存	无法形成库存、不可保存
产品可以运输	可以运输的是服务的提供者，而非产品
生产过程和消费过程是相互独立的	生产过程与消费过程合二为一
质量容易测量	质量很难测量，只能通过消费进行感知

（四）运营的概念——制造业与服务业的融合

以上所讲的是产品和服务的主要区别，在很多情况下这种区别并没有明显的界限。在现实的企业活动中大多都是有形和无形两者的结合。当服务中不包含有形产品时称为纯服务，纯服务并不多见，心理咨询是其中之一。图1-2反映了各种产品中所包含的服务范围。

【延伸阅读 1-3】

很多有形产品的销售包括提供运输服务、售后技术培训或维修服务,如办公复印机;一些无形的服务中也包含一定的有形产品,如管理咨询服务所需提供的书面报告属于有形的,培训机构提供的文字教材、电子讲义等也是有形的。

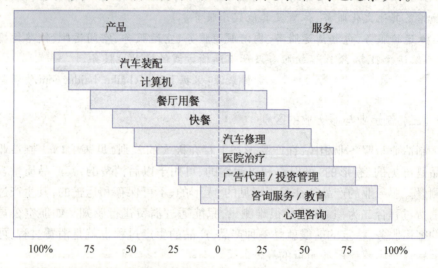

图1-2 很多产品中包含着服务,很多服务中包含着产品

资料来源:根据威廉·史蒂文森著,张群、张杰译,运营管理,2008年版改编

近来的发展趋势表明,制造业与服务业的界限正变得越发模糊,两者有许多共同之处,不论是工厂、银行还是超市,它们都需面对市场,为用户提供有竞争力的产品;它们都需要把设备和人员组织起来,使之形成生产能力;它们都要对设备和作业进行计划与控制,使之成为有效的系统。因此,人们开始将生产活动中的概念、方法和管理模式应用于对服务系统的管理,目的是提高这些系统的效率和业绩水平。在服务业有一个很重要的观念,就是尝试着把一家服务型的企业当作一家制造型企业来进行经营和管理。已有一些企业提出要在服务质量上向制造型企业看齐,强调服务质量的标准化。

可见,生产管理的领域在不断拓宽,西方的学者把与制造业联系在一起的有形产品的生产成为"Production"(生产),而将提供无形服务的活动称为"Operations"(运营),现在常将两者均称为"Operations",即"运营"。相关学科称为"运营管理"(Operations Management)。

【示例1-1】

从1999年底,海尔就实施了经营观念大转变,提出由制造业向服务业转移。就是把"我生产你购买"转变成了"你设计我生产"。前者是典型的制造业,后者却有了服务业的概念,它更能满足消费者的个性化需求。向服务业转型,这并不意味着海尔不制造产品了,恰恰相反,海尔要造好产品,更好地服务于顾客,要把制造业的客户服务提升到基于整个产品生命周期的服务。其中,包含着市场调研、产品设计的"思维服务",产品制造过程的"品质服务"和低成本的"真诚回报服务",顾客消费过程的"优质售后服务"。在这一转变过程中也产生了许多新的管理方法,丰富了运营管理学科的内容。

资料来源:根据 http://www.people.com.cn/GB/channel3/23/20001117/317096.html 的资料改编

二、运营管理的基本概念

(一)运营活动

运营活动是一个"输入→转换→产出"的过程,即投入一定的资源,经过一系列、多种形式的转换,使其价值增值,最后以某种形式的产出提供给社会的过程,体现了企业在社会存在的基本功能和客观必要性。见图1-3。

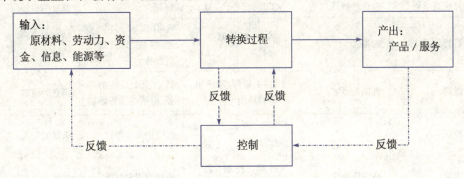

图1-3 运营活动过程

输入包括人力、设备、物料、资金、信息、技术、能源、土地等多种资源要素。产出包括两大类:有形产品和无形产品。前者是指汽车、电视、电脑、服装、食品等各种物质产品,后者是指某种形式的服务,如银行所提供的金融服务、咨询公司所提供的设计方案、超市提供的收银服务、邮局所提供的邮递服务等等。

转换过程就是劳动过程和价值增值过程。这个过程既包括物质转化过程,即使投入的各种物质资源进行转换,也包括管理过程,即通过计划、组织、实施、控制等一系列活动使上述的物质转换过程得以实现。这种转换过程还可以是多种形式的。例如,在一个机械加工企业,主要是物理转换;在一个化工企业,主要是化学转换;而在一个航空公司或一个物流公司,转换过程主要是位置的变换。

有形产品的转换过程通常被称为生产过程,无形产品的转换过程通常被称为服务过程,两者统称为运营过程。

典型的运营活动输入、转换和产出如表1-2所示。

表1-2 典型的运营活动的输入、转换和产出

组织类型	输入		转换过程	产出
	原材料	其他主要资源		
电视机厂	电子元器件、配件	工具、设备、装配流水线、工人	装配	电视机
汽车厂	钢板、发动机、零部件	工具、设备、工人	装配	汽车
化工厂	原料、物料	设备、装置、仪表、工人	分离与反应	化工产品
运输公司	在库的物资	仓库、保管员	货物的储存	保管服务
修理站	损坏的机器	工具、设备、工人	修理	修复的机器
百货公司	购买者	展示、商品储存、营业员	吸引顾客、促销商品、供应、订货等交货过程	销售商品、满意的顾客
饭店	饥饿的顾客	食物、厨师、服务员、就餐环境	精心烹饪、热情服务、舒适的就餐环境	满意的顾客
医院	病人	医生、护士、药品、医疗器械	医疗护理和治疗	康复的病人
大学	高中毕业生	教师、教材、教学设施	传授知识和技能	大学毕业生
管理咨询公司	现状、问题	咨询师	调研、咨询	咨询管理方案
政府	各类社会问题	公务员、各类专家	决策	政策、措施、规则

（二）运营管理及主要任务

运营管理就是对由输入到产出间的这一中间转换过程的设计、运行和改进过程的管理。

其主要任务是建立一个高效的产品和服务的制造系统，为社会提供具有竞争力的产品和服务。效率是投入和产出的比较，所谓高效就是以较少的投入得到较多的产出。投入包括人力、物力、财力和时间，产出的是产品和服务，即以最少的人力、物力和财力的消耗，迅速地生产满足用户所需要的产品和提供优质服务。运营管理是企业经营过程中最基本的管理职能之一。

【延伸阅读1-4】

泰罗的科学管理原理细化了管理职能，导致了职能的专业化。按照职能分工，企业管理最主要的职能是运营管理、市场营销管理、财务管理、人力资源管理（见图1-4）。市场营销管理的主要任务是确定企业生产什么产品，生产多少数量，什么时候交货，开拓市场与销售产品，实现价值的转换，将产品和服务转换成为货币资金；运营管理的主要任务是在市场营销的导向下，利用工具、设备和劳动者等资源，按质、按量、按时、低成本地制造产品或提供服务，为营销部门提供有竞争力的产品，它处于基础地位；财务管理的对象是企业的资金，主要任务是资金的筹措，并保证资金运用的效率；人力资源管理的主要任务是通过人力资源的合理配置，挖掘员工潜能，充分调动其积极性，为企业管理目标的实现提供必要的人力资源保障。这四大管理职能是互相关联的、不可分割的。

图1-4　企业主要的管理职能

（三）运营管理的主要内容

试想你要开一个餐馆，需要做些什么？

首先，需要进行产品决策，是经营西餐还是中餐？如果中餐，是经营快餐还是点菜的餐馆？如果要经营中式快餐，主要提供哪些类型的食品？产品决策之后，接着要选择食品的生产工艺和向顾客提供食品的流程,确定餐厅的规模。然后,要确定在何处开店,确定餐馆的布局和装修风格。完成以上任务后,餐馆要正式投入运行。这时要合理采购原材料,安排食品生产计划,实现人力、物力和财力的合理配置,控制食品生产现场的进度和质量,使食品能够按照顾客的要求生产出来,并能以良好的服务尽快送达顾客,供给顾客享用。此外,为了使餐馆的经营活动适应顾客需求和环境的变化,还要经常分析,对餐厅的运营管理活动进行不断改进。

如果你要开办制造型企业或提供某种服务,如开办机械加工企业、办医院、办学校等,也会遇到类似的问题。可见,运营管理的内容大致可以分为三大部分:对运营系统设计的管理,对运营系统运行过程的管理和对运营过程改进的管理(见图1-5),这也是本书编写的逻辑框架。

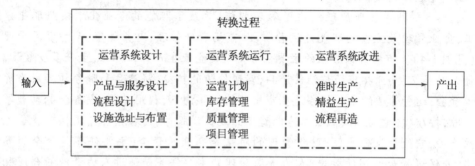

图1-5 运营管理的主要内容及教材的逻辑框架

1. 运营系统的设计

运营系统的设计主要包括产品和服务的设计、流程的设计、设施的选址和布置等问题。运营系统的设计一般在设施建造阶段进行。但是,如果企业要扩大规模,增加新设施和新设备,或者由于产品和服务的变化,需要对生产设施进行调整和重新布置,在这种情况下,都会遇到运营系统设计的问题。

搞好运营系统设计,是保证生产运作管理系统高效率、高质量运行的基本前提条件。运营系统的设计对企业运行的影响是先天性的,如果运营系统设计不当,产生的损失将很难弥补。首先,运营系统的设计取决于所生产的产品和所提供的服务,如果产品和服务选择不当,不符合市场消费者的需求,将导致方向性错误,企业所投入的人、财、物等资源都将付诸东流。在所生产的产品或所提供的服务决策完成之后,企业要考虑以何种流程向消费者提供符合其需求的产品,有学者认为,运营管理质量的高低80%由流程设计的合理性决定,因此流程设计对于企业而言十分重要。接着,企业就要决定在何处建造生产或服务设施来制造产品或提供服务。设施选址就是确定在何处建厂或建立服务设施,它不仅关系到设施建设的投资和建设的速度,而且在很大程度上决定了所提供的产品和服务的成本。选址一旦确定,就要对工厂的设施进行布置,设施布置往往决定了产品和服务的成本和管理的效率,决定了产品和服务的竞争力。

2. 运营系统的运行

运营系统的运行主要包括运营计划(综合计划、资源计划、作业计划)、库存管理、质量管理、项目管理等问题,涉及计划、组织与控制等方面。具体而言,就是在设计好的运营系统框架下,通过合理分配人、财、物等各种资源,科学安排运营系统各环节、各阶段的任务,妥善协调运营系统各方面的关系,对运营过程进行有效控制,确保系统的正常运行,保证物质流、信息流、价值流的畅通。

运营系统运行的管理主要是研究在现行的运营系统中,如何适应市场的变化,按用户的需求,保质、保量、低成本地提供合格的产品和满意的服务。运营计划主要解决生产什么、生产多少和什么时间生产的问题。库存管理的目的是在满足企业生产所需物资的基础上,尽可能降低成本。面对激烈的市场竞争,企业要生存和发展,就要关注顾客,以顾客需求为中心,要更加关注质量,质量已成为现代企业运营管理的核心动力,也是增强企业竞争优势的有力武器。项目管理是一种适用于责任重大、资源有限、关系较为复杂、要求在一定时间内完成的一次性任务的管理方法。近年来,企业项目管理的任务越来越多,专业界的活动也日益频繁。

3. 运营系统的改进

运营系统的改进是根据环境因素的变化,对运营系统进行相应调整,使其能够适应环境的变化,提供更具竞争力的产品和服务。如果运营系统改进的速度赶不上竞争对手或者不断提高的顾客期望水平,那么企业的产品和服务就有可能达不到市场竞争的要求。运营系统的改进包括准时生产、精益生产以及流程再造等内容。

第二节 运营战略的竞争优势要素

一、运营战略与企业竞争力

当产品供不应求时,人们很少注意运营战略问题,企业面临的问题主要是如何筹措资金扩大生产以供应市场,运营管理的任务仅仅是低价采购,使用简单的劳动力操作自动化程度高的机器,尽可能降低成本。企业的战略往往与市场和财务管理有关。

竞争力是指企业在经营活动中能够长期地以比其他企业或竞争对手更有效的方式提供市场所需要的产品和服务的能力,竞争力是决定一个企业生存、发展、壮大的重要因素。从20世纪70年代开始,学者们开始重视运营战略对企业整体发展的重要性。企业界也开始意识到,如果不重视运营战略,企业就会失去长期的竞争力。

【延伸阅读1-5】

我国在计划经济时期,对运营战略的认识程度很低,大多数企业只管生产,甚至不考虑成本。20世纪70年代末,美国学者斯凯纳(W. Sinner)意识到美国制造业的这个弱点,提出要考虑运营战略,与企业的市场战略和财务战略相匹配。此后,学者们不断强调将运营战略作为竞争手段的重要性,到了80年代,当美国的加工制造业被日本全面赶上并超过时,这个观点才被证明是正确的。

资料来源:百度文库 http://wenku.baidu.com/view/15899a26ccbff121dd368334.html

二、影响企业竞争优势的主要因素

企业运营管理的主要任务是为社会提供具有竞争力的产品和服务。在当前激烈的市场竞争中,企业产品和服务的竞争力主要体现在以下六个方面:成本、质量、柔性、服务、时间和环保。

(一)成本(C,cost)

成本是指满足顾客对产品和服务在价格和使用成本方面的要求,即不仅要求产品在生产过程或服务的提供过程中的成本低、售价低,而且在用户使用过程中所支付的成本也要低。在质量、功能相同的条件下,顾客将选择价格较低的产品和服务。价格竞争的实质是成本竞争,运营成本越低,企业在价格上就越有竞争优势。

成本是一个十分重要的竞争力要素,当消费者将价格作为购买的首要因素时,企业必须尽可能降低成本以获得竞争优势,但并不是企业这样做了就能获利,就能成功。我国家电行业的价格大战,有诸多的企业被淘汰出局,最能说明这个问题。

【示例1-2】

美国沃尔玛连锁店公司是世界上最大的连锁零售商,2009年沃尔玛全球营业收入高达4 056.07亿美元,实现利润134亿美元,在世界500强企业中位列第三。

沃尔玛发展的一个重要原因是成功运用了低成本战略。沃尔玛的经营策略是所有商品在所有地区常年以最低价格销售。为了降低成本,沃尔玛的主要措施有:直接向工厂购货、统一购货和协助供应商减低成本,以降低购货成本;建立高效运转的物流配送中心,保持低成本存货;建立自有车队,有效地降低运输成本;利用发达的高技术信息处理系统作为战略实施的基本保障。

此外,沃尔玛在每个细节上都竭尽节俭,如办公室不配置昂贵的办公用品和豪华装饰,商品采用大包装,尽量减少广告开支,鼓励员工为节省开支出谋划策等。沃尔玛的高层管理人员也一贯保持节俭作风,即使是总裁也不例外。首任总裁山姆·沃尔顿与公司的经理们出差,经常几人同住一间房,平时开一辆二手车,坐飞机也只坐经济舱。每当他看见其他公司的高级雇员出入豪华饭店,毫无顾忌地挥霍公司钱财时总是感到不安,他认为奢侈只会导致公司的衰败。正是由于沃尔顿的节俭习惯,他才能在经营时千方百计节省开支,降低成本,用一轮接一轮的价格战击败竞争对手,建立起庞大的连锁销售帝国。

资料来源:根据 http://bbs.tiexue.net/post2_3713995_1.html 的内容改编

【示例1-3】

当梁庆德将企业改名为格兰仕(GALANZ)的时候,他就立志要创出一个闪耀全球的品牌。1993年格兰仕第一批1万台微波炉正式下线,虽然销售步履艰难,但是梁庆德的目光已经聚焦在100万台的数量级。到1996年,格兰仕微波炉产量增至60万台,随即在全国掀起了大规模的降价风暴,当年价格直降40%。降价的结果是格兰仕产量增至近200万台,市场占有率已经达到47.1%。此后,格兰仕高举降价大旗,前后已经进行了9次大规模降价,每次降价,最低降幅为25%,一般都在30%—40%,被业界喻为"价格杀手"。

生产规模的扩大带来的是成本下降,微波炉降价又直接扩大了市场容量,企业资金回流也相应增加,企业规模再次扩大,成本再次下降……这个简单的循环引起了中国微波炉一波又一波的价格战。至今,格兰仕微波炉的年产销售量已达到1 500万台,国内市场占有率高达70%,国际市场占有率高达35%,演绎了一条优美的成长曲线。

资料来源:根据 http://www.douban.com 资料整理

(二)质量(Q,quality)

质量主要是指产品质量和过程质量,质量的好坏反映产品满足顾客需要的程度。产品质量主要指产品的功能、耐用性、可靠性、外观造型、产品的合格率等。在设计产品质量时,质量标准取决于该产品所面对的消费者需求。过度提高产品质量标准,超出用户需求会造成很大的浪费;反之,质量标准低于用户需求,同样会失去顾客。这些做法都不利于企业竞争优势的保持。例如,同样是汽车生产企业,显然生产家用经济型轿车的奇瑞公司和法拉利公司的产品质量标准有着天壤之别。过程质量即通过控制运营工艺、技术、作业过程等方面,以保证达到所设计的产品标准,并保证质量的稳定性。过程质量的目标是生产没有缺陷的产品,也可以预防产品的质量问题,无论对于何种市场,这无疑都是非常重要的。不管是普通轿车市场,还是高级跑车市场,顾客需要的都是没有缺陷的汽车。服务性企业在服务的设计和提供过程中也存在类似问题。

【示例1-4】

目前最贵的跑车是限量版的布加迪威龙,售价在100万欧元以上,它也是跑得最快的跑车,每小时的时速可以达到417公里。法拉利最贵的跑车是FXX,限量30台,售价为1 500万元左右。如果要买这种车型,你必须是法拉利公司的忠实顾客,必须拥有3辆以上,从没变卖过法拉利。只有同时具备上述这些条件的车主才有机会买得到,第一辆FXX是舒马赫的。

资料来源:http://wenwen.soso.com/z/q88998049.htm

【示例1-5】

麦当劳多家门店发生食物混入异物事件。2014年12月,一名女顾客在西部冈山县津山一家麦当劳门店就餐时从鸡块中吃出橡胶。先前,一名女顾客在大阪麦当劳就餐时从炸薯条中吃出一颗牙齿。一名儿童在福岛县郡山市麦当劳门店就餐时从甜食中吃出塑料片,划伤口腔。2015年2月3日,麦当劳控股(日本)公司宣布采取一系列整改措施,防止食物混入异物,以恢复消费者对其品牌的信心。这家企业5日起将对日本全国各门店大约15万名兼职人员展开网络培训,重新确认食物制作和店铺运营流程;所有麦当劳门店从1月25日起统一大扫除。同时,麦当劳将设立第三方机构,派出专业人员对各门店实施突击检查,还将聘请消费者问题专家,以便更好应对消费者投诉。

资料来源:根据http://finance.sina.com.cn资料整理

(三) 柔性(F,flexibility)

柔性是指企业为用户提供多样化产品和服务的能力,也是衡量企业从旧产品和服务快速转换到新产品和服务的能力。随着人民生活水平的提高,消费的个性化和需求的多样化已成为当今社会生活的基本特征,导致产品和服务的更新换代速度加快,生命周期缩短,企业应能够迅速改变产品设计、产品组合以及产品批量生产的能力,实现多品种、小批量的生产,才能适应外部环境和市场需求的变化,因此增强运营系统的柔性已成为企业参与市场竞争的重要手段。

【示例1-6】

2000年8月,海尔在全国范围内推出"我的冰箱我设计"的定制冰箱业务,所谓定制冰箱,就是企业根据消费者提出的设计要求来定做一种特制冰箱。比如,消费者可根据自己家具的颜色或自己的喜好,定制冰箱的外观色彩或内置设计的冰箱;消费者可以选择"金王子"的外观、"大王子"的容积、"欧洲型"的内置、"美国型"的线条等等,从而能最大限度地满足顾客的不同需求。据公司有关负责人介绍,在短短不到一个月的时间内,就收到了100多万台的定制冰箱订单,创造了行业奇迹。目前海尔冰箱生产线上的冰箱,有一半以上是按照全国各大商场的要求专门定制的。"在这条生产线上,你找不到两台完全相同的海尔冰箱。"这位负责人自豪地说。

海尔还从消费者的个性化角度出发,设计了数千种不同类型的冰箱产品,以满足不同国家和地区消费者的不同需求。例如,海尔的冰箱超大容积设计满足了国外消费者"一日购物,六日休闲"的生活习惯;自动制冰、吧台等功能设计,为喜欢"红酒加冰块"的欧洲消费者增添了一份浪漫情调;容积庞大,却达到了A+级能耗标准的省电功能,使澳洲客户的订单不断增加;多路风冷设计的冰箱让地处热带荒漠、气候炎热干燥的中东国家消费者感受到无限凉爽;另外,根据国外消费者喜欢放长假出游的生活习惯,海尔还设计了具有"假日功能"的冰箱,只要用户在外出度假前将冰箱设置在"假日"档,冰箱内就不会因为长期密封而产生异味,而且耗电量也大大降低。这些只是海尔定制冰箱的前奏。

资料来源:根据陈荣秋、马士华编著,生产运作管理(2009)的资料改编

(四)服务(S,service)

服务主要是指提供产品之外为满足顾客需求而提供的相关活动,如产品的售前、售中及售后服务等,服务的本质就是使顾客个性化的需求得到满足。

在当今的竞争环境中,企业为获取市场竞争优势,必须为客户提供周到的超值服务,这对不论是提供产品还是提供服务的企业都是重要的,因为服务可以增

加客户的价值。

【示例1-7】

青岛海景花园大酒店一直把"创建国际一流水平的现代化酒店,打造中国的民族服务品牌"作为矢志不渝的追求目标,确立了"把客人当亲人,视客人为家人,客人永远是对的"的经营理念和"以情服务,用心做事"的海景精神,把服务的"个性化""细微化""亲情化"作为自己的特色,追求顾客满意最大化,把西方管理的"规范化"与东方管理的"亲情化"有机融合为一体,精心打造了具有中国文化特色的管理模式和"亲情一家人"的服务品牌,受到了顾客的广泛赞誉,创造了良好的社会口碑和效益,每年酒店都会收到4 000封左右的感谢信。青岛海景花园大酒店的"亲情服务"模式被纳入美国哈佛商学院教学案例,这在国内高星级饭店中尚属首家。

资料来源:根据http://mxjs.qchm.edu.cn资料整理

(五)时间(T,time)

时间是指企业提供给顾客的产品和服务速度,主要包括新产品的开发速度和交货的速度。新产品开发速度是指从产品的构思到最终定型和生产所经历的时间。对于生命周期较短的产品,新产品的开发速度显得愈发重要,能够率先推出新产品和服务的企业就会取得竞争优势,尤其在经营环境变化较快时更是如此。交货速度是指从接到订单时起到产品交付使用所经历的时间。在某些特定的行业中,交货速度是企业获得成功的关键,交货要及时而准确,如快递公司包裹速递、救护车的急救服务等。在同一质量水平下,谁能够最及时地向顾客提供定制的产品和服务,谁能够以最快的速度推出顾客意想不到的新产品和新服务,谁就能够受到顾客的欢迎。

【示例1-8】

在快递行业中,UPS和FedEx这两大巨头总是在寻求超越对手的竞争优势,在它们旷日持久的角逐中,竞争的焦点主要就是时间。FedEx每天要处理的包裹量大概在500万件左右,UPS的处理量则超过1 300万件。如此巨大的业务量,让每秒钟的滴嗒声在这两家公司都显得异常珍贵。面对巨大的业务吞吐量,无论是UPS还是FedEx都必须依靠近乎实时的数据传输,才能将各环节控制得当。

FedEx公司的投递员手持的都是PowerPad,在取件过程中,他们可以通过蓝牙

第一章 导　论

扫描器获得包裹信息,这比他们原来的手持机与数据槽相连的方式减少了约10分钟。FedEx 的 PowerPad 还具有红外连接功能,投递员通过红外接口,每天可遥控5万个投递箱开关锁操作,FedEx 希望利用蓝牙技术进一步压缩投递员开关锁的时间。FedEx 甚至还希望,再节省一些投递员处理空投递箱的时间。为此,它正在测试通过蓝牙,投递箱是否能向附近的投递员发送空箱信号。

UPS 用于抗衡 FedEx 的 PowerPad 的是一种新的手持设备——DIAD Ⅳ(第四代投递信息采集器)。从功能上看,DIAD Ⅳ 和 PowerPad 非常相似,但不同的是,UPS 的7万部 DIAD Ⅳ 是采用数字蜂窝网络传送数据的。从 DIAD Ⅲ 开始,UPS 就一直持续进行升级并保证新系统能兼容旧系统。不过,FedEx 的蓝牙应用也让UPS 深感不安。为此,UPS 正计划在新的手持机中植入蓝牙技术,这样,它的递送员在 GPRS 信号较弱的建筑物里也能顺利地读取包裹的信息,以实时向总部汇报;同时,UPS 还利用蓝牙技术统计投递员各种操作的时间,甚至连投递员上下投递车的时间也"逃脱"不了蓝牙的监控。为能给客户提供更好的服务,UPS 还在DIAD Ⅳ 中增加 GPS,以实现对货物的跟踪。如果客户在最后时刻打电话要求改变投递地址,GPS 可以帮助司机选择到达新地点的最佳路线,以尽可能减少时间的浪费。

资料来源:根据 http://info.10000link.com/newsdetail.aspx?doc=2009060800012,两速递巨头的无线军备竞争(UPS FedEx)改编。

【示例1-9】

随着资本对外卖 O2O 的热捧,外卖 O2O 在2015年得到了极大的发展,背着写有"饿了么"字样的蓝色外卖箱、带有"百度外卖"字样红色外卖箱和印有"美团外卖"黄色字样外卖箱的送餐员,骑着电动车穿越大街小巷,已成为一些城市的"风景线",特别是在中午和下午时段,尤为显眼。

来自一份餐饮 O2O 市场调查报告显示,在餐饮 O2O 外卖投诉中,送餐慢因素占比63%,食品不安全因素紧跟其后,占比为27%。为此,百度外卖、美团外卖等自建配送体系,并在食品安全上与保险公司合作,推出相关保险,到目前为止,还没哪家平台能很好地解决上述两大难题,能否解决好上述问题也决定了未来外卖O2O 的市场格局。

调查显示:外送时间超过30分钟,顾客会开始想"怎么还不来";超过45分钟,顾客就会开始打电话询问"餐到哪了";如果在1小时及以上时,就会出现大量投诉。一家餐厅负责人表示,外卖 O2O 的主要矛盾在于对速度的掌控力太差。比如，用户下单，如果是餐厅自己配送，最多半个小时到货，而 O2O 合作方则不能很快送达，需要一个小时，甚至更久的时间，这样导致用户体验很差。一般一位用户放弃一个外卖平台的主要理由往往就是送餐速度。

资料来源：根据 http://finance.sina.com.cn/chanjing/cyxw/20150413/030721938428.shtml 资料整理

（六）环保（E, environment）

环保是指企业所提供的产品和服务对环境的影响程度。消费者对环境越来越敏感，更倾向于购买对环境无害的产品。越来越多的企业意识到绿色产品对提高企业形象获得的竞争优势的深远意义。如节能型汽车、绿色食品、低碳排放的家用电器、废旧产品的回收再利用等问题得到了越来越多的消费者和企业的关注。

【示例1-10】

华为树立 ICT 产业绿色标杆

德国莱茵 TUV 集团与华为在德国 2015CeBIT 展上联合宣布，华为全系列园区交换机成功获得绿色产品认证，成为全球首家全系列产品获此认证的 ICT 解决方案供应商。

TUV 莱茵绿色产品认证是一项自愿性认证，旨在针对消费品及其环境影响做自律性规范。针对不同产品，TUV 莱茵所依据的标准以社会责任审核和安全法规要求为基石，并配合化学物质的使用、回收再利用、能耗能效、产品碳足迹四大方面的国际标准作进一步深化。

华为获认证产品采用了环境监控芯片、风扇分区调速、旋转风道设计等多项绿色环保与节能技术，型号覆盖全系列园区交换机，其中包括 S12700 系列敏捷交换机等。华为是 ICT 行业首家获取 TUV 莱茵绿色产品认证的企业，华为交换机与企业通信产品线总裁刘少伟称，华为公司产品开发、生产、供应链管理、运输、生命周期维护等全过程均遵循"绿色"理念，采用"绿色"新技术，最大限度降低对环境的影响，力求实现全流程的绿色控制。TUV 莱茵集团国际媒体发言人 Frank A. Dudley 称，华为为整个 ICT 行业树立了"绿色"标杆。他表示，TUV 莱茵希望借此机会进一步扩大绿色产品认证在中国市场的影响力。

资料来源：根据 http://finance.sina.com.cn/chanjing/gsnews/20150320/135721768989.shtml 资料整理

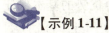

【示例1-11】

2010年7月3日15时50分左右,福建紫金矿业紫金山铜矿湿法厂发生铜酸水渗漏事故,事故造成汀江部分水域严重污染,紫金矿业直至12日才发布公告,瞒报事故9天。紫金矿业,当初是靠压低成本提炼"低品位"金矿发家而闻名,然而伴随其发展的却是多次的重大环境污染事故。本次事故仅仅是因为"暴雨造成",还是一个因为压低成本而带来的恶果?不可否认的是,此次污染事件,对当地生态环境、居民的健康来说,都是一场不容忽视的灾难。

"紫金矿业"是一个传奇。20世纪90年代,地质工作者陈景河(紫金矿业董事长)冒险用氰化钠溶液提炼黄金,使原先没有开采价值的低品位矿具有开采价值,庞大的紫金矿业帝国也就此崛起。紫金矿业的采矿成本低在行业中是出了名的。2007年,紫金矿业每克矿产金的成本只有57.64元,仅为国内平均水平的45%。然而,紫金矿业创造的这一低成本奇迹,却使自己陷入污染的泥潭,不能自拔。

资料来源:根据百度百科 http://baike.baidu.com/view/3956201.htm 的资料改编

顾客对以上这六大因素的满意度越高,产品和服务就越能赢得顾客的信赖。可见,成本、质量、柔性、服务、时间和环保这六方面的因素是企业取得竞争优势的保证条件。

本章学习要点回顾

运营活动是一个"输入→转换→产出"的过程。输入包括人力、设备、物料、资金、信息、技术、能源、土地等多种资源要素。产出包括两大类:有形产品和无形产品。中间的转换过程就是劳动过程和价值增值过程。有形产品的转换过程通常被称为生产过程,无形产品的转换过程通常被称为服务过程,两者统称为运营过程。

运营管理就是对由输入到产出间的这一中间转换过程的设计、运行和改进过程的管理。

运营管理的主要任务是为社会提供具有竞争力的产品和服务。运营管理的内容大致可以分为对运营系统设计的管理、对运营系统运行过程的管理和对运营过程改进的管理三大部分,这也是本书编写的逻辑框架。

在激烈的市场竞争中,企业的产品和服务的竞争力主要体现在成本、质量、柔性、服务、时间和环保等六个方面的因素,这也是企业取得竞争优势的基本保证条件。

1. 有形产品和无形服务主要区别是什么?
2. 选择现实生活中的某一家企业,描述其运营的过程,如某汽车生产企业、餐饮店、超市、百货商店、美容美发店等。
3. 什么是运营管理?简述运营管理的主要内容。
4. 简述影响企业竞争优势的六大因素。

第二章
产品与服务设计

学习目标

1. 了解产品与服务设计的含义
2. 了解影响产品与服务设计的主要因素和趋势
3. 理解产品开发过程和开发模式
4. 理解质量功能展开的含义
5. 理解服务设计的过程
6. 掌握服务蓝图的含义与制作过程

本章学习内容导图

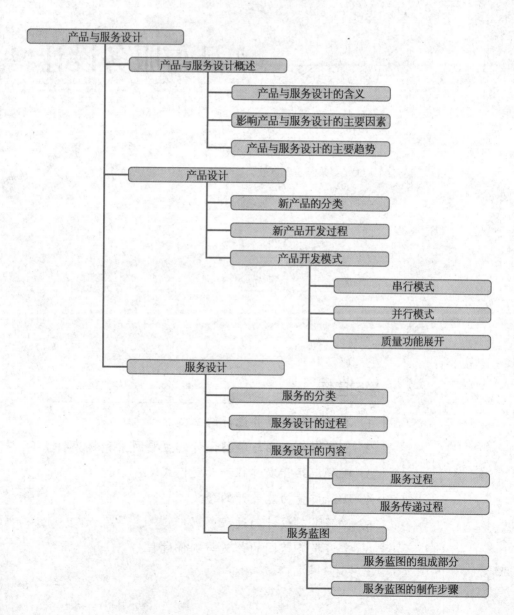

第二章 产品与服务设计 25

引导案例

你的产品设计邀请顾客参加了吗?

众所周知,顾客的需求是产品设计开发的重要出发点和考察因素,但是在今天这个时代,企业为了使产品或者服务更加符合顾客的口味,在设计开发阶段,有的企业便邀请顾客参与产品的设计与开发。在一篇名为《你的顾客设计了吗?》的文章中,有关专家指出,让顾客参与产品开发通常有三种方法:替顾客设计产品;与顾客一起设计;由顾客设计产品。在采取第三种方法时,有的企业的做法是让顾客设想出他们理想中的产品和服务,或者说,让顾客进入一种"愿望状态"。家居用品零售商宜家公司(IKEA)几年前开了一家分店,该店的设计就充分展示了上述做法的种种益处。

在建店之前,为了征求顾客对新店设计的意见,宜家召集了9个顾客小组,然后告诉这些顾客:"请大家假设所有的宜家商店都毁于昨晚,你们要从零开始设计新店。"在这一背景下,公司要求小组成员列出理想的购物体验所包括的具体内容。最终,宜家公司根据顾客提出的各种良好愿望,建造了一座三层楼的八角形商场。商场中央是一个大厅,顾客可以将其作为大本营,从这个地方很容易找到各个楼层中八个商品门类的方位。相关的商品在店内集中摆放,比如,灯具、枕头、窗帘、镜框及CD架等商品就放置在沙发附近。此外,顶层的瑞典风味餐厅为商店增添了舒适愉快的气氛。一项调查显示,该商店85%的购物者对购物体验表示"极满意或满意",没有人表示"不满意",就连感觉"一般"的人也很少。

在竞争激烈的市场中,产品设计是起决定性作用的,这种"由顾客设计"的做法真正了解和满足了顾客的需要,有利于与顾客建立良性互动。这种设计方式不仅仅可用于消费品的设计,也可用于工业产品的设计;不仅仅适用于公司的外部客户,公司还可以利用它来开发新的内部流程。

资料来源:贾森·马吉德松(Jason Magidson),你的顾客设计了吗,《商业评论》2005年第9期

第一节 产品与服务设计概述

企业存在的基础就是向社会提供产品或服务,优良的产品是企业成功的关键

所在,不恰当的产品会给企业带来毁灭性的后果。产品(服务)设计是从确定产品设计任务书起到确定产品结构为止的一系列技术工作的准备和管理,是运营管理的开始和基础。

一、产品与服务设计的含义

产品设计包括新产品开发和产品再设计。前者是指产品在用途、结构、性能、材质或适应新市场等方面具有显著的创新或改进;后者是指由于产品需求降低、消费习惯改变、产品事故或伤害事件、材料成本等原因不断地改进原有产品性能,实现产品升级和更新换代。

服务设计是指在认真分析现有服务商品、服务市场和服务体系的基础上,着力探索服务商品的发展趋势、服务市场的潜在需求以及服务体系的现代化发展进程,不断开发和创新服务内容、服务技术、服务手段和服务流程,提高服务质量,最大限度地满足消费者需求。

【示例2-1】

由于大多数产品都有一个有限、可预测的生命期,所以公司必须不断寻找新产品,进行设计和开发,并将产品投入市场。优秀的运作经理总是强调消费者、产品,生产流程和供应商之间的密切联系,这样才能确保企业新产品的成功率。

在智能手机市场饱和程度极高的竞争环境下,华为如何突出重围?华为的愿景是做出真正高性能的手机产品,不仅满足用户对性能和设计的要求,同时物美价廉。简单来说,华为致力于成为面向全球的手机制造商,而不是被贴上仅仅代表中国手机制造商的标签,因为他们目标是成为吸引世界瞩目的中国原始设备制造商,而不是任何一个中国的普通原始设备制造商。为此,华为已在中国、韩国、西欧以及新兴市场国家等世界各地设立办事处,从不同地区汲取灵感。就美国市场而言,华为相对不大为人所知,但是华为目前正在与一些美国营销商接洽,将更多有创意的产品引进美国,显然,华为在其全球设计研究上很活跃。在巴黎,华为的一所名为"美学设计中心"的办事处,咨询设计以及时尚产业并遵循时尚界的潮流。从反馈来看,他们每年都在设计上开发新的目标。

很多手机制造企业将一些金属材料融合到产品设计中,但是华为仍致力于在塑料材质上的创新,使其更加功能化和美观。华为旗下的品牌分别发展华为旗舰手机和荣耀系列手机。华为旗舰机拥有顶级规格,定位更加高级;而华为荣耀则瞄准年轻人市场,拥有相对便宜的价格。为避免旗舰机与荣耀系列竞争,在华为

第二章 产品与服务设计

旗舰机的设计上,倾向于使用一些中性色,并将继续采用不同的设计语言、特色以及不同的价位。

资料来源:根据 http://tech.163.com 资料整理

在现实中,产品设计与服务设计往往是同时进行的,因为商品和服务难以截然分开。例如,制造业中新产品的设计既包括结构、性能、材质等方面,也包括维修、安全检查等方面。又如,加油站的设计不仅包括产品(汽油),还包括加油的服务设计。

二、影响产品与服务设计的主要因素

一项成功的设计应满足多方面的要求,有顾客方面的,也有技术和制造工艺方面的要求等,设计人员要综合考虑这些方面的主要因素。

(一) 顾客的需求

设计产品与服务的目的就是为了满足顾客的需要,市场需求一般产生于两个方面:一是现有市场上产品未满足的消费欲望及潜在的消费欲望,二是市场结构与消费需求结构变化所导致的新需求。最终产品的生存取决于顾客对产品的喜欢程度。因此,设计者在整个设计过程中都必须自始至终全心全意地为顾客着想,急顾客之急,忧顾客之忧,不仅考虑设计出的产品(或服务)要能够满足顾客的基本需要,而且能为顾客考虑到产品或服务在使用时可能发生的问题,并及时地在设计过程中加以解决。

【示例2-2】

越来越多的奢侈大牌们都在用中国元素讨好消费者,但它们能不能准确地运用这些元素则是另外一回事了。比如,英国奢侈品牌Burberry就在农历新年来临前推出绣有"福"字的春节限量版围巾。它在其招牌的咖啡色、米色和黑色的格子条纹上,绣上了一个大大的红色"福"字,试图迎合中国人的新年诉求。

Burberry在微博上曝光了这款"福"字围巾后,立刻招来了大量的嘲讽,很多人认为,这样的设计搭配非常生硬,看起来像廉价的批发货。有网友说,"'福'字太难看了,好好设计一下字体,不是加个中国字就有中国风了。"

可见,奢侈品品牌如何利用中国元素并不是件轻松的事,由于各个奢侈品品牌已经形成其相对固定的风格,如果将中国符号简单生硬地加入其中,结果可能适得其反。

资料来源:根据 http://finance.sina.com.cn 资料整理

【示例 2-3】

作为国内首个中式预调鸡尾酒品牌,五粮液推出德古拉预调鸡尾酒,但上线后的销售情况并不尽如人意,超市、商店普遍看不到德古拉的身影。德古拉在京东商城上的销售情况也不乐观。业内人士指出,以五粮液为代表的白酒企业想要借预调鸡尾酒转战低度酒市场还将面临诸多挑战。

德古拉的口感与传统预调鸡尾酒品牌相比差别较大,在京东商城的德古拉购买页面的网友评论:"一股浓香型白酒味,不喝白酒的人难以接受,柠檬味最差,难以接受。"其实,以白酒为基酒在现调鸡尾酒领域中早有尝试,如采用茅台、五粮液等白酒调制的鸡尾酒在酒吧中也都可以品尝到,这与传统的鸡尾酒调制的风味口感差别较大,消费者还是普遍接受威士忌、伏特加等基酒调制的鸡尾酒。另外,经过调制的中式预调酒与原本基酒的口感完全不同,白酒的消费人群可能对此种饮品并不感兴趣。"单就德古拉预调鸡尾酒本身而言,新产品很难一下子就红起来,需要一个循序渐进的过程。"

资料来源:根据 http://finance.sina.com.cn 资料整理

【延伸阅读 2-1】

根据 2000 年 11 月底全国第五次人口普查显示,65 岁以上老年人口已达 8 811 万人,占总人口的 6.96%;60 岁以上人口达 1.3 亿人,占总人口的 10.2%。如果按照国际通行的 65 岁以上老年人口占总人口的 7%,即为老年型人口结构类型的话,那么早在 2000 年,我国已开始迈入老年型社会。

2015 年我国 60 岁以上的老年人为 2.2 亿,约占总人口的 16%,老龄化速度比较快。

据联合国预测,1990—2020 年世界老龄人口平均年增速度为 2.5%,同期我国老龄人口的递增速度为 3.3%;世界老龄人口占总人口的比重从 1995 年的 6.6% 上升至 2020 年的 9.3%,同期我国由 6.1% 上升至 11.5%。中国老龄化进程无论从增长速度和比重都超过了世界老龄化进程。到 2020 年我国 65 岁以上老龄人口将达 1.67 亿,约占世界老龄人口 6.98 亿人的 24%,全世界四个人中就有一个是中国老年人。

老龄化人口的增加将带来消费结构的巨大变化,对医药、养老、医疗服务、易于消化的食品和大号字印刷的需要量将会大幅增加,此外,由于老龄化社会的到来,还将会衍生许多新的产品和服务,产生巨大的商机。

资料来源:根据 http://wenwen.soso.com/z/q161612162.htm 整理

（二）技术的可行性

设计产品与服务受到技术方面的限制,脱离技术的可行性,天马行空地进行产品设计是行不通的,企业应该充分地考虑现有的或可获得的技术是否足以支持该产品的整个运作过程有效而经济地进行。此外,企业也必须加强对国内外技术发展的调查研究,尽可能吸收世界先进技术,加速技术进步,开发先进的产品,最大限度地降低产品制造的劳动量,减轻产品的重量,减少材料消耗,缩短生产周期和制造成本。但需要注意的是,单纯以新技术的使用为衡量标准,不考虑技术与成本之间的关系,盲目地进行新产品开发,也是不经济的。

【示例 2-4】

铱星的陨落

"铱星"电话系统于1998年11月正式投入运营的时候,被誉为科技的创举、通信的先锋;然而还没风光一年,1999年8月铱星公司便提出了破产重组的申请,并于2000年3月终止所有业务。铱星历经11年努力、耗资50亿美元开发成功的由66颗卫星组成的通信网几乎成了一堆昂贵的太空玩具。

曾经创造神话

创建当初,全世界都认为铱星创造了一个史无前例的科技神话。1987年,摩托罗拉的三位科学家提出用77颗卫星,在7个极地圆轨道上运行,把整个地球覆盖起来,让世界上任何人在任何地方、任何时间与任何人都能相互沟通。1991年,摩托罗拉公司正式决定建立由77颗低轨道卫星组成的移动通信网络,并且以在元素周期表上排第77位的金属"铱"来命名该系统。后来卫星的数量减到了66颗,但铱星公司的名称继续沿用。从1987年开始,"铱星计划"历时11年,整个投资超过50亿美元。该系统在1998年11月1日正式投入运营。

铱星系统在技术上具有极高的创新性。与传统卫星通信相比,铱星具有明显的优点:铱星运行轨道低,更易于实现全球个人卫星移动通信;具备强大的漫游功能,不仅可以提供卫星和蜂窝网络之间的漫游,还可以进行跨协议漫游;覆盖面广,能为全球任何一个地方提供无缝隙移动通信,尤其在偏远地区或地面网被毁的情况下,铱星系统有无与伦比的优越性。

美梦终难成真

然而,好梦不长。正式运行不到半年,铱星就从神话的顶峰滑了下来。1999年第一季度,铱星公司净亏损便达5.05亿美元,到1999年8月,因无法按期偿还

16亿美元负债额,公司股票狂跌,使这一耗资50亿美元建立的系统的市值仅剩6 000万美元。公司被迫申请破产保护,进行改组,以维持其继续经营。

此后,铱星公司及其最大的股东摩托罗拉公司一直想尽办法,希望通过资产重组来使铱星公司摆脱财务危机。在铱星公司宣布破产保护之后两个月,摩托罗拉公司从第三季度预算中提留了9.94亿美元的费用,以提高对铱星系统的储备资金。1999年12月中旬,摩托罗拉公司又向铱星公司注入2 000万美元的投资。但这些对于负债累累的铱星而言只是杯水车薪。2000年3月6日,美国曼哈顿破产法庭批准了铱星公司的临时融资计划,铱星公司获得了300万美元的资金,并在11天的时间里为寻找买主作最后的努力。2000年3月17日,铱星公司寻找新买主的努力以失败告终,不得不宣布破产。

曾被评为"1998年度世界十大科技成就"之一的"铱星计划",最终证明自己不过是颗"流星"。铱星是世界上第一个投入使用的大型低地球轨道移动的通信卫星系统,在实际进入工程建设的几个移动通信卫星星座中,铱星系统技术最先进、星座规模最大、投资最多、建设速度最快,因此从理论上讲,铱星占尽了市场的先机,它开创了全球个人通信的新时代,被认为是现代通信的一个里程碑,尽管"铱星"系统的问世曾编织世纪末科技童话:在珠峰上能用手机把自己的声音传遍全世界,在南极也能进行全球通话,但是这只能满足少数人的需求,"铱星"手机对一般用户来讲还只是一个好看的花瓶,是一件奢侈品,所以它得不到市场的同情。可以这样说,铱星陨落,不是在淘汰落后,而是在淘汰"先进"。

资料来源:http://www.cnii.com.cn/20020808/ca93995.htm

【延伸阅读2-2】

据英国《金融时报》报道,谷歌在2010年展示的无人驾驶技术激发了汽车行业的更广泛兴趣,如今则制定了更为远大的目标。谷歌铁了心要进行这场要么赚得盆满钵满、要么输得精光的豪赌。

传统汽车厂商陆续展示最新自动驾驶实验,它们希望人类驾驶向自动驾驶的变迁是一个稳步发展的过程。但这种渐进式改善不符合谷歌的作风,因为谷歌财力雄厚,能够投资着眼未来的项目,汽车制造商则更希望受益于具备自动驾驶技术最新进展的汽车带来的超额利润。

谷歌能否将其大胆尝试转化为商业上的成功,还将极大地取决于能否找到一种商业模式,同时满足无人驾驶汽车的成本结构和设计用途。此外,谷歌还需要在汽车业中找到合作者来构建这一模式,但目前还没有一家车企同意合作。

第二章 产品与服务设计

虽然谷歌对其无人驾驶汽车充满信心,很多专家认为,还需要花费许多年时间,才能排除一切需要排除的技术障碍,届时让无人驾驶汽车到公共道路上行驶才是安全的。

资料来源:根据 http://finance.sina.com.cn 资料整理

(三)竞争对手的状况

竞争对手的状况也是需要考虑的一个重要因素。竞争对手的产品与服务的类型、特色、成本,开发的进度、上市的时机、上市后的售价,以及会对本企业的产品造成的威胁等,都是在产品与服务设计中必须关注的因素。针对竞争对手的这些状况,该如何应对?是模仿还是超越?这是摆在企业管理者目前的、亟待解决的主要问题。

有太多的公司、太多的人走进了模仿的误区。他们会很自然地这样想:"既然领先者已经取得了成功,证明他们的做法是正确的,所以我们要跟着他们这样做。"这是模仿者常有的逻辑推理。

事实上,一个企业要想成功,必须要有自己独特的东西,否则只能低价贱卖。这种独一无二的特征就是寻找与市场领先者对立的特征,而不是变得与其"相似"。而对于市场领先者来说,忽视与自己相对立的特征以及以对立的姿态出现的弱小竞争者,将犯下无法弥补的错误。

【示例 2-5】

"对着干"比"跟着干"更有效

可口可乐是老牌的、正宗的可乐,已经在人们心目中占据了一统天下的位置,后起之秀与之竞争,通常会采取"跟着干"的做法,宣扬自己的可乐如何正宗,如何好喝。事实上,百事可乐没有这样做,它采取了"对着干"的策略,公然宣称自己是"年青一代的选择"。结果,江山轮流转,随着年青一代的成长,新陈代谢,百事可乐可以与可口可乐平起平坐了。从可口可乐方面来讲,当百事以挑战者的身份亮相之初,并没有把它放在眼里,可口可乐的领导人会这样想,我是正宗的,我已深入人心,我已一统天下,谁敢与我竞争,谁能撼动我,这种轻视新特征、后来者的态度也成就了百事,而当百事已经强大到与可口可乐抗衡的地步之后,可口可乐再来重视与百事的竞争,为期已晚。

IBM 也犯过同样的错误。IBM 以大型机统治了计算机世界,按通常的做法,后来者模仿 IBM,应该在大型机方面与 IBM 竞争,很多公司正是这样做了,遗憾的是都没有取得成功。苹果公司反其道而行之，寻找与 IBM 相反的特征，生产微型机，受到了人们的嘲笑，IBM 公司也根本没把它放在眼里，它认为人们需要的是大型机，微型机不会有市场。今天我们已经知道，微型机已经威胁到了 IBM 的生存。

资料来源：http://www.cakeok.cn/2010/0313/28788.html

（四）相关的法律和道德等问题

企业的活动受到政府规制、法律和道德等制约，在企业的产品与服务设计中要自觉地遵守法律、法规、道德、文化风俗等习惯，否则就可能发生产品责任等方面的问题，从而导致不必要的诉讼纠纷，产生不利于企业形象的种种不良后果。如在食品生产中，政府对产品使用的色素、糖精、防腐剂等的限制迫使设计者从头做起，寻求能为政府和消费者所接受的替代设计。在汽车业中，汽车尾气排放标准、安全特性如安全带、安全囊、安全玻璃、保险杠和框架等，对汽车设计有实质性影响。在玩具设计中，设计者的注意力也将被导向消除玩具的锋利边缘和尖锐棱角、能导致窒息的小碎片、有毒的材料。

【延伸阅读 2-3】

欧洲议会于 2000 年 6 月 13 日投票通过了关于在欧盟各国制造出售的香烟盒上加印新的更加醒目的警告性语言和图片的决议。决议规定，新的警告性图片的大小必须占据香烟盒一面的 40%，而原来的大小只占烟盒的 4%。决议同时还规定，烟盒上原有的"焦油含量低""柔和"等字样必须被取消。

香烟盒上的大幅图片将是人因吸烟而变黑的牙齿特写或已发生病变的肺部特写，而警告性语言则变成"欧盟国家每年有 50 万人死于吸烟""吸烟可引起阳痿""吸烟可引起口腔疾病""吸烟致癌"等字样。

英国卫生部的一名发言人说："在香烟盒上印出被腐蚀的牙齿和发黑肺部可以让人们认识到吸烟所付出的真正代价。"荷兰的一位烟民在接受采访时说，香烟盒上的新图片虽然难看了些，但却更加醒目，语言也更通俗易懂。万宝路香烟欧洲销售代表也表示，新的香烟标识看起来更加合理。

舆论认为，到目前为止，更换新的香烟标识只是在欧洲议会内部达成了一致，若要在欧盟各国真正实行，恐怕还要得到欧盟各国政府的认可。

资料来源：人民网 http://www.people.com.cn/GB/channel2/702/20000614/102758.html

产品的图案及其广告设计不要与当地的民俗风情、宗教信仰等冲突，不含种族、宗教、性别、文化等方面的歧视性内容。

【示例2-6】

2010年1月初,美国大型快餐连锁店肯德基在澳洲播出的电视广告,显示一名白人板球迷,靠炸鸡制服了一批嘈吵的黑人球迷。在广告中,看台上一名澳洲板球迷坐在对手西印度群岛板球队的黑人球迷之中,他们一边打鼓一边跳舞,气氛热烈,白人感到很不自在。就在这时,他端着一大桶炸鸡说道:"想知道陷入尴尬困境时怎么办?太容易了!"然后向周围的黑人分发炸鸡。这些人立即开始吃鸡,不再热心于加油打气。这一内容涉及种族争议,广告经互联网传到美国后引起极大反响,KFC及时撤走广告。

资料来源:http://news.163.com/10/0110/09/5SLIN0H7000120GU.html

三、产品与服务设计的主要趋势

(一)模块化设计

模块化设计又称组合设计,是将产品统一功能的单元设计成具有不同用途或不同性能的可以互换选用的模块式组件,以便更好地满足用户需要的一种设计方法。当前,模块式组件已广泛应用于各种产品设计中,并从制造相同类型的产品发展到制造不同类型的产品。组合设计的核心是要设计一系列的模块式组件。为此,要从功能单元,即研究几个模块式组件应包含多少零件、组件和部件,以及在组合设计时每种模块式组件需要多少等。

当今,在面临竞争日益加剧、市场分割争夺异常激烈的情况下,仅仅提供单一产品的企业难以生存。因此,大多数企业力图提供差异化产品或差异化服务,这不仅对企业生产系统的适应能力提出新的要求,而且显然会影响产品设计的技能。运营管理的任务之一就是要寻求新的途径,使企业的系列产品能以最低的成本设计并生产出来,而组合设计则是解决这个问题的有效方法之一。

【示例2-7】

宜家:模块化设计深入人心

宜家卖场的火爆让模块化设计渐渐深入人心,宜家家具的设计很巧妙,基本都是组合的,可拆装。模块化的特点也是这样,可以组合,相对独立,在需要的时候可以很方便地加上。那些可拆卸、便于运输、存储节约空间、部件易于更换又充满DIY乐趣的设计总是让我们爱不释手。其中"易组合"家具的设计灵感来源自乐高积木,由形状相近的基本块构成,并可以根据使用者的不同需要及喜好改变摆放方式,也可以通过不同组合变化为多种功能的家具。

2008年底,宜家家居在全国范围内推出了全新的家居生活理念:"客厅,多点生活。"倡导大家从模仿别家到从自身爱好、需求、特点出发设计属于自己的客厅;从依赖别人帮助到自己用心动脑动手打造。有了孩子以后,客厅依然可以保持整洁,而不一定非得"玩具满天飞",客厅更能变成全家人的乐园。为了帮助消费者开拓思路,实现梦想,宜家通过商场全新的展间、网站、目录册等渠道,提供了多种让客厅焕然一新的轻松解决方案和风格展示。作为客厅家具里的主角,沙发、电视柜和书柜的设计完全从消费者日常生活需求出发,易拆洗、易组合的特点让客厅里更多随意、有趣、放松的生活成为可能。消费者也不必到不同的地方拼凑客厅产品,一站式的购物方式让创造自己的客厅变得简单起来。

资料来源:根据http://gx.house.sina.com.cn/news/2008-12-08/4300112.html资料整理

【示例2-8】

海尔联合阿里巴巴推出海尔阿里Ⅱ代电视,据海尔方面称,这是全球唯一一款可通过互联网形式定制的模块化智能液晶电视。它的特别之处在于拥有一个86pin接口,可以外接智能电视模块,能够通过更换不同的模块,满足用户的个性化需求。由于采用了模块化设计,当用户的电视产品变得卡顿或者无法跟上潮流,需要更换时,用户只需消费200元,更换相应的模块即可,而普通的智能电视只能面对被抛弃的命运,而更换一台新的产品,动辄数千元的价格相对于模块电视而言,可谓代价惨重。目前,掌握成熟的模块化技术的企业并不多,这也决定了即便消费者选购一款模块化产品,也只能在同品牌之间实现兼容,且不说那个遥远的、随心所欲的个性化梦想,即便是步入模块化时代,门票都如此之昂贵。

资料来源:根据http://tech.sina.com.cn资料整理

(二)个性化定制

传统的市场销售大多数是标准化的,针对消费群体提供规模生产的产品。随着经济、技术和社会的发展,以及市场竞争的加剧,现代企业越来越意识到,要赢得竞争优势,企业必须根据顾客的需求来设计产品和服务,通过个性化的产品和服务来吸引新顾客,留住老顾客,最终为企业带来源源不断的利润,个性化定制自然地被引入产品与设计之中,并逐渐形成一种竞争优势。

【示例2-9】

2015年,"互联网+"写入了总理的政府工作报告,这意味着"互联网+"成为国家经济社会发展的重要战略,"互联网+传统企业",正在成为未来的发展趋势。所谓"互联网+"就是指,以互联网为主的一整套信息技术(包括移动互联网、云计算、大数据技术等)在经济、社会生活各部门的扩散、应用过程。互联网作为一种通用目的技术,和100年前的电力技术、200年前的蒸汽机技术一样,将对人类经济社会产生巨大、深远而广泛的影响。"互联网+"的本质是传统产业的在线化、数据化。无论网络零售、在线批发、跨境电商、快的打车、淘点点所做的工作分享都是努力实现交易的在线化。

2015年3月29日,在冰品市场战幕拉开之际,蒙牛集团的新成员——壹清食品有限公司携"互联网+"定制冰淇淋率先杀入市场抢占千亿商机。不同区域、不同族群、不同心理状态的消费者对产品需求有着本质的区别,工业3.0时代标准化造就了遍布全球的同一产品,你在墨尔本吃到的冰淇淋和在北京吃到的完全一样,而工业4.0时代放大了所有个体的需求。冰淇淋"定制",意味着冰淇淋行业内首次出现了以细分消费群体和消费需求为导向的产品,针对性更强,目标更精准。

相关专家表示,对消费者而言,"定制"冰淇淋的出现让他们能够得到更自我、更完美的消费体验。情景化的革新,让消费不再是冷冰冰的花钱买东西,变成了深入消费者内心的个性体验。这种颠覆与创新,开创了中国冰淇淋的个性化体验时代。甚至有专家认为,壹清推出的定制冰淇淋是"冰淇淋界的小米"。

资料来源:根据http://finance.sina.com.cn资料整理

【延伸阅读2-4】

今天,你DIY了吗?

DIY,是Do It Yourself的简称,这是个性定在最核心的服务,也就是用户介入产品设计生产过程,切实地满足消费者的个性需求,并为其一对一地提供个性产品,用户可以根据自己需求获得自己定制的个人属性强烈的商品。

美国25个行业的数千家公司将通过互联网向全世界提供个性化服务,个性化定制将成为互联网中最具影响力的商业模式。美国最新预测的改变未来的十大科技中,"个性定制"排在首位,这个判断是来自于市场的变化趋势。两个因素导致消费者的产品需求出现差异,一是消费者分化,二是消费者收入水平和价值判断出现差别。迎合消费者的商家正在个性化上倾注心思满足消费者需求。

曾几何时,"定制",似乎只是皇室和上流贵族的享受,渐渐地,"定制方式"颠覆了大工业时期廉价的批量生产,定制珠宝、定制时装、定制鞋靴……已辐射到品位生活的各个领域,成为"品质生活"代言词。

物以稀为贵,通过个性化定制凸显与众不同的您。最尊贵的本我在于个性价值,在于匹配气质的"独一无二"。随时随地定制独一无二的个性创意类产品,包括画册、相册、台历、挂历、海报及更多商品都已经可以个性化定制之中。

资料来源:http://www.admin5.com/article/20070818/52770.shtml

(三)协同产品设计

协同产品设计是指在产品设计阶段,设计师针对制造、装配和销售环节,邀请制造工程师、销售经理和顾客等各方代表,组成一个设计团队,征求设计意见,倾听不同的声音。利用这种团队工作,力求避免传统设计过程中"我设计,你制造,他销售"的方式而引起的各种生产、装配和销售等问题,以及由此产生的额外费用的增加和最终产品交付使用的延误。

【示例 2-10】

丰田汽车公司在开发某种新型汽车的过程中,负责该车销售的销售人员也参加开发小组的工作。丰田汽车公司十分重视提高销售人员的素质,销售人员要定期对用户进行访问,如每家有几辆小汽车?使用了几年?谁制造的?性能如何?有多大的停车场地?家里有几个小孩?小汽车在家里有哪些用途?何时需买新车?等等。销售人员要及时将这些信息转达给产品开发小组,并对新车应该具有哪些性能提出建议。在下一次访问这个家庭时,将符合用户要求的车型给用户看。

(四)计算机辅助设计

计算机辅助设计(Computer Aided Design,CAD)是运用计算机来完成产品和工序的设计,主要职能是设计计算和制图。设计计算是利用计算机进行机械设计等基于工程和科学规律的计算,以及在设计产品的内部结构时,为使某些性能参数或目标达到最优而应用优化技术所进行的计算。计算机制图则是通过图形处理系统来完成,在此系统中,操作人员只需把所需图形的形状、尺寸和位置的命令

第二章 产品与服务设计 37

输入计算机,计算机就可以自动完成图形设计。

计算机辅助设计在产品造型方面,使实体模型向产品模型转化成为可能,使产品创新设计手段更为先进、有效;在人机界面方面,由于计算机技术尤其是多媒体、虚拟现实等技术的发展,使产品人机交互界面的设计有了全新的突破,人机交互方式更加自然、人性。常用产品设计软件有 3DMAX、Pro、Engineer 等。随着计算机技术的进一步发展,计算机辅助产品设计将会使人们对产品设计过程有更深的认识,对产品设计思维的模拟也将达到一个新境界。

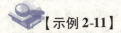【示例2-11】
产品策略为帝王船舶公司带来竞争优势

保罗·库克(Paul Kuck)原来是一位种植马铃薯的农场主,但是现在他已拥了自己的游艇公司——帝王船舶公司(Regal Marine),是世界水上游艇市场最强有力的竞争者之一。作为世界第三大游艇制造商,帝王船舶公司在全球范围开展营销业务,出口到包括俄罗斯和中国在内的30多个国家,公司近1/3的销售额来自海外。

在竞争激烈的游艇行业,产品设计是起决定性作用的。公司同客户保持着密切的联系,并对市场做出快速响应,不断推出新产品。随着消费者偏好、产品材料的改变以及船舶工程技术的改进,产品设计部门正不断承受着压力。同时,将成本优势与为客户提供高价值产品相结合也是公司需要考虑的主要问题。

因此,帝王船舶公司需要不断使用计算机辅助设计(CAD)。公司借助于汽车技术中使用的三维CAD系统来完成新的游艇设计。公司造船工程师的目标是,不断缩短产品从概念、模型到生产所花费的时间。复杂的CAD系统不仅缩短了产品的开发时间,而且减少了设备安装和产品生产问题,最终可以帮助公司生产出优质产品。

资料来源:杰伊·海泽、巴里·伦德尔著,陈荣秋等译,运作管理,2006

(五) 绿色设计

绿色设计(Green Design)也称为生态设计(Ecological Design)、环境设计(Design for Environment)等,是指在产品及其寿命周期全过程的设计中,应充分考虑对资源和环境的影响,在充分考虑产品的功能、质量、开发周期和成本的同时,更要优化各种相关因素,使产品及其制造过程中对环境的总体负面影响减到最小,使产品的各项指标符合绿色环保的要求。绿色设计的核心是"3R"(Reduce,Recycle,Reuse），不仅要减少物质和能源的消耗，减少有害物质的排放，而且要使产品及零部件能够方便的分类回收并再生循环或重新利用。绿色产品设计包括：绿色材料选择设计、绿色制造过程设计、产品可回收性设计、产品的可拆卸性设计、绿色包装设计、绿色物流设计、绿色服务设计、绿色回收利用设计等。

绿色设计是20世纪80年代末出现的一股国际设计潮流，反映了人们对于现代科技文化所引起的环境及生态破坏的反思，同时也体现了设计师道德和社会责任心的回归。在漫长的人类设计史中，传统工业设计为人类创造了现代生活方式和生活环境的同时，也加速了资源、能源的消耗，并对地球的生态平衡造成了极大的破坏。特别是工业设计的过度商业化，使设计成了鼓励人们无节制消费的重要介质，无怪乎人们称"广告设计"和"工业设计"是鼓吹人们消费的罪魁祸首，招致了许多批评和责难。正是在这种背景下，设计师们不得不重新思考工业设计师的职责和作用，绿色设计应运而生。

【示例 2-12】

湖南省长沙市一栋名为"小天城"的57层高楼采用了工厂化建造的模式，也就是将墙体、立柱、楼板、门窗等零部件事先在工厂中生产好，然后运到工地拼装起来。"小天城"的建造减少了 15 000 车混凝土运输，有效抑制了扬尘的发生。这种工厂化的"积木式"盖楼，是"可持续"的，由于是零件拼装，且大部分零件是钢材，楼房在需要拆除时，也无需采用爆破方式，90%以上的组件可在拆后返厂，翻修上漆后还能重复利用。

资料来源：根据 http://finance.sina.com.cn/chanjing/gsnews/20150323/052021780196.shtml 资料整理

第二节 产品设计

一、新产品的分类

按照创新程度来划分，新产品可分为派生产品、换代产品和创新产品。

（一）派生产品

派生产品是指对现有产品性能、型号和花色进行局部改进而制成的产品，基本上是对现有产品功能的综合和改进，包括在基型产品基础上派生出来的变型产品。派生产品只需在新产品设计和制造流程中稍做改动，开发难度较小、需要投入资源少,因而成为企业常用的新产品开发方式。

【示例 2-13】
汽车行业中约定俗成的新年式新车就是一种派生产品,即对当年已经推出的"新车"的款式和配置稍作调整和改进而推出的新产品。如 2010 年前半年推出为"正宗"新车,而新年式新车称为 2011 年新款新车。2000 年,上海大众生产的帕萨特正式投放中国市场,这是一款根据中国的法规规定、道路条件和中国用户的审美倾向、使用要求而全新开发的,将原型的 B5 加长 77 mm,宽大的体形让帕萨特更适合于国内的商务车市场。此后每一年,上海大众都会出一款帕萨特车型,如帕萨特 2012 款、2013 款、2014 款、2015 款等。派生产品是对现有产品的补充和延伸,通过不断改进和延伸现有产品线,有利于企业在短期内保持市场份额。

(二) 换代产品

换代产品是指产品的基本原理不变,部分地采用新技术、新结构或新材料,从而使产品的功能、性能或经济指标有显著改变的产品。换代产品一般需要给顾客更新的解决方案,从而能够拓宽产品族,既能够保持市场的活力,又能够延长产品族的生命周期。

【示例 2-14】
美国英特尔就通过不断更替的换代产品既保证了持续增长的利润,又保证了顾客对换代产品持续的忠诚度,从 286、386、486、奔腾 1、奔腾 2、奔腾 3、奔腾 4,直至目前的酷睿系列微处理器,每一种换代产品似乎都在向消费者表明:英特尔的技术在不断前进。

(三) 创新产品

创新产品也称为革命性产品或突破性产品,是指利用科学技术的新发明所生产的、与原有产品完全不同的产品,一般具有新原理、新结构、新技术和新材料等特征。

【示例 2-15】
美国摩托罗拉公司于 1973 年推出的第一部手机,美国 IBM 公司于 1981 年推出世界上一台个人电脑以及日本东芝公司于 1985 年推出世界第一台笔记本电脑，这些创新产品已经深刻改变人们的生活和工作方式，有利于企业获得先入为主的优势。但不可否认的是，创新产品的企业也会面临巨大的风险。

2015年1月20日，乐视在京首次公开了超级汽车"SEE计划"的具体进展。宣布了乐视超级汽车(中国)公司成立，乐视全球超级汽车研发团队的规模已经达到260多人。

作为"SEE计划"的第一个阶段性成果，乐视向外界发布了中国第一套智能汽车UI系统。这是乐视发布的首个与造车计划相关的产品，它是乐视生态在汽车领域的延伸，标志着乐视造车计划已有了实质性的进展。乐视的目标不只是要制造电动汽车，而是要打造一个完整的汽车互联网生态系统。根据乐视的声明，用户将可以远程遥控汽车，观看由乐视网提供的内容，并最终实现无人驾驶。

从产业结构来看，电视与汽车显然不可相提并论，各家车企内部都有自己的标准化技术平台，核心技术向来不会对外开放，乐视要从零开始做汽车几乎不可能，最大的可能是找车企合作。而乐视希望搭建的车联网技术也不像智能手机那般成熟，要解决网络通信问题，以及手、眼睛、腿禁锢后人车交互的问题，需要网络提供商、内容提供商、设备提供商、汽车制造商和车载信息服务提供商多方协作，就算有车企与乐视合作，想打通整个系统也非易事。

其次，汽车行业是一个需要高资金投入的行业，一个完整的汽车上市流程包括研发、生产、上市、营销、售后以及增值服务等诸多环节，至少需要百亿级别资金的支持。而从资本市场来看，乐视并不具备雄厚的实力。

乐视目前和汽车及电池行业均无交集，与厂家的合作都是起步。除了寻找海外投资，找代工厂也是一种可能，只是国内的电动汽车本身尚面临电池续航能力和充电设施不足的问题，乐视拿什么说服消费者？

再者，汽车制造业的门槛不低，发展改革委《新建纯电动乘用车生产企业投资项目和生产准入管理的暂行规定(征求意见稿)》明确，申报企业须有3年以上纯电动乘用车的研发基础，具有专业研发团队和整车正向研发能力，掌握整车控制系统、动力电池系统、整车集成和整车轻量化方面的核心技术以及相应的试验验证能力，拥有纯电动乘用车自主知识产权和已授权的相关发明专利。如此一来，从准入和技术要求来看，"超级汽车"落地之日依然遥远。

不管是"超级"汽车，还是"超级"跑车，主题还是后面的"车"，作为高速移动的代步工具，首要特征是安全可靠，其次才是其他附加功能。顾客买车肯定不是为了坐车里上网和看电影，制造业不能靠讲故事吸引眼球，在解决硬件基础之前，慎谈"造车"，更要慎谈"超级"，创新产品之路任重而道远。

资料来源：根据 http://finance.sina.com.cn 资料整理

二、新产品开发过程

不论是改良产品的开发,还是换代产品、创新产品的开发,都需要按照一定的程序进行。一般来说,新产品开发程序过程可以概括为概念产生、产品筛选、初步产品设计、原型试制和最终产品形成。见图2-1。

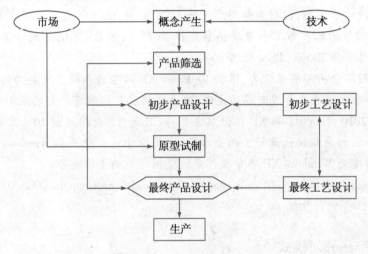

图2-1 产品开发过程

产品的生命周期一般要经历导入期、成长期、成熟期和衰退期,随着技术不断推陈出新、市场竞争的加剧,产品生命周期呈现越来越短的趋势。企业要想获得成功,赢得竞争优势,必须尽可能地压缩新产品开发的完成时间。首先,企业应不断地推出新产品概念;其次要把这些新产品概念尽快转化为客户需要的工艺设计;保证这些功能的可生产性,同时还应选择与客户需求相匹配的流程,生产出最终产品。整个过程耗时越短,越有可能在激烈的市场竞争中占据先机。

【示例2-16】

微软Vista推迟上市影响利润

微软新一代操作系统Windows Vista个人版正式发布上市,微软仍坚持在中国的高定价策略,而Vista的开发成本也确实代价不菲。作为有史以来最大的一次软件升级活动,微软为此投入巨大,各个方面均创下历史纪录。从人力资源看,Vista及新版Office两个团队开发设计成员总共9 000余人。在开发资金方面,微软目前已为Vista投入90亿美元,如果包括Vista未来的配套及合作伙伴的投入,预计在 180 亿美元以上,再加上新版 Office 的成本,投入资金在 240 亿—270 亿美元之间。

根据微软财报,台式电脑和服务器软件产品上年的销售收入占微软 443 亿美元年销售收入的 82%。Windows Vista 操作系统的一再推迟上市影响了微软第二财季利润,微软上周公布的截至 2005 年 12 月 31 日的第二财季财报显示,尽管其收入增长超过了预期,但利润却同比下降了 28%,为 26.3 亿美元。微软负责 Windows 软件销售的客户部上个季度销售下降了 25%,为 25.9 亿美元。负责 Office 商业部销售下降了 5%,收入 35.1 亿美元。

易观国际分析师宋星认为,根据 Windows XP 的经验和硬件发展的趋势,Vista 大概在 2008 年下半年会逐渐成为主流,在此之前,XP 仍然有广大的应用范围。但即使到了 2010 年,Vista 和 XP 也仍然会并存,只是 XP 会缩减到 10% 左右。而微软也为 Vista 的更新换代做好了两手准备,决定继续延长老产品 Windows XP 的生命周期,宣布为 Windows XP 部分操作系统提供延长的支持服务。

资料来源:根据 http://www.zaobao.com/special/newspapers/2006/03/computer060324.html 资料改编

三、产品开发模式

(一) 串行模式

产品开发过程需要涉及多个职能部门的参与,营销部门(识别目标市场并预测产品需求)、研发部门(设计产品并开发技术)和运营部门(包括供应商选择和流程设计)等三个部门起着至关重要的作用。同时,财会部门、人力资源部门对开发过程起着重要的支持作用。如图 2-2 所示,以上三个主要职能部门是按串行工作的,只有前一项工作完成,后一项职能才可进行,因而整个产品开发过程耗时较长。

(二) 并行模式

长期的实践证明,产品开发过程的各个阶段划分不可能做到泾渭分明。由于各阶段的工作是互相影响的,例如,市场部门形成了一个概念产品,这个想象中的产品也许是十分完美的,但是能否被设计与加工,还得取决于设计能力和加工水平,这就要求产品开发人员在一开始就考虑产品从概念形成到产品报废的整个生命周期中的所有因素,包括质量、成本、进度计划和用户要求,各有关部门在产品

第二章 产品与服务设计

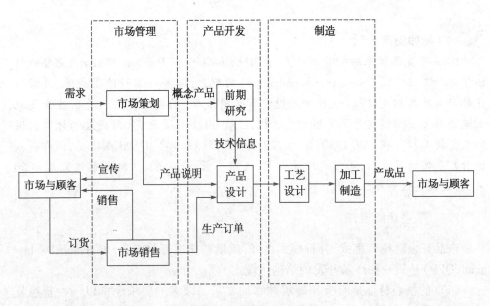

图 2-2　产品开发串行模式

开发的整个过程及时沟通信息。为了缩短产品开发的完成周期,各阶段的工作可以交叉进行,这种实现各职能协调工作的产品开发模式称为并行过程,也称为并行设计,如图 2-3 所示。

并行模式的目标是提高质量、降低成本、缩短产品开发周期和产品上市时间。并行模式的具体做法是:在产品开发初期,组织多种职能协同工作的项目组,使有关人员从一开始就获得对新产品的需求信息,积极研究涉及本部门的工作业务,并将所需要求提供给设计人员,使许多问题在开发早期就得到解决,从而保证了设计的质量,避免了大量的返工浪费。

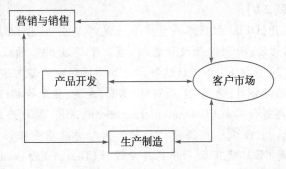

图 2-3　产品开发并行模式

【延伸阅读 2-5】

1988年美国国家防御分析研究所（IDA，Institute of Defense Analyze）完整地提出了并行工程（CE，Concurrent Engineering）的概念，即并行工程是集成地、并行地设计产品及其相关过程（包括制造过程和支持过程）的系统方法。美国波音飞机制造公司为了研制波音777型喷气飞机，投资40多亿美元，采用庞大的计算机网络来支持并行工程。从1990年10月开始设计到1994年6月试制成功，随即投入运营。在实物总装后，用激光测量偏差，飞机全长63.7米，从机舱前端到后端50米，最大偏差仅为0.9毫米。

（三）质量功能展开

产品开发除串行模式、并行模式之外，质量功能展开（Quality Function Deployment，QFD）是另一种产品开发的结构化模式。

QFD的核心特征是倾听和理解顾客的要求。顾客的要求经常以一种普遍陈述的形式出现，如"草坪切割高度应容易调整""洗衣服不伤手""用餐的环境要优雅"等等。设计者一旦了解到顾客的要求，就必须将这些"模糊性"的要求转化为与产品或服务有关的技术指标。例如，改变草坪平整高度的陈述可以联系到实现该职能的机械、地点、使用说明、控制机械的弹簧的牢固程度或所需要采用的材料。再如，关于洗衣粉不伤手的要求可以让设计者们认识到，应该改进现有洗衣粉的配方，以做到至少不损害皮肤。在服务行业中，人们对餐馆环境的要求可以促使设计者们在设计原型的时候，就考虑到餐厅内部的装潢、布置以及灯光、音效可能给消费者带来的生理和心理的感受。

【延伸阅读 2-6】

质量功能展开（QFD）由日本质量专家赤尾洋二在20世纪70年代提出。丰田公司率先运用此法，大大缩短设计时间，减少了超过60%的成本费用，QFD也因此名声大噪。20世纪80年代后这种方法逐步得到欧美各发达国家的重视并得到广泛应用，如福特公司、通用、克莱斯勒、惠普、麦道、施乐等相继采用了QFD。

目前，QFD与并行工程（Concurrent Engineering，CE）成为产品（服务）设计中热门的研究领域。它强调从产品设计开始就同时考虑质量保证的要求及实施质量保证的措施，是CE环境下面向产品质量设计（Design For Quality，DFQ）的最有力工具，对企业提高产品质量、缩短开发周期、降低生产成本和增加顾客的满意程度有极大的帮助。

QFD 将顾客对产品的需求进行多层次分析,立足于产品开发过程,最大限度地将顾客需求转化为产品设计标准、零部件特性、工艺要求、生产要求的质量策划、分析、评估。这种模式运用跨职能部门(包括设计工程部门、营销部门和制造部门等)的团队方式来实行,力求保证顾客满意。

QFD 以一系列的矩阵结构为基础,主体矩阵由顾客需求(是什么)和对应的技术要求(如何解决)构成。由于这个矩阵的外形像房子,因此称为质量屋。质量屋是实现 QFD 结构化的工具,它提供了一种将用户需求转换成产品和零部件特征,并展开到制造过程的直观结构。一个完整的质量屋包括以下六个部分,如图2-4所示:

(1) 顾客需求及其权重,为质量屋的"墙体"。
(2) 技术需求(最终产品特性),为质量屋的"天花板"。
(3) 关系矩阵,即顾客需求和技术需求之间的相关程度关系矩阵,为质量屋的"房间"。
(4) 竞争分析,站在顾客的角度,对本企业的产品和市场上其他竞争者的产品在满足顾客需求方面进行评估,为质量屋的"墙体"。
(5) 技术需求和相关矩阵,为质量屋的"屋顶"。
(6) 技术评估,对技术需求进行竞争性评估,确定技术需求的重要度和目标值等,为质量屋的"地面"。

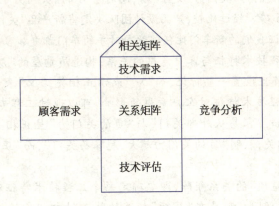

图2-4 质量屋

质量屋在产品设计中的应用:以汽车设计为例

下面举一个关于汽车设计的例子来说明这些矩阵在产品设计中的作用。

(一) 分析客户意愿和竞争状况,构造质量屋的"墙体"

质量屋的"左墙体"是顾客需求,"右墙体"是竞争分析。

构造质量屋矩阵首先从"左墙体"开始,通过分析客户意愿,在左边矩阵标出客户认为的重要意愿,如针对车门设计的客户需求可能被分成诸如"方便开关"和"隔绝等","从外面容易关"和属于"隔绝"的要求。客户要相对重要性方面给出相应评分,显示在客户意愿旁边,总计为 100 分。

此外,客户要针对自己的意愿,将本企业的产品与竞争对手进行比较,以判断当前的产品设计在某一方面是落后、领先或等同于竞争对手,这些感觉将在矩阵的右边显示,构成右边"墙体",即竞争分析。

(二) 决定工程技术特征,构造质量屋的"天花板"和"地板"

矩阵上部的"天花板"显示如何通过工程技术特征的设计,以满足左边矩阵显示的客户意愿,每个工程技术特征都要设置一个可测的量化指标,如用"关门力"的指标,即"需要用多少磅的能量关车门"来衡量客户是否"容易从外面关车门",而且这些指标要同竞争对手 A、B 相比较,并在矩阵底部的"地板"列出。图中"地板"上显示的数据为:目前我们的"关门力"是 11 磅,而对手 A 的"关门力"只需 9 磅,对手 B 的"关门力"为 9.5 磅。经过比较,产品设计团队决定将新产品"关门力"的设计目标定为 7.5 磅,以保证我们的新车门比任何竞争对手的车门都更加容易关。

(三) 确定工程技术特征与客户意愿的关系,构造质量屋的"房间"和"房顶"

首先要在矩阵里设置一些标记,如"√"表示正相关,"×"表示负相关。然后逐一评价每个工程技术特征对客户意愿的影响,可以通过工程专家意见、实验法等方法进行。例如,"容易从外部关门"与"负的关门力"呈正相关,但与"正的门密封抗力"呈负相关,表明"负的关门力越大,越容易关门",而"正的门密封抗力越小,越容易关门"。

最后,构建"屋顶"的关系矩阵,即要确定每个工程技术特征对其他工程技术特征的影响情况。例如,如果在"屋顶"矩阵的第一列中,"负的关门力"与"门的密封抗力"存在负相关关系,即"负的关门力越大,门密封抗力越小"。因此,在确定"关门力"设计目标时,需要考虑这种情况。

设计团队能根据质量屋中的信息来决定工程特征设计目标。图 2-5 的最底下一行显示了这些目标,这些设计目标是以对矩阵中的所有信息(客户意愿、竞争对手、相关的工程特征、显示在矩阵中的相互关系)的考虑为基础的。通过应用这种方法来设定设计目标和说明书,能达到各职能间以及和客户的良好交流。同样,质量屋的概念也能用来把产品的需求转变为部件的需求,然后转变为工艺设计和生产要求。为帮助供应商理解作为他们的客户的我们的需求,也可和供应商一起使用 QFD。

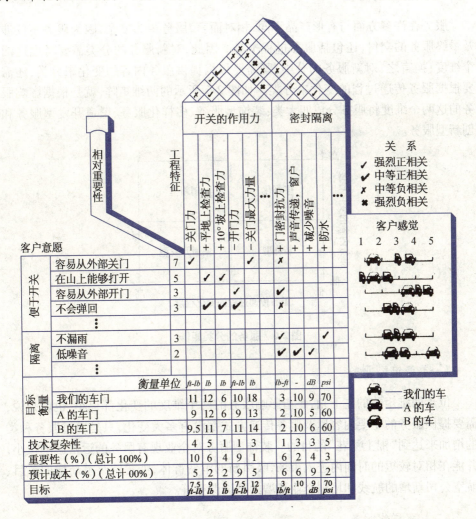

图2-5 汽车设计的质量屋

资料来源:John R. Hauser and Don Clausing,"The House of Quality," Harvard Business Review, May-June 1988, pp. 63-73

第三节 服务设计

一、服务的分类

服务在许多方面与有形产品不同,相对而言,服务更为复杂,因为服务不仅涉及最终服务的交付,还包括服务过程本身。因此,对新服务的分类需要考虑这两个维度;换言之,对新服务的分类,既需要根据提供服务内容的变化来分类,还需要根据服务传递过程的变化来分类。如图 2-6 所示的两维矩阵,就是根据影响服务的这两个维度将服务分成四大类:装饰型服务、多样化服务、渠道开发型服务和创新型服务。

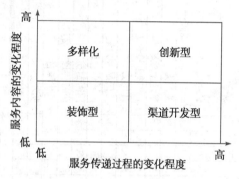

图 2-6 服务的分类矩阵

（一）装饰型服务

位于两维矩阵的左下角,是指影响服务的两个维度的变化都很小,也就是说,需要提供服务的主要内容以及服务传递方式都没有多大变化,只是通过服务种类的增加来达到"锦上添花"的目的。装饰型服务对企业现有服务的运营影响很小,并能在相对较短的时间内进入市场,吸引新的消费群体,如餐馆菜单新增的菜目、航空公司新增的航线和培训企业新增的培训课程等。

（二）多样化服务

位于两维矩阵的左上角,是指需要提供全新的服务,而服务传递的方式基本保持不变。对于开发多样化服务的企业来说,如何有效地进行市场细分和提供高效的多样化服务是一大挑战。如美国著名的连锁酒店管理集团万豪从单一餐饮

第二章 产品与服务设计

理念发展到服务多个细分市场,实现了多样化服务,如居家酒店、庭院酒店和万豪宾馆等,每一类酒店特定的服务内容(如房间大小、送餐服务、健康中心等)都不一样,但提供这些服务的基本传递方式并没有多大区别。

(三)渠道开发型服务

位于两维矩阵的右下角,是指需要提供的服务内容没有多大变化,但是需要全新的传递方式。在开发渠道开发型服务时,管理者必须认识到服务过程开发的重要性,因为顾客希望通过新渠道获取与原来通过传统方式所得到至少相同质量的服务。如对于银行的储蓄业务,除了提供传统的柜面业务之外,还可以通过自动柜员机、网上银行等多种渠道向顾客提供相同功能的金融服务。

(四)创新型服务

位于两维矩阵的右上角,是指需要提供全新的服务内容及全新的传递方式。相对于其他类型服务,创新服务进入市场时间一般较长,所需资金投入一般较高。如联邦快递开创了隔夜速递服务,运用了飞机而不是传统地面交通工具;Priceline.Com 开创了网上预订宾馆房间和飞机票的服务。

【示例 2-18】

阿里云发布"创客+"计划提供创业扶持

2015 年 3 月 29 日,阿里云正式发布"创客+",欲打造中国最大的互联网创业平台。

"创客+"能为创客们提供什么?该创业平台将联合百亿元资金,为创客提供从开发组件、分发推广、办公场地、前后期投资到云服务资源的系列创业扶持。目前,"创客+"平台联合了包括:真格基金、IDG、众海投资、银杏谷、创新工场等 30 多家风投机构;杭州转塘、武汉光谷、恒生科技园、清华科技园等 20 多家孵化器与科技园区;多盟、Testin、Mob、爱加密、云智慧等 20 多家开发者工具及分发推广服务商。

这其中既包括创业资金、场地、办公配套等硬件资源,也囊括了创投对接、税收减免等软性服务。最重要的是,阿里云还将为每位创客提供 3 万~40 万元不等的云计算资源和免费培训。在过去的几个月里,"创客+"平台上一共有 141 个创客项目拿到了 2.7 亿元的融资。

"创客+"将为怀有梦想的创客提供一些便利的条件,阿里云本身能提供的云计算正在改变新一代的互联网创业方式。"万众创新""人人创新"的局面将更快成为现实。

资料来源：根据 http://finance.sina.com.cn 资料整理

二、服务设计的过程

服务设计可以分为以下四个阶段：

(1) 创意阶段。包括对新服务目标与战略的制定、服务概念的开发与测试。

(2) 分析阶段。需要对新项目进行财务分析，并考虑与服务传递相关的供应链问题。只有评审获取批准后，新服务项目才能继续进行下去。

(3) 开发阶段。包括完成服务内容的详细设计和测试，服务传递的详细设计和测试，员工的培训以及服务的试运行。

(4) 全面上市。只有新服务项目通过了测试和试运行，才可以进入此阶段，即将新服务投入市场。

可见，服务设计过程与产品设计过程基本相同，都开始于创意阶段；与制造业不同的是，服务业设计的焦点集中在研究如何传递服务的运营流程上。

三、服务设计的内容

因为服务不仅涉及最终"服务"的交付，还包括服务过程本身。因此，在设计和开发服务的时候，必须同时考虑服务过程和服务传递过程。

（一）服务过程

服务业可以按照行业进行分类，如金融服务、交通服务和教育服务等，这种分类对提供综合的经济数据是必要的，但对于运营管理的目标却很不适合，至少它难以揭示服务过程。为了更好地对服务过程进行描述，受生产过程分类的启发，罗杰·施米勒提出根据两个主要维度对服务过程进行分类的方法。第一个维度是顾客接触程度，可以粗略地定义为顾客在服务系统中的时间与为顾客提供服务总时间的百分比。一般来说，顾客与服务系统之间接触时间越长，两者在服务过程中相互影响越强。第二个维度是指劳动力密集程度与服务提供的及时程度。分类结果如图 2-7 所示。

第二章 产品与服务设计

劳动力密集程度		顾客接触程度	
		低	高
低		服务工厂 • 航空公司 • 运输公司 • 饭店 • 度假胜地与娱乐场	服务车间 • 医院 • 汽车修理 • 其他修理服务
高		大量服务 • 零售 • 批发 • 学校 • 商业银行分店	专业型服务 • 医生 • 律师 • 会计师 • 建筑设计师

图 2-7 服务过程分类矩阵

服务过程分类矩阵为运营管理提供了一套实用的分析工具，企业可以利用它明确运营管理过程中的重点。例如，对于劳动力密集程度较低的服务机构，通常是资金密集型且需要很高的固定成本，像服务工厂和服务工作室，这类企业很难根据需求变化调整其服务能力，因而需要加强需求预测与管理，应对需求的高峰或低谷；而对于劳动力密集程度高的企业来说，管理者须把重点放在员工的招聘、培训和规划上。

（二）服务传递过程

服务内容设计难点在于如何将无形的服务通过有形的载体传达出来，我们认为可从以下三个方面考虑。

（1）恰当地定义每一项服务内容。主要包括物质设施，以及这些服务给顾客带来的生理享受和心理享受等方面的感觉。这些服务内容应尽可能加以具体界定和度量，作为员工培训、质量管理的依据。

【示例 2-19】

以餐馆为例，餐馆为消费者提供的服务内容包括：物质设施如食物、饮料、餐巾纸、店面装修、布置等；生理享受如食物的美味、店面装修给顾客以整洁、舒适、温馨、浪漫等感觉；心理享受如身份地位、富有的感觉等。

（2）应认真考虑顾客的期望。例如，如果顾客希望得到的是安静、整洁、舒适和有情调的就餐环境，但餐馆管理人员可能把努力的重点放在改善食物口味上，而忽视就餐环境的改善,也很难吸引顾客的光临。因此,管理人员必须认真考虑并设计服务内容,使之能满足或接近顾客的真正愿望。

【示例 2-20】

黎巴嫩首都贝鲁特一家新开张的快餐店以其火药味十足的战争主题成为当地青少年新宠,在这家名为"面包和枪"的快餐店,菜单呈子弹形状,厨师身着战士服装,背景音乐为爆炸轰鸣声。店外设有沙袋,店内装点以枪械、子弹和其他武器的图片。连饭菜名称全都与战争挂钩,如"伪装鸡""火箭筒鸡""M16 烤肉"……快餐店外挂着"一个三明治就能杀死你"字样的标语,还配有图片,图中一支枪架在一个汉堡包上,店外露天用餐区周围摆放着沙袋。此为经营者在战争不断的背景下所设计的"有情调"的就餐环境,从而吸引年轻人的眼球。

资料来源:根据网易新闻 http://news.163.com/08/0702/14/4FRQHHSK000120GU.html 资料改编

(3)将服务承诺作为提供服务的支持和驱动。服务承诺不但能够建立客户与企业之间的信任,还可以约束和激励企业,使服务系统致力于满足客户需求。

【示例 2-21】

全球最大快递运输公司——联邦快递(FedEx)的服务承诺是"使命必达",即承诺包裹及时送达,否则退款。这是一个有效服务承诺的典范,通过服务承诺,联邦快递将其快速、准确等看不见的服务优势彰显出来。

四、服务蓝图

与有形产品设计相比,一方面,由于服务具有无形性,服务内容较难进行沟通和说明,这不但使服务质量的评价在很大程度上还依赖于顾客的感觉和主观判断,而且给服务设计带来了挑战;另一方面,服务过程往往是高度分离的,由一系列分散的活动组成,这些活动又是由无数不同的员工完成的,因此顾客在接受服务过程中很容易"迷失",感到没有人知道他们真正需要什么。因此,在进行服务设计时,设计者有必要把服务内容和服务过程的每个部分按步骤地用图勾勒出来,这就是服务蓝图。服务蓝图是详细描绘服务系统的图片或地图,服务过程中涉及的不同人员可以理解并客观使用它,而无论其角色或个人观点如何,说明如下。

（一）服务蓝图的组成部分

服务蓝图包括顾客行为、前台员工行为、后台员工行为和支持过程等四个主要组成部分。

（1）顾客行为部分。顾客在购买、消费和评价服务过程中的步骤、选择、行动和互动。这一部分紧紧围绕着顾客在采购、消费和评价服务过程中所采用的技术和评价标准展开。

（2）前台员工行为。那些顾客能看到的服务人员表现出的行为和步骤是前台员工行为，这部分紧紧围绕前台员工与顾客的相互关系展开。

（3）后台员工行为。那些发生在幕后，支持前台行为的雇员行为称作后台员工行为。它围绕支持前台员工的活动展开。

（4）支持过程部分。内部服务和支持服务人员履行的服务步骤和互动行为。这一部分覆盖了在传递服务过程中所发生的支持接触员工的各种内部服务、步骤和各种相互作用。

以上四个主要组成部分由以下3条分界线分开。

第一条是互动分界线，表示顾客与组织间直接的互动，一旦有一条垂直线穿过互动分界线，即表明顾客与组织间直接发生接触或一个服务接触产生。

第二条分界线是极其关键的可视分界线，这条线把顾客能看到的服务行为与看不到的分开，看蓝图时，从分析多少服务在可视线以上发生、多少在以下发生入手，可以很轻松地得出是否为顾客提供了很多可视服务。这条线还把服务人员在前台与后台所做的工作分开。比如，在医疗诊断时，医生既进行诊断和回答病人问题的可视或前台工作，也进行事先阅读病历、事后记录病情的不可视或后台工作。

第三条线是内部互动分界线，用以区分服务人员的工作和其他支持服务的工作和工作人员。垂直线穿过内部互动线代表发生内部服务接触。

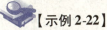
【示例2-22】

图2-8展示了一家餐厅从接受顾客预约——迎接顾客——收取顾客外套的服务蓝图。从中可以看出设计餐厅的服务蓝图的四个主要组成部分及其之间的分界线。

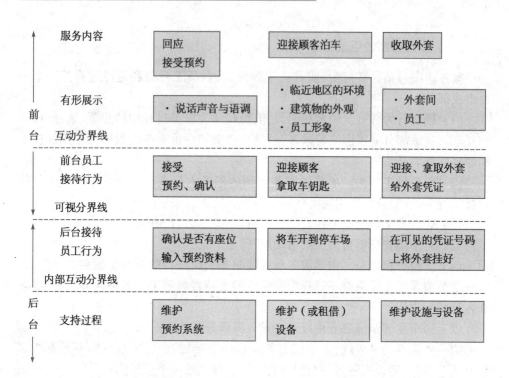

图 2-8 设计餐厅的服务蓝图

资料来源:Christopher Lovelock, Jochen Wirtz 著,周逸衡,凌仪玲译,服务业行销,2005

(二)服务蓝图的制作步骤

服务蓝图制作的主要过程概括如下:
(1)识别需要制定蓝图的服务过程;
(2)识别顾客(细分顾客)对服务的经历;
(3)从顾客角度描绘服务过程;
(4)描绘前台与后台服务雇员的行为;
(5)把顾客行为、服务人员行为与支持功能相连;
(6)在每个顾客行为步骤加上有形展示。

制作服务蓝图时除考虑服务内容和服务过程本身的特征外,还应站在顾客的角度进行换位思考。有时,从顾客角度看到的服务起始点并不容易被意识到。如一项对理发服务的研究显示,顾客认为服务的起点是给沙龙打电话预约,但是发型师却基本不把预约当成服务的一个步骤。同样在医院的就诊服务中,病人把开车去医院、停车、寻找相应的诊疗科室也视为服务经历。在为现有服务开发蓝图时,可以从顾客的视角把有关服务行为录制或拍摄下来,以便进行服务设计。

本章学习要点回顾

产品设计包括新产品开发和产品再设计,前者是指产品在用途、结构、性能、材质或适应新市场等方面具有显著的创新或改进;后者是指由于产品需求降低、消费习惯改变、产品事故或伤害事件、材料成本等原因不断地改进原有产品性能,实现产品升级和更新换代。

一项成功的设计应满足多方面的要求,如顾客的需要、技术的可行性、竞争对手的状况、相关的法律和道德等问题,设计人员要综合考虑这些方面的主要因素。产品与服务设计的主要趋势有模块化设计、个性化定制、协同产品设计、计算机辅助设计、绿色设计等。

按照创新程度来划分,新产品可分为派生产品、换代产品和创新产品。一般来说,新产品开发程序过程可以概括为:概念产生、产品筛选、初步产品设计、原型试制和最终产品形成。产品开发的主要模式有串行模式、并行模式和质量功能展开等。

服务设计是指在认真分析现有服务商品、服务市场和服务体系基础上,着力探索服务商品的发展趋势、服务市场的潜在需求以及服务体系的现代化发展进程,不断开发和创新服务内容、服务技术、服务手段和服务流程,提高服务质量,最大限度地满足消费者需求。

根据提供服务内容和服务传递过程的变化分类,将服务分成装饰型服务、多样化服务、渠道开发型服务和创新型服务四大类。服务设计可以分为四个阶段:创意阶段;分析阶段;开发阶段;全面上市。服务设计过程与产品设计过程基本相同,都开始于创意阶段;与制造业不同的是,服务业设计的焦点集中在研究如何传递服务的运营流程上。

复习思考

1. 产品与服务设计有哪些新趋势?
2. 根据一家上市公司资料,分析和调查其新产品性质、开发过程。

3. 什么是质量功能展开？以你所熟悉的某一个产品为例建立其质量屋。
4. 简述服务的开发过程。
5. 服务设计包括哪些具体的内容？
6. 针对现实生活中的一家服务公司，如医院、出租车公司等，绘制服务蓝图，并提出相关建议。

第三章
流程设计

学习目标

1. 了解流程和流程图的概念
2. 熟悉大量流水型、小批量型、成批轮番型、项目型四种流程类型
3. 理解流程设计影响因素
4. 掌握产品—流程矩阵和服务—流程矩阵

本章学习内容导图

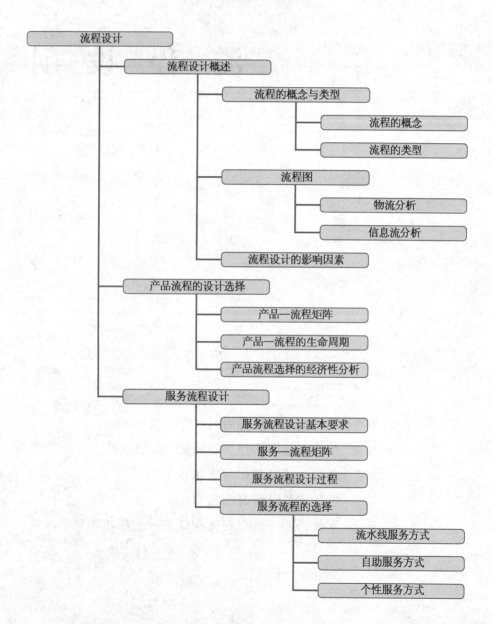

第三章 流程设计

引导案例

众所周知，PC 产业大军中，无论是联想还是戴尔，整机厂商扮演的不过是一个组装者的角色，同质化的现状表明，技术并不是这场纷争中的决定因素，流程设计反而成为最有杀伤力的竞争手段。戴尔和联想的核心竞争能力的构成也是围绕流程的主体构建而成。

戴尔：直销体系不可复制

按照戴尔中国区总经理符标榜的说法，戴尔模式并不是简单地以"直销"两个字就可以概括的。在 2010 年 11 月符标榜曾向媒体提出一个"标准化"的概念，据悉，戴尔在管理、制造、销售和服务的执行方面都有一套标准化的流程。按照这套标准化的理论，戴尔就可以通过这套低成本配件供应与装配运作的体系，建立直销的运营模式，同时实现零库存，不承担积压成本风险的按订单生产（build-to-order）。电话线和网络就是戴尔的最主要销售渠道，一套快速而低成本的配件供应和装配系统，让戴尔的产品总能高效和低价的满足市场的需求。戴尔先后在美国的得克萨斯、田纳西州、巴西的 Eldorado do Sul、爱尔兰的 Limeriex、马来西亚的槟榔屿和中国厦门建立了为美洲、欧洲、亚洲市场服务的"按订单制造"的生产体系。但是，戴尔拒绝外人参观其配件供应与装配系统。这种按照标准化的要求分配和配置资源的供应链管理能力，正是戴尔核心竞争力的内核。

IBM 和 COMPAQ 都曾经模仿戴尔实行直销，但无一成功，其中最重要的原因就是要么成本太高要么效率太低，无法在保证企业利益的同时满足市场需求。联想也一度想效法戴尔，但平衡之后，最终未能成行。戴尔董事长戴尔、总裁罗利斯都曾表示，戴尔的模式不可复制。

联想：分销优势龙头效应

联想能称雄中国市场，则凭的是它良好的市场推广能力，联想的模式同样不可复制！与戴尔不同的是，联想的核心竞争力的关键在于其对自己庞大分销体系的管理。贸工技的发展道路让联想从一开始就打下了良好的销售运作的基础。在联想分拆前，联想通过代理东芝笔记本等产品在全国建立了一个庞大的分销渠道体系。当联想开始推出自有品牌的时候，这个集结了生产商、代理商、经销商、消费者的生态链，一方面适应了中国 PC 市场启动初期需要教育和指导的需求,成功地树立了品牌形象;另一方面,这个具有延展性的销售网随着市场的增大而增大,从而成为新兴市场的主导。而分销增值让利的运作手法将经销商等的利益纳入到联想的利益体系中,联想还要求代理商交纳一定的"信誉金",货发后一个月货款不到位,就会结清信誉金,并最终降低信誉等级,以此带动经销商的主动性的同时,在一定程度上奠定了渠道的忠实性。

尽管IBM、惠普等也是采取分销模式,但其多个代理商的经营方式,经销商的利益与生产商的利益彼此独立,加上服务和维修缺乏亲和力,销售规模无法和联想相比,最终无法抵御联想的势力。由于联想采用这样的销售形式较早,相应的配套服务相比之下更加完善。

两个企业,两套价值体系,两种流程模式,但收获的是一样的结果,实现规模化的戴尔和联想分别成为在既得市场中不可替代的霸主。现在的问题是:当两个霸主碰撞的时候,究竟哪一种体系才是未来发展的主流呢?问题的思考也许比问题的答案更值得玩味。

资料来源:http://industry.spn.com.cn/

第一节 流程设计概述

产品的制造(或者服务的提供)需要物料、设备、人力等多种资源要素的组合,不同的组合方式都可以生产出同一种产品或服务,因此,系统运营的结果——产品或服务的质量、成本、交货期也会不尽相同。一个错误的流程选择设计方案有可能影响企业的长期竞争力,还有可能影响企业的生产率,从而影响企业的赢利水平。因此,运营流程的选择设计与运营战略一样,对于企业来说具有重要的战略性意义。此外,已选择的运营流程不是一成不变的,而应该不断地加以改进以适应新的要求。

一、流程的概念与类型

(一) 流程的概念

无论干什么事,无论在生活、休闲还是工作中,都有一个"先做什么、接着做什么、最后做什么"的先后顺序,这就是我们生活中的流程,只是我们没有用"流程"这个词汇来表达而已。除了"先做什么、接着做什么、最后做什么"的先后顺序外,还经常说某某人能办事,某某企业善于做事,能办事、善于做事是说他们做事情有方法,比别人的更有效果,到底有哪些不同呢?可能是先后顺序不同,也可能是做事的内容不同。因此,流程就是做事方法,它不仅包括先后顺序,还包括做事的内容。

流程是指能够把一定投入变换成一定产出的转化过程,这一转化过程是通过使用组织的资源(设备、员工和资金等)来完成。流程是指为完成特定任务而必需进行的一系列相互关联的活动或事件及其发生的先后顺序。一项工作任务,可分解为若干项作业。在企业中,完成一项工作任务,一般需要经过若干项作业活动。此处的作业是指一项需要消耗时间和资源的具体活动,又称工序或活动。如亚当·斯密在《国富论》中提到的制针过程,就是由九项作业活动组成的:抽铁线、拉直、切截、削针尖、磨针头、制圆头、装圆头、涂白色、包装。图 3-1 是啤酒的生产流程,图 3-2 是普通外科就医流程。

运营流程设计就是选择和设计把投入变换成产出所需的资源、资源的组合方式、任务的进行方式、物流和信息流的流动方式等方案。

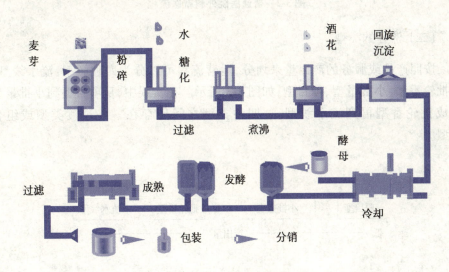

图 3-1 啤酒的生产流程

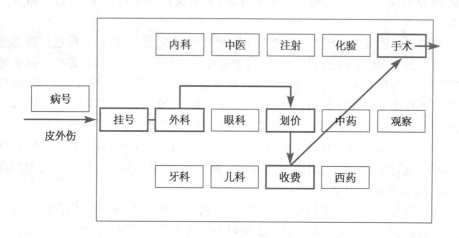

图 3-2 普通医院外科就医流程

(二) 流程的类型

按照产品或服务的产出量来划分,运营流程可以分为四种类型:流水线型、成批轮番型、小批量型、项目型,如图 3-3 所示。在实践中,从项目型到小批量型到成批轮番型再到流水线型,这四种类型之间还存在一些过渡类型或组合类型。

图 3-3 流程类型

1. 流水线型

流水线型又称为重复性生产,是指以产品或服务为对象,根据一定的工艺要求,组织相应的生产设备或设施,按顺序地一件接着一件地通过各个工作地,并按照一定的生产速度(或节拍)、路线,完成工序作业的生产过程。如汽车轴承制造、快餐服务等。

流水线型是四种运营流程类型中效率最高的,尤其在装配生产方式中,对员工技能要求很低。员工只需要学习一些标准的操作,如在电影《摩登时代》里,由卓别林主演的一名机械工人成天在流水线上"拧螺丝",这种简单乏味的劳动使他发了疯。流水线型的特征是运作任务有很低的可变性、很高的稳定性,运作条件高度稳定。流水线型具有高固定成本与低可变成本,一般用来生产产量多的产品,并且专业化程度非常高,是四种流程类型中最不具柔性的一种。

2. 成批轮番型

产品或服务品种较多,每种虽然都有一定的产量,但不能维持常年连续生产,所以在生产中采用多品种轮番生产的方式。成批轮番型流程的基本特征是运营任务可变性程度较高,但每一种运营任务又都有较高的重复性,企业根据市场的需求或库存控制的要求周期性完成各种不同的任务,多数任务具有相同的流程特征。机械设备制造、学校教育等是典型的成批轮番型运营流程。

3. 小批量型

产品或服务品种繁多,每种需求数量比较少。小批量型基本特征是产品或服务可变性程度高、重复性程度低,运营系统必须保持高度的灵活性,以满足不同任务的要求。服装定制、皮鞋生产、建造轮船、成套工程设备等是典型的小批量型的运营流程。

4. 项目型

每一项任务都不重复,项目或工程中所有的工序或作业环节都按一定秩序一次进行,有些工序可以并行作业,有些工序必须顺序作业。项目型的优势是其强大的柔性能充分满足顾客定制化的需求。相对而言,项目型的可变成本较高,固定成本较低。极端的例子是若只生产一件产品,所有的成本均由这件产品承担,因而不存在固定成本。

项目型流程适合于特定的一次性任务,需要技能熟练的员工,企业必须根据每次不同的任务专门进行精心的运作组织与安排,如建造一座水电站、一部电影拍摄、奥运会举办、电视台举办晚会等。

图 3-4 是制造型企业的流程,图 3-5 是服务提供商的流程。

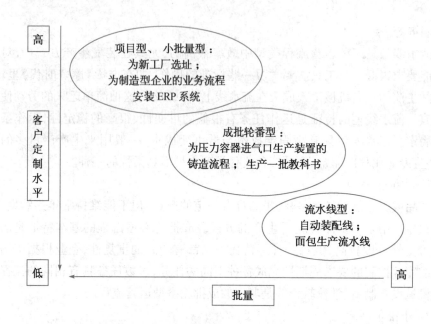

图 3-4 制造型企业的流程

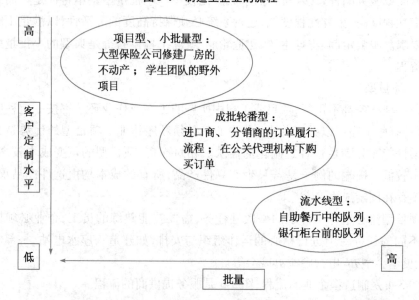

图 3-5 服务提供商的流程

资料来源：拉瑞·P·里兹曼、李·J·克拉耶夫斯基，《运营管理基础》

二、流程图

完成一项工作任务所需进行的若干项作业按照一定的逻辑关系构成一个流程。它可用流程图加以表示,流程图是由作业、结点和路线组成的。在流程图中,用箭线表示作业,用圆圈及圆圈内的数字表示结点。结点是指一项作业开始或完工的瞬时状态点,即表示某一项或几项作业已经完成,而另外一项或几项作业可以开始的时间点。它是流程图中前后箭线之间的连接点,又称节点、事件。为便于对不同性质的作业和活动进行描述,流程图中一般使用统一的标准符号,每个符号有其特定含义,如表3-1所示。流程图分析可从物流和信息流两条线索展开。

表3-1 流程图使用符号及其含义

符号	含义	示例
▭	操作(加工)	混合,钻孔,打字,记录,整理文件
➡	运输(搬运)	用推车搬运物料,传送带运送物料,专人运送物料或转达信息
▽	贮存	原材料储存,在制品储存,成品储存,文件或信息储存
D	延误	在制品等待加工,零部件等待搬运,文件或信息等待处理,顾客等待服务
○	检验	清点物料的数量,检验产品的质量,读取仪器仪表的数据,查验文件的格式

(一)物流分析

物流分析的方法起源于20世纪初泰勒的科学管理思想。工程师利用物流分析将生产过程分解为详细的步骤,然后仔细地研究每种合格要素之间的内在联系,并在此基础上改进工艺效率。

物流分析现在成为一种减少生产周转时间的方法。生产流程由许多步骤组成,其中既有创造价值的实际设备和人力材料加工时间,也有对产品的增值没有帮助的运作阶段,这种方法的基本思想认为不创造价值的那一些工艺步骤是一种浪费,应该将其删除或是尽量缩短。通过物流分析能清楚地看到那些不增加价值的运作,如产品储存、产品转移、质量检查等等,这些步骤将成为设计和改进流程的关键,如何减少和缩短这些时间将成为流程设计的重点。

物流不仅是制造业企业中的关键性要素,在服务型企业的服务运作中也大量存在,比如,快餐店的汉堡包从工厂送到快餐店的仓库开始,到成品送到客户手中,洗衣店的衣服送入到衣服取出,邮局的信件从顾客投递到送达目的地的整个过程。所以,通过物流分析不仅能够认识企业的生产流程,还能识别服务流程。

(二) 信息流分析

企业中不仅存在物流还存在信息流,两者的流程都将影响到企业的运作效率。分析信息流的目的与物流相同,都是为了设计出高效率的工艺过程,或改进低效的流程,减少流程中的浪费现象,尽可能地增加产品和服务的价值,提高顾客的满意度。

信息流有两种类型。其一是运作中的信息流。例如,咨询公司里,从企业的实际情况的输入到分析员为企业提供的策划方案的输出;医院里,医生对病人状况的了解到医生为病人下的诊断;从律师对案件信息的了解,到对当事人的辩护方案的形成。在这里,实际上,信息流是服务运作的主体,是服务企业的产品。

另一类用于管理和控制的信息流,如生产中的订单登记、采购文书和日常文书工作,以及服务企业中规定管理者使用的各种检查、记录表等等。信息流一般用于控制物流或进行内部管理。改进了物流之后,新的物流需要与其相适应的工艺过程来对其进行管理控制。

【示例 3-1】

图 3-6 描述一家食品厂的面包制作流程,该流程图的描述方法对于其他运营流程也是适用的。其中,方框表示流程中所要完成的任务,用带箭头的线条表示物流(实线)和信息流(虚线)。用三角形表示库存,即物料的停滞或储藏,它包括三种形态:原材料、在制品(Work In Process,WIP)和产成品。从图中可以清楚地看到,该食品厂有两条并行的面包生产线,每条生产线有三项主要任务,分别在三个工序进行:原材料(面粉、糖、水和酵母)混合、成形(揉制)、烘烤。这三项任务之间的带箭头的线条表示这三项任务必须按顺序完成。包装工序前的在制品库存表示烘烤完成的面包有时需要在此等候包装,因为两条生产线可能分别生产两种不同面包,而包装工序只有一道,一次只能包装一种面包。或者因为烘烤完毕的面包需要先放在这里等候受凉。一旦包装完毕,面包就被移到产成品放置地(产成品库存)准备发运。

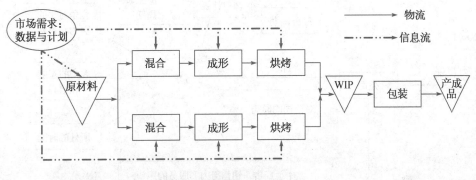

图 3-6 面包制作的生产流程

三、流程设计的影响因素

影响流程设计的因素很多,其中最主要的是产品与服务的构成特征,离开了用户对产品与服务的需求,运营系统也就失去了存在的意义。

(一)产品与服务需求的性质

运营系统要有足够的能力满足用户需求。首先要了解产品/服务要求的特点,从需求的数量、品种和季节波动性等方面考虑对生产系统能力的影响,从而决定选择哪种类型的生产流程。有的生产流程具有生产批量大、成本低的特点,而有的生产流程具有适应品种变化快的特点,因此,生产流程设计首先要考虑产品与服务特征。见图 3-7。

(二)自制与外购决策

任何企业至少都要从其他生产者手中购买一些流程的输入要素,如专业化服务、原材料或零部件等。从产品成本、质量生产周期、生产能力和生产技术等几方面综合来看,企业通常要考虑构成产品所有零件的自制与外购问题。企业的生产流程主要受自制件的影响,不仅企业的投资额高,而且生产准备周期长。企业自己加工的零件种类越多,批量越大,对生产系统的能力和规模要求越高。当有些流程不是自己完成时,就必须依赖外包,或者向供应商或分销商支付费用,由他们完成这些流程并提供所需要的服务和物料。因此,现代企业为了提高生产系统的响应能力,只抓住关键零件的生产和整机产品的装配,而将大部分零件的生产外包出去,充分利用其他企业的力量,或者采用外购的方式,以降低企业的生产投

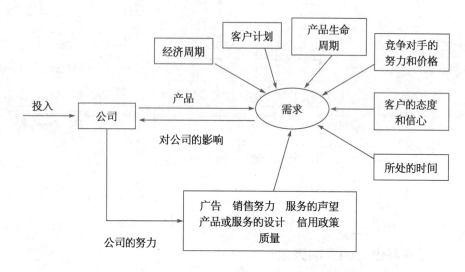

图 3-7 满足顾客需求的各种因素关系图

资料来源:詹姆斯·B·迪尔沃思,《运作管理 在产品和服务中提供价值》第三版

资,缩短产品设计、开发与生产周期。见图 3-8。

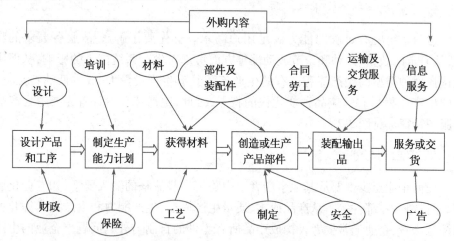

图 3-8 外购的内容

资料来源:爱德华·M·诺德、理查德·J·舍恩伯格,《运营管理——满足全球顾客需求》第七版

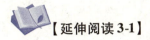

外购理由及风险

外购理由	外购风险
1. 成本降低	1. 控制权削弱
2. 人员精简	2. 高退出壁垒
3. 注重核心竞争力	3. 供应商风险
4. 外部知识与技术的互补	4. 长期柔性与可变需求满足间的权衡
5. 存货极小化	5. 供给瓶颈
6. 无增值运作成本极小化	6. 转换成本
7. 缩短研发及生产周期	7. 支付费用的不确定
8. 提高有效性	

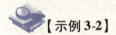

卖什么给宝洁

大多数情况下,生活中总会用到宝洁的产品,年复一年,你购买这家全球最大的消费品公司的各类产品,使它成长为销售额超过835亿美元的成功企业,现在有一个机会,让你或许可以卖给它点东西了。

你是不是恰好发明了一个有润湿卫生纸功能的装置,或者有办法去掉宠物食品里的难闻气味,又或者拥有针对液体洗涤剂的抗菌配方?在宝洁的"联系与发展(Connect + Develop,简称联发)"网站上,它已经列出了一个需求清单。只要你有的是宝洁想要的,宝洁就会购买,包括产品创意和技术等。

如负责品客薯片的团队想到了一个新点子,他们想用食用颜料在薯片上打出图案和文字来吸引消费者,但从技术上来说,这需要一个每分钟喷印3.4亿滴的印刷系统。宝洁的研发部门对此并不擅长,技术经纪人迅速展开行动,利用它的全球生产网络及机构,找到了一个由大学教授经营的意大利面包作坊,该教授曾经发明了在蛋糕或曲奇上打印可食用图像的喷墨打印方法。宝洁随即采用了这个方法,这给北美品客薯片销售带来了两位数的增长。

资料来源:根据"卖什么给宝洁"(《第一财经周刊》)整理

（三）资源柔性

资源柔性是指运营系统灵活应对品种变化和客户需求变化的能力，通常可从品种柔性、产量柔性、设备柔性和人员柔性等方面考虑。在产品需求数量波动较大，或者产品不能依靠库存调节供需矛盾时，产量柔性具有特别重要的意义。在这种情况下，生产流程设计必须考虑是否具有快速且低成本地调整产量的能力。在品种柔性较大的情形下，需要相应的设备和人员柔性，流程设计要考虑生产设备是否具有适应产品品种变化的加工范围。图 3-9、图 3-10 分别是生产量正常、生产量减少时的人员配备状况。

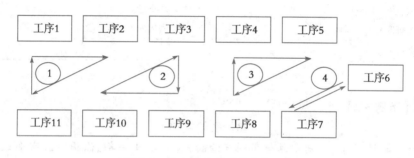

图 3-9　生产量正常时的人员配置

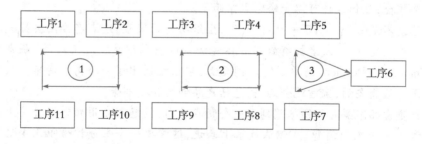

图 3-10　生产量减少时的人员配置

（四）接触顾客的程度

绝大多数的服务型企业和某些制造型企业，顾客是生产流程的一个组成部分，因此顾客对生产的参与程度也影响着流程设计。

如果提高与顾客的主动接触程度和个性化关注，则会增加企业成本，但也有一些方法可以降低成本。许多零售商选择自助服务，如加油站、超市和银行业务，

第三章 流程设计

通过顾客自己的劳动代替服务提供者的工作。产品制造商（如玩具、自行车和家具生产商）也可以让顾客来完成最后的组装，这样不仅能够降低产品、运输和库存的成本，而且因损坏造成的损失也要小一些，其节省的成本通过低价转移给顾客。

（五）资金情况

不同的流程所需资金多少不尽相同。大量流水型流程要求采用专用的流水线或装配线以及较好的厂房条件等，这要比采用普通设备的批量生产过程所需的资金要大得多。企业应根据资金状况结合融资能力选择合适的流程。

第二节 产品流程的设计与选择

流程设计的一个重要内容就是要使生产与服务系统的组织与市场需求相适应。生产过程（服务过程）应该同顾客的需求特征相匹配，由此构成产品流程矩阵（服务流程矩阵）。

一、产品-流程矩阵

生产流程组织方式与产品结构性质之间的匹配关系可以采用产品-流程矩阵来表示。矩阵中的横坐标表示产品结构与产品生命周期，随着产品生命周期的演变（由导入期、成长期、成熟期到衰退期），市场需求特性渐趋同一化，产品产出量增加而产品结构变窄；纵坐标表示的是流程结构和流程生命周期的发展（由导入期、成长期、成熟期到衰退期），生产运营流程的规模效应与学习效应逐渐凸显，自动化程度很高的专用设备与标准物流变得经济可行。

产品流程设计就是使生产系统的组织与市场需求相适应，什么样的需求特征应该匹配什么样的生产过程，如图3-11所示。

产品-流程矩阵有助于生产流程的设计与选择，当流程组织方式从矩阵的左上角沿着对角线演变到右下角时，其效率与成本优势逐渐凸显，但同时也逐渐损失了企业的定制能力和市场反应的柔性。相应地，矩阵的右上角演变到左下角往往是企业匹配策略的"雷区"，因为处于右上角的企业对市场变化的反应很慢，然而企业又想在需要高产量、低成本的行业中竞争，但运用的却是高付现成本、定制化的项目组织形式，从而使得企业损失市场的机会成本相当高。

传统的企业战略根据市场需求变化仅仅调整产品结构，往往不能达到预期目标，因为它忽略了同步调整生产流程的重要性。

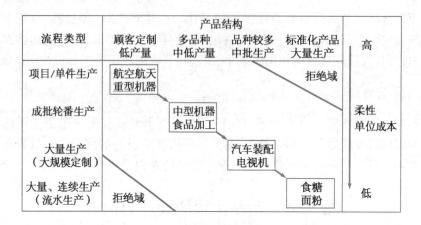

图 3-11 产品-流程矩阵

二、产品-流程的生命周期

产品-流程矩阵的逻辑原理可以用生命周期理论进行分析,如图 3-12 所示。其中:

图 3-12(a)描述的是产品生命周期曲线和流程选择的关系。产品生命周期经历了导入期—成长期—成熟期—衰退期四个阶段。导入期的产品适合采用项目型生产流程;成长期的产品适合采用小批量型或成批轮番型生产流程;成熟期到衰退期的产品适合采用流水线型生产流程。

图 3-12(b)描述的是不同生命周期阶段产品变化的频率。从逻辑上说,大多数产品的变化产生于正式投产开始前的产品生命初期,也就是说,项目型比较适合这一阶段。产品可能会有很多变化,如设计更加人性化、增加功能、更新材料等,产品变化是为了进一步完善产品或进一步扩大市场,而小批量型和成批轮番型的柔性可以适应这些产品变化。进入成熟期后,产品几乎很少进行改动,而运营管理的重点在于如何降低成本,这一阶段恰恰可以利用流水型的高效率与低成本优势。

图 3-12(c)描述的是不同生命周期阶段流程变化的频率。流程变化在正式投产初期频繁发生,因为这一阶段需要做出许多有关生产布局、设备和工具等方面的调整改进,目的在于增加生产过程的适应性,提高产品性能并降低生产成本,因此,这段时间通常需要产品设计人员和流程设计人员一起努力工作,根据竞争环境与产品的变化不断调整流程。进入成熟期后,即开始全面生产时,生产流程就很少进行改动,而且产量也保持稳定。但是,到了衰退期需要进行一些改动,主要

是为了适应产量的减少而采用不同的设施设备。

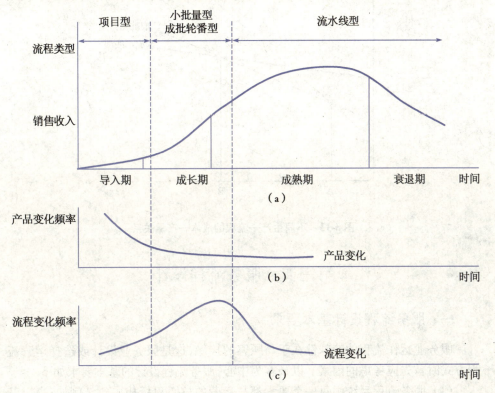

图 3-12　产品与流程的生命周期

三、产品流程选择的经济性分析

产品-流程的影响因素分析与矩阵分析是对生产流程的定性决策,生产流程的决策在多数情况下是一个投资方案的选择问题,也可以采用经济分析方法对其定量研究,企业可以通过确定每年的投资、收益、成本来考察每种方案的净现金流量,把不同方案的现金流量折成现值,净现值最大或投资回报率最高的方案是财务上应该优先考虑的方法。

如图 3-13 所示,产量为零时的成本为生产系统的初始投资,即为固定成本。流水线生产一般需要技术先进、价格昂贵的专用设备,固定成本相对较高,由于其生产效率高,单位时间产量多,劳动时间消耗少,因此单位产品的变动费用相对较低。从图可以看出,当产量小于 A 时,应该采取项目式生产方式;当产量大于 B 时,流水线生产最为经济;当产量介于 A 和 B 之间时,批量生产流程则是相对经济的选择。

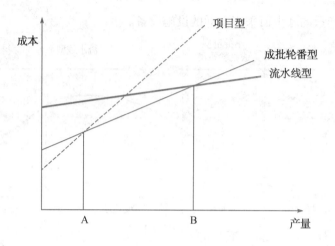

图3-13 不同生产—流程的成本—产量关系

第三节 服务流程设计

一、服务流程设计基本要求

服务业运作流程的特殊性在于与顾客的接触,这是服务业设计或选择运营流程方式时首先应考虑的因素。以顾客为中心,服务流程设计的基本要求如下:

(1)服务流程系统中每一个要素都与运营的核心目标相一致。例如,当运营的核心目标是提高供货速度时,流程中的每一个环节都应有助于加快速度。

(2)服务流程系统的界面是友好的,即顾客很容易与系统交流。这要求系统有明确的标志、可理解的形式以及能够解答顾客疑问的服务人员。例如,医院门诊大厅应设有导医台,安排专门人员帮助患者询诊就医。

(3)服务流程系统应具有一定的柔性,即系统能够有效地应付需求和可用资源的变化。例如,餐饮业在每天不同时段客流量不同,商场、超市在假日、周末等黄金时段客流量会明显增加等。

(4)服务流程系统设计应尽量减少顾客的整体成本,顾客的整体成本不仅包括货币成本,还包括获得该物品或服务的辛苦和麻烦,如购买者的预期时间、体力和精神成本,其中货币是显性成本,时间、精力和体力是隐性成本。在交付服务的时候,应尽可能使系统对时间和资源的耗费达到最小。

第三章 流程设计

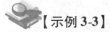【示例3-3】

QSC&V 是麦当劳成功的基础,QSC&V 代表麦当劳的质量、服务、清洁和价值的原则。这是麦当劳建立以来奉行的企业哲学。就麦当劳而言,质量意味着保证顾客购买的食品配方最佳,标准严格,准备程序可靠,以保证产品安全、健康、美味。迅速、友好的服务一直是麦当劳成功的基础,一个微笑就如同世界上最好的食品会吸引顾客再次光临,这也是麦当劳与众不同之处。他们不断使用改善服务的方法,提供令顾客满意及超出顾客预期的服务。清洁一直是麦当劳的原则,这意味着从厨房到餐厅的设施都是干净整洁的。麦当劳价值意味着的不仅仅是低的货币价格,美国许多家庭主妇认为一份麦当劳快餐比自己做的还省钱;麦当劳接待一名顾客的时间一般不超过 1 分钟,顾客的时间成本小;对于一些人尤其是儿童来说,进入麦当劳店是一种娱乐,体力和精力成本几乎为零,甚至可以说是一种享受,因此麦当劳使顾客付出的整体成本也是比较低的。

资料来源:根据 http://oxford.icxo.com/htmlnews/2006/10/16/955526_1.htm 资料改编

二、服务-流程矩阵

对于顾客与服务设施有更多直接接触的服务业,可以采用制造业的运营流程组织方式。当服务复杂而顾客的知识水平较低时,服务就必须考虑每一顾客的需要,提供个性化的服务,因而更适合工艺专业化的流程方式。例如,汽车加油站的洗车服务是一种典型的产品专业化流程形式;而法律服务、牙科服务等通常采取个性化服务,可以看成是工艺专业化流程形式。当面对面服务和后台工作各占一定比例时,混合流程方式则更好,例如,在银行的营业柜台,顾客与职员有频繁的接触,与后台工作人员几乎不接触,因此可以增加后台的批量处理工作和提高自动化。其他服务组织如果与顾客没有直接接触,就可以采用标准化服务和大批量运作方式。上述思想可以通过服务-流程矩阵来表示,如图 3-14 所示。

从图 3-14 中可以看出:随着接触程度的提高,服务提供的方式由通信转化为面对面的服务,然而,它们各有优点和缺点,通信方式与顾客接触比较少,工作效率比较高,与生产制造业类似,服务的营销机会比较低;反之,虽然面对面服务的工作效率低,但是工作效果比较好,销售机会比较高。作为服务型企业的管理者,更关心的是针对不同顾客接触的程度,选择一定的服务方式。同时,根据这种服务方式的需要,对整个服务系统进行设计,如对员工的要求、对工作程序的要求、

运营管理(第二版)

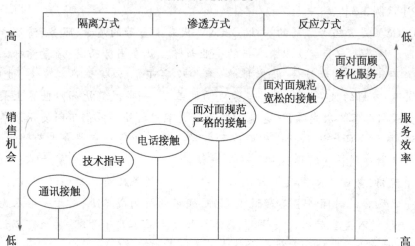

图 3-14 服务-流程矩阵

对企业的创新性的要求等。根据这些要求,构成了服务业运作中最终要求的服务设计矩阵(见表 3-2),据此矩阵,企业决策者可以确定对服务设计要素的最佳安排。

表 3-2 服务设计矩阵表

衡量、检查指标	较低接触程度	一般接触程度	高接触程度
对员工要求	文字和语言能力	手工业方面能力	良好的沟通判断能力
运作重点	文字处理一般介绍	能够控制整个流程	侧重点在于用户
管理创新重点	计算机办公自动化	计算机辅助作用	用户与员工沟通

三、服务流程设计过程

由服务流程矩阵可知,服务流程设计主要包括以下四个过程。

(1)确定企业本身服务的类型,形成企业的核心服务。各个企业对于服务的选择是相异的,有的企业选择了规范化服务,如麦当劳快餐店;而有的则以个性化的服务作为企业的宗旨,尤其崇尚与顾客的直接沟通,如 AVON 化妆品。

(2)根据所确定服务类型接触顾客的程度,决定企业运作过程中的要素配置与组合。对于规范性强的企业而言,要以员工按规章及时、保质保量完成任务为主,并不需要员工有太强的沟通能力;对于接触程度高的企业而言,要求员工有良好的沟通能力。

（3）依据所确定的服务，与相关的竞争对手进行比较，确定企业与竞争对手的差异。若面对的是同一市场，则要对本企业的服务要素进行更新和组合，保持一定的竞争力；若对手非常强大，企业就要考虑选择差别市场，避免和对手的正面竞争。

（4）服务系统设计的动态调整。运营系统设计需要有一定的灵活性，流程设计时应该保证系统能够根据变化做出恰当的反应。同时，视企业内部管理情况也可采用"柔性管理"。

四、服务流程的选择

不同的服务组织选择不同的服务流程，提供不同的服务内容。下面以顾客必须到服务设施现场才能接受服务的情形为例，分析三种常见的服务流程方式。

（一）流水线服务方式

流水线服务方式的核心是使企业提供的服务能够标准化。以快餐企业为例，其提供的快餐服务既是一个服务过程，也是一个制造过程。如何在一个清洁、秩序井然和令人愉快、彬彬有礼的服务环境中，快速地提供统一的稳定质量的食物是这类企业要考虑的重点问题，服务作业的标准化是解决这一问题的"良方"。

【示例3-4】

永和豆浆的标准化管理

20世纪90年代末，当"肯德基""麦当劳"等"洋快餐"登陆中国并迅速以超过千家店面的规模赢得中国市场时，来自台湾地区的永和豆浆开始现身内地市场，向"洋快餐"发起挑战，并致力于打造全球中式餐点连锁第一品牌。目前，永和豆浆在祖国大陆的店面总数已经达到150余家，其中包括15家直营店和130余家加盟连锁店。永和豆浆的成功，为中式快餐的连锁经营提供了经验。

中国美食世人皆知，但形成规模走向全国乃至世界的却寥寥无几，根源就在于没有实现标准化、规模化。从营销策略来讲，没有标准化，就不可能形成工业化的快餐食品，也就不可能实现连锁化、规模化；从内部管理来讲，没有标准化的操作规程，就不可能培养出合格的员工。传统中国烹饪的一大特点就是模糊，用火称"温火"或"火候恰到好处"，加料"少许"或"适量"，这种模糊性语言为厨师发挥创造性提供了空间，使菜肴呈现不同的风格，将烹饪变成一门艺术。然而，由于缺少量化标准,厨师操作全凭经验,很难保证统一的标准质量,使菜有质量呈现出极大的不稳定性,既影响了对传统烹饪技艺的继承和发展,又影响了中国餐饮业步入现代化的轨道。即使同一家餐馆的同样一道菜,两个厨师做出来也有所不同,其结果是,服务在执行过程中极易变形走样,而且很难去进行考核。作业标准化策略是连锁企业的又一重要经营基础,其流程是由连锁总部制定标准化的作业流程,由各门店复制、实施。

标准化制作是快餐的重要标志。"洋快餐"的成功在于制作的所有环节都严格遵循统一标准以保证食品质量。为避免厨师个人因素造成的产品质量不稳定,麦当劳对所有生产工艺过程科学地定性定量,达到标准化生产。麦当劳宣称,面包的气孔直径5毫米左右,厚度17厘米时,放在嘴中咀嚼味道最美。牛肉饼的重量在45克时,其边际效益达到最大值。永和豆浆作为中式快餐的连锁加盟的餐饮业,要保持高度的产品的一致性,遇到的难题就是如何进行标准化的操作。比如说炸油条,如果没有标准,两个店两个不同的师傅可能炸出不同品味、不同规格的油条。永和豆浆的做法是对产品制作进行半成品的前处理。在油条的前处理程序中,把面粉和成面这一个过程是公司集中做好的,然后再将半成品配送到公司的加盟店。每个店都有一个标准作业流程,一根油条多少重量,它的成型标准如何,它的油温是几度,它要转翻多少次,从半成品变成最终的成品,都有作业标准化的流程。作业标准化策略的核心是作业岗位标准化,即在连锁系统作业流程中,各工作岗位上的业务活动尽可能简单、简化、标准、规范,便于掌握,利于操作。一般由总部制作一个简明扼要的员工操作手册,使所有员工均依手册的规定来完成各自的工作。为了让每个店都遵循同一流程,区域总部都要进行专门的培训。每一个油条工都要在总部里培训学习,最终实现标准化操作。

资料来源:根据《世界经理人报》(http://bi.icxo.com/)资料整理

(二) 自助服务方式

与生产线方式不同,自助服务方式是通过让顾客在服务过程中发挥较大作用来改善服务过程。例如,自动取款机、自动服务加油站等都提高了对顾客的服务水准,因为提供服务的一部分负担被转移至客户。

【示例 3-5】
北京 ETC 用户将可在京津冀高速不停车交费

京津冀区域高速公路有望联网,联网不停车收费系统最快将于9月份开通试运行。到时司机无论从京津冀任何一处办理电子标签等手续后，在两市一省的高速公路收费站都可实现"不停车交费"。

据了解，目前北京市已有 14 万 ETC 标签用户，ETC 仅适用于北京市境内高速公路和京承高速公路承德境内。实现京津冀联网后，北京市用户也可以在异地的 ETC 车道上通行。同时，ETC 车道通行效率较高，可大幅提高车流通过收费站的速度。京津冀三地高速实现 ETC 互联互通后，外地过境车辆可以快速通过收费站进出京，部分高速公路拥堵状况有望得到缓解。

ETC 是电子不停车收费系统。使用该系统，车主只要在车窗上安装感应卡并预存费用，通过收费站时便不用人工缴费，也无须停车，开车通过 ETC 车道，系统将从卡中自动扣除过路费。

资料来源：腾讯网 http://auto.qq.com/a/20100820/000069.htm

（三）个性服务方式

个性服务方式主要是将大众定制的理念应用于服务，提供服务的企业可建立一个数据库，用以记录顾客的动态消费情况和消费偏好，从而区别对待每位顾客，向其提供个性化的服务。

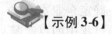
【示例 3-6】

物业管理的管家式服务

管家式服务可以看作是传统物业管理模式的传承和延伸，是在常规物业管理的基础上提供个性化服务，业主的一切非隐私事务都可以交给管家打理。管家是具有物业经理职能的高级服务人员，负责领导和协调公寓内的保安、保洁、维修、接待等工作，主要任务是使业主生活得更舒畅。

在传统物业管理模式下，业主可能要联系不同的部门来协调解决问题，而有了这类管家，只要找到他就可以让所有问题迎刃而解。一个称职的管家不仅要知道如何上菜、如何撤盘、如何倒酒⋯⋯甚至还要记得主人上次宴请的菜单，提醒女主人哪位客人对三文鱼过敏，客人穿的什么衣服、戴的什么首饰，每个细节都要记得。当同样的客人再来，如果管家对他说，您上次穿的晚礼服真漂亮，客人一定会非常感动，主人也会更有身份。

资料来源：根据 http://www.hangzhou.com.cn/pdf/2004/02/18/dskb/Dk36 (ps).pdf 资料整理

本章学习要点回顾

流程是指能够把一定投入变换成一定产出的转化过程,这一转化过程是通过使用组织的资源(设备、员工和资金等)来完成。运营流程设计就是选择和设计把投入变换成产出所需的资源、资源的组合方式、任务的进行方式、物流和信息流的流动方式等方案。按照产品或服务的产出量来分,运营流程可以分为四种类型:流水线型、成批轮番型、小批量型、项目型。流程图由作业、结点和路线组成,用以反映完成一项工作任务所需进行的若干项作业之间的逻辑关系,流程图分析可从物流和信息流两条线索展开。影响流程设计的因素主要有产品与服务需求的性质、自制与外购决策、资源柔性、接触顾客的程度、资金情况。

生产过程(服务过程)应该同顾客的需求特征相匹配,由此构成产品-流程矩阵(服务-流程矩阵),产品-流程矩阵的逻辑原理可以用生命周期理论进行分析。生产流程的决策在多数情况下是一个投资方案的选择问题,也可以采用经济分析方法对其定量研究,净现值最大或投资回报率最高通常是财务上多种方案比较选择的标准。

服务业运作流程的特殊性在于与顾客的接触,这是服务业设计或选择运营流程方式时考虑的首要因素。服务流程设计过程或要求主要包括:确定企业本身服务的类型,根据所确定服务类型接触顾客的程度,决定企业运作过程中的要素配置与组合,与相关的竞争对手进行比较,服务系统的设计动态化等。服务-流程矩阵是服务流程设计的常用工具。常见的服务流程方式有流水线、自助服务和个体服务等方式。

 复习思考

1. 简要分析四种流程类型的特点。
2. 流程设计的影响因素有哪些?
3. 对比说明产品-流程矩阵和服务-流程矩阵。
4. 简述常见的三种服务流程方式。

第四章

设施选址与设施布置

学习目标

1. 了解设施选址的重要性
2. 熟悉设施选址的影响因素
3. 理解设施选址的一般步骤
4. 掌握设施选址方案的评估方法
5. 熟悉设施布置的影响因素
6. 了解服务业设施布置的内容
7. 掌握设施布置支持方法

本章学习内容导图

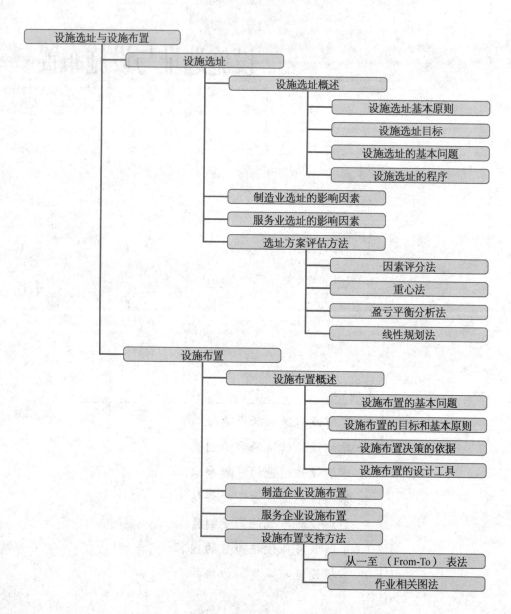

引导案例

美国联邦快递公司(FedEx)的创立者、总裁弗雷德·史密斯于20世纪60年代在耶鲁大学读书期间曾写过一篇论文,建议在小件包裹运输上采纳"轴心概念"理念,提出一个超越传统上通过轮船和定期的客运航班运送包裹,建立一个纯粹的货运航班,并利用寂静的夜晚通过飞机运送包裹和邮件,用以从事全国范围内的包裹邮递的设想。这是一个开创性的创业设想,可是老师并未认可这个创新理念,这篇论文只得了个C。

毕业后,弗雷德曾在越战中当过飞行员。回国后他在可行性研究基础上,把从父亲那里继承的1 000万美元和自己筹措的7 200万美元作为资本金,建立了联邦快递公司。实践证明,"轴心概念"的确能为小件包裹运输提供独一无二、有效的、辐射状配送系统。

弗雷德选择了田纳西州的孟菲斯作为公司的运输"中央轴心"所在地。其后公司又在巴黎增设了欧洲快递中心,在菲律宾的苏比克湾增设了亚洲快递中心,在迈阿密增设了拉丁美洲快递中心,在多伦多增设了加拿大快递中心。

为什么联邦快递会选择田纳西州的孟菲斯作为其快递中心呢?首先,孟菲斯坐落于美国中部地区,为联邦快递公司提供了一个不拥挤、快速畅通的机场;其次,孟菲斯气候条件优越,机场很少关闭。正是由于摆脱了气候对于飞行的限制,联邦的快递竞争潜力才得以充分发挥。每到夜晚,就有330万包裹从世界各地的210多个国家和地区起运,飞往田纳西州的孟菲斯。

成功的选址也许对联邦快递的安全记录有着重大贡献。在过去的30多年里,联邦快递从来没有发生过空中事故。联邦快递的飞机每天晚上将世界各地的包裹运往孟菲斯,然后再运往联邦快递没有直接国际航班的各大城市。虽然这个"中央轴心"的位置只能容纳少量飞机,但它能够为之服务的航空网点要比传统的A城到B城的航空系统多得多。另外,这种轴心安排使得联邦快递每天晚上飞机航次与包裹一致,并且可以应航线容量的要求而随时改道飞行,这就节省了一笔巨大的费用。此外,联邦快递相信,"中央轴心"系统也有助于减少运输上的误导或延误,因为从起点开始,包裹在整个运输过程中都有一个总体控制的配送系统。

联邦快递从创业到成长为世界500强企业只用了短短20多年时间,精心选址为其赢得竞争优势。

资料来源:杰伊·海泽、巴里·伦德尔著,陈荣秋等译,运作管理,2006

第一节 设施选址

优越的地理位置可以降低企业的运营成本,是企业基本的竞争优势,对于零售、金融之类的服务企业来说更是如此。在产品或服务设计决策完成之后,接着就要决定在何处建造生产或服务设施来制造产品或提供服务的问题,即设施选址问题。

一、设施选址概述

设施选址是一项耗资较大的长期性投资,不仅关系到设施建设的投资和建设的速度,而且在很大程度上决定了所提供的产品和服务的成本,从而影响到当期和未来企业的生产管理活动和经济效益。

特别是服务设施选址,直接关系到营业额的多少。餐饮业有句名言:"成功最重要的三个因素:第一是选址,第二是选址,第三还是选址。"这恰如其分地说明了选址对于此类服务企业的重要性。事实上,选址问题由来已久,如人类祖先对居住洞穴的选择、中国古代甚至现代仍有人对"风水问题"的研究等本质上都是选址问题,但是选址作为一门科学来研究则是进入20世纪以后的事情。尤其是20世纪80年代以后,伴随着经济全球化和跨国公司的发展,选址问题涉及的范围已超出了某一地区、某一国家;选址问题的决策也不仅是过去独立建厂,而是将位于不同区位的合作伙伴也纳入考虑范围。

(一) 设施选址基本原则

影响设施选址的因素很多,可概括为自然、经济、社会和政治等方面。要实现设施选址目标需要在全面评价各因素的影响基础上做出科学地定量分析。大量案例表明,在设施选址问题上,定性分析更为重要,定性分析是定量分析的前提。在设施选址决策时,明确几项原则是必要的。

1. 费用最低原则

企业首先是经济实体,经济利益对于企业无论何时何地都是重要的。建设初期的固定费用,投入运行后的变动费用,产品出售以后的年收入,都与选址有关。因此,企业在充分做好需求预测基础上,使选址所带来的费用最小化成为首要原则。

第四章　设施选址与设施布置　85

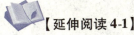【延伸阅读 4-1】

对于资源导向型产业而言,投入要素的运输成本相对于产成品的运输成本而言非常高。如果一个企业总成本中相当大的一部分是花费在某种特定的当地投入品上时,企业自然会被吸引到该种当地投入品价格相对较低的地方。例如,甜菜中糖的成分大约为 15%,生产 1 吨糖就需要 7 吨甜菜。以甜菜为原料的制糖企业应该在靠近甜菜种植地的区域选址,这样才能节约运输成本。最终,制糖企业将在气候和土壤条件都适于种植甜菜的地区集聚。

另外一个例子是,一个能源密集型企业会被吸引到能源价格低廉的地方。如果某地的能源十分便宜的话,企业会把所在地选在那里,前提条件是,选址在该位置所节约的能源成本要大于额外增加的其他投入品和运输的成本。

同样,一个劳动密集型企业会被拉向劳动力便宜的地方,而如果某一个地方劳动力工资水平很低,而且节省的劳动力成本金额超过了其他投入品和运输所增加的成本金额,企业就会把所在地选定在这个地方。

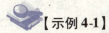【示例 4-1】

微软关闭北京及东莞手机工厂　部分将转移到越南

目前,一批知名外资企业正纷纷在东南亚和印度开设新厂,加速撤离中国。其中包括松下、三星、富士康等,这些巨头纷纷卖地、卖楼、大规模裁员,计划将厂房迁回本土或其他国家。2015 年 3 月,微软中国方面也传来消息,将关闭亚洲两个至关重要的手机工厂,分别位于北京及东莞,这项调整计划发生在微软诺基亚手机业务收购的 1 年不到的时间内,而亚洲的产能将全部由越南河内工厂来承担。目前,微软在全球仅保留 3 家手机工厂,均分布在新兴地区。

业内人士认为,目前中国产业环境发生变革,致使外资品牌工厂撤离大潮来袭。从产业迁徙路径来看,中国原有的低成本优势越来越小,外资需要寻找新的适合产业生长的土壤。而这也是中国制造业升级,向"制造业强国"转变所必须经历的阵痛。

资料来源:根据 http://finance.sina.com.cn 资料整理

2. 接近用户原则

贴近市场、服务客户是企业生产经营的理念。对于服务业,几乎无一例外都需要遵循这条原则,如银行储蓄所、邮电局、电影院、医院、学校、零售业的所有商店等。许多制造企业也把工厂建到消费市场附近,以降低运费和损耗。

【延伸阅读4-2】

如果一个企业的产成品相对体积较大、易腐烂、易受损害或更危险,那么企业所在地通常在市场所在地附近。例如,汽车组装的产成品(组装好的汽车)比投入品(金属、塑料和橡胶部件)的体积大,1吨装配好的汽车的托运成本高于1吨用于组装汽车的金属、塑料和橡胶的托运成本;糕点房生产的是相对易腐烂的产成品,尽管面粉可以储藏几个月而不会变质,但面包出炉几天后就不新鲜了,因此糕点房一般位于市场附近,因为如果要把面包在有限的时间内从面粉厂附近的地方运到市场,托运成本将会很高。

3. 长远发展原则

设施选址是一项带有战略性的经营管理活动,因此要有战略意识。选址工作要考虑到企业生产力的合理布局,要考虑市场的开拓,要有利于获得新技术、新思想。在当前全球经济一体化的时代背景下,企业要考虑通过选址如何有利于参与国际性、区域性的竞争。

【示例4-2】

海尔在美国落地生根

为了实现国际化的发展战略,1999年4月,海尔美国电冰箱厂在南卡罗来纳州坎登市破土动工,成为中国第一家在美国投资设厂的大型企业。坎登在南卡罗来纳州首府哥伦比亚市以北几十英里,是一个古老的小城。当地政府为创造就业机会,设立了一个工业园区。海尔是当时第一个进入该工业园区的外资企业。园区大道的一个路口,立着巨大醒目的海尔公司标牌。从外表看,海尔工厂与美国许多大公司的厂房没有什么两样,高大的淡蓝色厂房、大片员工停车场,不同的是,中美两国的国旗在厂房前并排飘扬,工厂的门厅里陈列着各种产品,展示着工厂几年来的发展历程。

在海尔的生产车间里,只见薄钢板原料从一头进来,冲压成冰箱外壳,然后加填保温层,装配压缩机,最后进行成品检验、包装储存,形成了一条现代化的生产流水线,有的工序还使用了机器人。车间里的所有工作人员都是美国人,其中不少是黑人。海尔工厂已经完全本地化,从总经理到普通工人都是当地雇员。产品主要在美国销售,已进入美国最主要的家电和百货零售连锁店,如百思买、西尔斯、沃尔玛等。

资料来源:http://www.mysteel.com/gc/cjzh/jiadhy/2007/01/19/000000,0,0,

793104.html

4. 分散与集中相结合原则

设施选址分散要适度,符合所在地区的工业整体布局。有时需要集中布局以形成规模经济;有时需要适度分散以形成最佳的经济结构。

温州产业大多为轻工产业,由于集群化发展,产业充分细分,社会化分工协作程度高,使原本相对较低的技术和成本要求更低。比如,眼镜这样一个简单的产品,在温州被细分为镜架、镜片、电镀、其他配件等,分别由不同的企业加工,这就使技术要求更加简单,成本投入更少。温州目前已经形成了具有相当规模的30多个产业集群,获得了国家有关部门确认的"金名片",如"中国鞋都""中国锁都""中国皮都"等33个国家级生产基地。这些产业集群既是温州区域经济的一大特色,也是温州区域经济快速发展的优势所在。

所谓产业集群,是指在特定的集中区域中,具有竞争与合作关系或有交互关联性的企业、专业化供应商、服务供应商、金融机构、相关产业的厂商及其他相关机构等组成的群体。

产业集群化形成的专业市场,可以使企业及时获取市场信息,了解国内、国际市场上产品的流行趋势,调整自己的产品生产。另一方面,产业集群化形成了生产社会化分工、协作的产业链,可以使企业大大降低产品研发、经营管理、资金投入等各方面的成本,从而获得产品的低价优势。

资料来源:http://finance.sina.com.cn/roll/20080715/07232328135.shtml

(二) 设施选址目标

设施选址的目标取决于企业的类型。一般来说,制造企业以潜在利益的多少作为其决策的基础,而服务企业则力图使费用和它们提供给顾客的服务水平保持一致。例如,对于制造业来说,选址的决策主要是追求成本最小化;而零售业企业则追求收益最大化,仓库的选址则要综合考虑成本和运输速度的问题。总之,设施选址的战略目标是使选址决策能给企业带来最大的收益。

(三) 设施选址的基本问题

设施选址就是确定在何处建厂或建立服务设施。企业自身生产能力的扩大(如建新设施)、企业外部条件的变化(如生产资源的成本或数量相对变动、市场需求的数量或结构或价格相对变动)、社会制度或经济政策的变动(如税收、价格、资源使用等政策的改变)等都可能使企业面临设施选址问题。

设施选址的基本问题包括两个层次的决策问题:第一层次为"选区"问题,即选择什么区域,属于宏观层次的战略问题;第二层次为"定址"问题,即在选择的区域内,根据区域和企业的具体情况确定设施的具体位置,属于微观层次的操作问题。

(四) 设施选址的程序

无论是制造业或服务业,设施选址时力图得到它们所能得到的最好位置,但是事实并非那么容易。因为在许多情况下,没有一个位置在所需考虑的各因素中都要绝对好于其他,所以往往在几个可接受的方案中进行选择。在选址时一般按以下三个程序进行:

(1) 首先明确选址的优化目标是什么,是靠近市场,还是靠近原材料基地,或是成本最小等;

(2) 列出选址所需考虑的因素及相应的要求;

(3) 按照先选择国家,再选择地区,然后选择具体位置的顺序,找出几个可供选择的可行方案,并对方案进行评价。

从以上选址的程序可以看出,问题的关键在于列出各种所需考虑的因素及要求,并选择适宜的评价方法。

肯德基的选址步骤

一是划分商圈:市场调查和资料信息的收集。这包括人口、经济水平、消费能力、发展规模和潜力、收入水平,以及前期研究商圈的等级和发展机会及成长空间。商圈规划采取的是记分的方法,例如,这个地区有一个大型商场,商场营业额在1 000万元算1分,5 000万元算5分,有一条公交线路加多少分,有一条地铁线路加多少分。这些分值标准是多年平均下来的一个较准确经验值。通过打分把商圈分成好几大类,以北京为例,有市级商业型(西单、王府井等)、区级商业型、定点(目标)消费型,还有社区型、旅游型等等。

二是选择商圈:一方面要考虑餐馆自身的市场定位,另一方面要考虑商圈的稳定度和成熟度。比如,规划局说某条路要开,在什么地方设立地址,将来这里有可能成为成熟商圈,但肯德基一定要等到商圈成熟稳定后才进入,例如说这家店3

年以后效益会多好,对现今没有帮助,这3年难道要亏损?肯德基投入一家店要花费好几百万元,当然不冒这种险,一定是比较稳健的原则,保证开一家成功一家。

资料来源:http://zhidao.baidu.com/question/34667960.html

二、制造业选址的影响因素

制造企业的设施选址决策通常涉及生产车间、仓库和配送设施,设施选址是其成本的主要决定因素。根据能否量化标准,可以将选址的影响因素分为定性因素和定量因素两大类。

(一) 定性因素

影响选址决策的定性分析因素主要包括以下五个方面。

1. 基础设施

基础设施是支持制造企业运营所必需的因素。随着企业运营日趋灵活,需要快速响应客户需求,制造商更加需要当地的制度保障、供应商灵活快速的响应支持,要求交通网络、通讯网络以及水电供应网络必须有效、可靠。如俄罗斯与中国尽管两国毗邻,但由于缺乏可靠稳定的基础设施,使得两国很多企业无法应用准时制生产方式(JIT)。

2. 劳动力条件

大多数公司都认为劳动力条件是选址决策中必须考虑的主要因素。劳动力条件是员工工资水平、培训要求、工作态度、员工劳动生产率和工会组织的函数。劳动密集型企业如服装业、家具制造业等,应注重劳动者身体条件。知识密集型企业如仪器仪表生产、集成电路生产和IT企业等,应关注劳动者受教育程度和专业技能。

3. 生活环境

有关调查显示,相对而言,高技术企业的高层主管比较重视公司所在地的人文环境和生活质量。对于高技术公司来说,吸引和保留优秀的工程技术人员比劳动条件或运输成本更为重要。良好的教育条件、娱乐设施和吸引人的生活方式对选址决策有着显著的影响。

4. 气候与地理环境

有些制造业受地理环境要求限制。例如,造船厂应靠近海边,以便造好的船只可从船坞直接下水;造纸厂靠近森林;食品加工厂靠近农场等。气温对于产品和作业人员均产生影响,气温过冷或过热都将增加气温调节的费用。棉纺、木器和纸张的加工不宜选址在潮湿多雨的地区。有些重型机械产品生产企业对地面承重要求较高,应选择地理条件较好的区域建厂。再如,钢铁企业、电厂必须靠近江河水库,一般的城市供水是无法满足其水量的要求。

5. 政治经济稳定性

政治经济稳定性主要指政治经济波动的频率与强度。影响政治经济稳定的因素很多,包括政府政策的一贯性、法制的健全性、税负的公平性、收入的差距等。以政府土地政策为例,政府相关的土地政策对于商家的选址决策分析会有很大的影响:稳定优惠的政策能促使投资的顺利进行;相反,朝令夕改的政策、过多的限制条件以及政府的无端干预会阻碍企业正常运营。所以,在考虑选址之前,应当对所在地的土地政策、开发限制要求等相关政治条件了解透彻,这样才能保证选址的科学性和经济合理性。

(二) 定量因素

影响选址决策的定量分析因素主要包括以下四个方面。

1. 配送成本

运输距离、运输环节、运输手段等均对运输成本构成直接影响,此外,产品交货时间也应考虑在内。有案例显示,北美和欧洲较长的提前期和较高的交货成本经常不敌亚洲制造产品的低成本优势。

2. 劳动力成本

一方面,如前所述,不同类型的企业对劳动力条件要求不同;另一方面,不同地区的劳动力成本不同,相差较大。低工资水平对企业而言或许是一种低成本的诱惑,但是,如果低工资水平与低劳动生产率像孪生兄弟一样联系在一起的话,则很可能会抵销或超出低成本所带来的收益,从而使低成本优势丧失。

3. 原料供应

某些制造业对原料的质量有着严格的要求,使得这些企业长期以来主要分布在原料附近,以降低运费,减少时间耽延。例如,采掘业、原料用量大或原料可运性小的加工企业应尽可能地接近原料产地。传统酿酒企业和矿泉水生产企业对水质的要求几乎达到了苛刻的地步。会稽山绍兴酒股份有限公司坐落在素有"水乡、桥乡、酒乡"之称的绍兴柯桥,地处绍兴鉴湖水系中上游,水质清澈,为酿制绍兴酒提供了得天独厚的优质水源。

4. 土地成本和建筑成本

不同的设施选址方案,在土地征用、补偿、拆迁和平整等方面成本费用不同。同样,不同方案的建筑成本也不尽相同,高建筑成本将导致未来产品成本加大,低建筑成本可能会因为存在建筑质量问题留下安全隐患。

综上可见,影响设施选址因素很多。事实上,经济的全球化进一步增加选址决策的复杂性,在进行跨国选址决策时,除了考虑上述因素之外,东道国的风俗、产品本土化比例要求、环保组织、税率和汇率等都是管理者应该考虑的因素。

三、服务业选址的影响因素

与制造企业一样,在服务型企业选址决策中,定量和定性因素都需要考虑,而且不同性质的服务企业所考虑的影响因素并不完全相同。

与制造企业不同的是,服务前台机构考虑的重点通常不是原材料等成本因素,而是与顾客有关的影响因素,因为这些因素对企业销售收入有着重大的影响。一般来说,主要包括下列四个因素。

(一)平均家庭收入

企业不仅要考虑当地的经济发展水平,还应考虑更具有参照意义的平均家庭收入水平。一个地区平均家庭收入越高,表明该地区购买大、潜在消费能力强。

(二)人口密度和顾客流量

企业应考虑拟选地址周围的人口状况,重点考虑周围具有购买愿望并具有实际购买力的人口密度及数量。在客流量大的地方选址,顾客盈门将给企业带来更多的销售收入。

(三)与竞争对手的相对位置

一般而言,选址应尽量避免竞争对手,但在某些情况下,服务企业在竞争对手集中化程度很高的地方选址可能会更好。因为同行企业"扎堆"在某一地区会产生一种"集聚效应",可以形成知名度较高的行业性市场,由这块"集聚地"所吸引的顾客总数量会大于由这些企业分散在不同地方所吸引顾客的总数。例如,餐饮一条街、服装城等。

(四)基础设施条件

主要是指为服务业正常运营提供必需的水、电、气、交通和通讯等设施。例如,有些娱乐公司用电量较多,选址时应当考虑电力供应方便、充足的地方;便利的交通或停车场对零售企业至关重要,靠近路边或居民区的商店更有机会获得顾客的光顾。

要指出的是,影响服务业选址因素很多,以上分析是我们认为选址时可能要考虑的主要因素。一些因素在有的服务业看来重要,而对于其他服务企业可能无关紧要,因此,在设施选址时,企业必须根据实际确定要考虑的因素,分清主次、区别对待。

【示例 4-5】

Apple store 北京选址

2008 年 7 月 19 日,北京奥运会前夕,苹果公司开设了中国内地第一家 apple store,坐落于北京市朝阳区三里屯路 19 号院三里屯 village 6 号楼。苹果公司在如此重要的时间和市场开店,选址就显得十分重要了,最初的选择是三里屯和中关村。

北京著名的三里屯距离城市中心三里远,故此得名。三里屯可谓是城市黄金地段,周围有北京工人体育馆,作为北京国安队主场,在很多夜晚都有大批球迷光顾。同时,周围酒吧林立,是一个比较有名的高端商业区,且从 1962 年起,各国均在此修建大使馆领事馆,到目前为止,三里屯已经成为了外籍人士的一个聚集区。所以,顾客主要是外籍人士和前来消遣的人士,购买力比较强,但周围缺乏聚集效应,需要有很高的营销手段。

反观中关村,地处北四环,从 1988 年起,就是整个北京乃至北方的科技企业聚集区,包括 IBM、甲骨文的世界级公司。同时周围高校林立,包括清华大学和北京大学等一流学府,流动人口很多,拥有很好的聚集性,但是相比三里屯,中关村的购买力稍逊一筹,同时周边环境也不及三里屯地区。所选地区的竞争情况分析,三里屯地区电子产品销售商很少,而且缺乏规模,仅有各大 pc 公司的三级代理商 4 家,不存在很大的竞争压力。而中关村作为 IT 行业集中地,各类电子产品销售商有上万家,竞争十分激烈,且客户忠诚度不高。

由于苹果公司使用自成一脉的 ios 系统,初学者不易上手,需要较长时间的学习和熟练。从这一点来分析,苹果公司与消费者接触程度应该较高为佳,从这一点来分析,显然中关村更符合要求。但是,2009 年以后,随着科技的发展,互联网已经完全普及了,对苹果产品有兴趣的人们学习苹果系统使用方式的手段也不再局限于到 apple store 中一对一学习,而是呈现出了网上学习与讨论的趋势,因此苹果公司与消费者接触程度上有下降的趋势。

通过以上对比分析,三里屯占据了绝对优势,可以说,苹果公司的选址确实具有独到之处。

资料来源:根据 http://wenku.baidu.com 资料整理

【延伸阅读 4-3】

与制造业一样，服务业走向国际化过程中同样要考虑很多因素。例如，麦当劳在墨西哥开设第一家分店的时候，由于墨西哥没有基础设施能够支持它的运营，麦当劳只有建立自己的配送中心，为零售店的食品准备所有原料供应，包括汉堡包、墨西哥鸡肉卷，甚至法国炸鸡。又如，在俄罗斯，麦当劳给当地农民示范如何种植土豆和莴苣，以满足高品质产品的要求。相反，麦当劳在美国或西欧开设新店时，只需要通过电话与当地供应商建立合作关系即可。

四、选址方案评估方法

影响选址的因素可以分为定性和定量两大类，据此，选址方案的评估方法也可分为两大类：主观评比法和客观分析法。主观评比法主要用于定性的分析，主要方法有因素评分法；客观分析法用于定量因素的分析，主要有因素加权评分法、重心法、盈亏平衡分析法、线性规划法等。

（一）因素加权评分法

因素加权评分法，是一种根据选址因素的重要程度分别赋予特定权重，并根据备选设施位置的实际情况予以评分，从而确定较好设施位置的方法。由于该方法可对主观因素进行分析，且分析过程又较为简单，所以被广泛使用。评分加权的一般步骤如下：

(1) 确定影响设施位置选择的相关因素；
(2) 对各因素依其对选址目标的影响程度确定一个权重；
(3) 对各因素依其在某特定设施位置的具体情况进行评分（一般为 0—100 分）；
(4) 计算各设施位置关于所有因素的加权总分值；
(5) 以加权总分值最大的设施位置为最终推荐的设施位置。

由于企业性质不同、分析人员经验不同等原因，对于某因素所赋的权重或所评的分值也不可能相同，有时还可能因为不太大的差别造成最后结论的完全不同，所以分析须慎重。

【例题 4-1】一家连锁超市欲建一个新分店，选址方案中有两个备选位置、七种相关因素。运用因素加权评分法，位置 2 的加权总分值(79)较位置 1 的总分值(71)高，因此位置 2 较好，见表 4-1。

表 4-1　选址决策

因素 (1)	权重 (2)	地点1 (3)	地点2 (4)	加权得分 地点1 (2)×(3)	加权得分 地点2 (2)×(4)
交通条件	0.15	100	70	0.15×100=15	0.15×70=10.5
附近人口	0.05	80	80	0.05×80=4	0.05×80=4
租金	0.30	50	90	0.30×50=15	0.30×90=27
面积	0.05	40	80	0.05×40=2	0.05×80=4
社区繁华	0.20	90	60	0.20×90=18	0.20×60=12
已有超市	0.15	80	90	0.15×80=12	0.15×90=13.5
停车场	0.10	50	80	0.10×50=5	0.10×80=8
合计	1.00			71	79

(二) 重心法

重心法是一种确定一个与多个现有或已确定具体位置设施间运输成本最小的新设施位置的方法。其一般步骤如下：

(1) 在能正确表明设施间相对距离的图纸(如地图)上建立平面直角坐标系，并标明现有设施所在位置的坐标；

(2) 确定新设施与现有各设施间的运输量(假定单位运输费用为常数)；

(3) 计算新设施位置的坐标，以使新设施与各现有设施间的总运量距离最小；

(4) 选择使总运量距离最小的坐标点对应的位置为最佳设施位置。

【例题 4-2】一家大型超市要在 A、B、C、D 各个分店之间设立一个配送中心 M,已知各分店的分布及其到配送中心的物流量(如表 4-2 所示),M 应设在何处？

表 4-2　各分店位置与物流量

位置	各分店到配送中心的物流量
A(200,40)	1 000
B(450,60)	500
C(500,70)	1 500
D(600,50)	2 000

【解】
$M_x = (200 \times 1\,000 + 450 \times 500 + 500 \times 1\,500 + 600 \times 2\,000)/(1\,000 + 500 +$

$1\,500 + 2\,000) = 475$

$M_y = (40 \times 1\,000 + 60 \times 500 + 70 \times 1\,500 + 50 \times 2\,000)/(1\,000 + 500 + 1\,500 + 2\,000) = 55$

重心位置 M 为 $(475, 55)$，如图 4-1 所示。

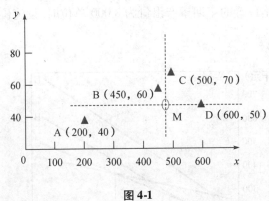

图 4-1

（三）盈亏平衡分析法

盈亏平衡分析法也称成本—利润—产量分析法（量本利分析法），是假定在备选设施位置面临的产品市场基本相似的条件下，将影响设施选址的客观因素分为可变成本和固定成本两类，从备选方案中选出两类成本之和最小的方案作为设施位置的方法。这种方法可通过作图来描述，作图能使最佳设施位置的产出量的范围直观地反映出来。盈亏平衡分析法的基本步骤是：

（1）分别确定每个备选设施位置的固定成本和可变成本；
（2）描绘出每个设施位置的成本曲线，纵轴为年成本，横轴为年产量；
（3）根据期望的产出量，选择总成本最小的设施位置。

【例题 4-3】表 4-3 列出了具有四个备选设施位置的不变成本和可变成本。如果所选设施位置的年期望产出量是 8 000 单位，则选择哪个设施位置总成本最低？

表 4-3 各设施位置的成本

地址	年固定成本	每单位变动成本（元）
A	250 000	11
B	100 000	30
C	150 000	20
D	200 000	35

【解】

每个设施位置的总成本线如图4-2所示,设施位置D几乎不优于其他任何设施位置。各范围的精确值可由直线B、C和D的交点计算得到,即令总费用相等,计算出临界产出量:B和C的为5 000,C和A的为11 111。从图4-2中可以直观地看到,当所选设施位置的年期望产出量为8 000单位时,设施位置C对应的总成本线最低,为最佳位置。

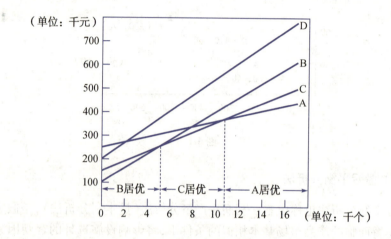

图4-2 各设施位置的总成本曲线图

(四) 线性规划法

即用线性规划的特殊问题——运输问题的求解方法确定使总"运输成本"最小的新设施位置的方法。选择不同的位置,将产生不同的生产成本,同时也将在新设施、各现有设施与现有的各分配中心之间产生不同的运输成本,最优的设施位置将使全部设施的生产成本与运输成本之和最小。该方法对于综合分析选址的客观因素有很强的适用性,其基本步骤如下:

(1) 确定各备选新设施、各现有设施的生产能力(最大供应量)和单位生产成本;

(2) 确定各现有分配中心的需求量及其与各现有设施、各备选新设施之间的单位运输成本(包括运费、装卸费、存储费等);

(3) 计算各现有设施、各备选新设施与各分配中心相关的单位成本(单位生产成本+单位运输成本);

(4) 对于每一个备选新设施,建立一个与所有现有设施、现有分配中心相联

系的运输模型,并分别求解,得到各备选新设施的总成本;

(5)比较各备选设施位置相应的总成本,以其值最小的设施位置为最优设施位置。

【例题 4-4】一家生产企业有 A、B、C 三个工厂,有 P、Q 两个仓库,位于不同位置。每个仓库月需供应市场 2 100 吨产品。为更好地服务顾客,公司决定再新增一个仓库,经调查确定 X 和 Y 两个点可建仓库。根据表 4-4 资料,则 X 和 Y 哪点较好?

表 4-4 新增 X、Y 仓库的选址决策

工厂	生产能力（吨/月）	到各仓库单位运费(元)			
		P	Q	X	Y
A	2 400	15	27	48	51
B	2 400	27	12	24	27
C	1 800	45	24	9	15

【解】

首先,假定 X 选中,其解如表 4-5 所示(虚拟仓库表示假定存在一个仓库,用以"储存"和"分配"三个工厂剩余的供应能力。表 4-5 中,假定 A 工厂提供给 P 仓库 2 100 吨产量后还剩余 300 吨,暂放在虚拟仓库;同样,B 工厂提供给 Q 仓库 2 100 吨产量后还剩下 300 吨,也暂放在虚拟仓库。C 工厂提供给 X 仓库 1 800 吨产量后,X 仓库所处市场存在 300 吨需求缺口,企业将 B 工厂剩余的 300 吨调度给 X 仓库)。选 X 的月总运输费用为:

$2\,100 \times 15 + 2\,100 \times 12 + 300 \times 24 + 1\,800 \times 9 = 80\,100$(元)

表 4-5 选 X 的决策结果

工厂	仓库				供应能力
	P	Q	X	虚拟仓库	
A	(2 100) 15	27	48	(300)	2 400
B	27	(2 100) 12	(300) 24		2 400
C	45	24	(1 800) 9		1 800
需求	2 100	2 100	2 100		

其次,假定 Y 选中,其解如表 4-6。

表 4-6 选 Y 的决策结果

工厂	仓库				供应能力
	P	Q	Y	虚拟仓库	
A	(2 100) 15	27	51	(300)	2 400
B	27	(2 100) 12	(300) 27		2 400
C	45	24	(1 800) 15		1 800
需求	2 100	2 100	2 100		

选中 Y 的月总运输费用为：

$2\,100 \times 15 + 2\,100 \times 12 + 300 \times 27 + 1\,800 \times 15 = 91\,800(元)$

因此，选择 X 的月总运输费用较小，为较好选择。

选址决策支持方法还包括层次分析法、负荷距离法、引力模型法、整数规划法等。一些专家将这些选址方法与现代信息技术诸如地理信息系统等相结合，开发了多种选址商业软件，辅助选址决策。

【延伸阅读 4-4】

设施网络选址方法

上面讨论的选址方法主要适用于单一设施选址，即独立地选择一个新的设施地点，其运营不受企业现有设施网络的影响。设施网络中的新址选择比单一设施选择问题更复杂，因为在这种情况下决定新设施的地点位置时，还必须同时考虑到新设施与其他现有设施之间的相互影响和作用，如果规划得好，各个设施之间会相互促进，否则就会起到负面作用。设施网络选址包括以下五种方法。

一、简单的中线模式法

简单的中线模式法是一种厂址选择的方法，这种方法有其局限性。这种方法只假设坐标上最优的点(即是使总的运输距离最短的点)是一个可行的建厂点，并不考虑在那里现在是否有道路，也不考虑自然地形、人口密度，以及其他许多在布点时应考虑的重要事项。

二、德尔菲分析模型

典型的布置分析考虑的是单一设施的选址，其目标有供需之间的运输时间或距离极小化，成本的极小化，平均反应时间的极小化。但是，有些选址分析涉及多个设施和多个目标，其决策目标相对模糊，甚至带有感情色彩。解决这类选址问题的一个方法是使用德尔菲分析模型，该模型在决策过程中考虑了各种影响因素。使用德尔菲分析模型涉及三个小组,即协调小组、预测小组和战略小组。每个小组在决策中发挥不同的作用。

三、启发式方法

启发式方法只寻找可行解,而不是最优解。负荷距离法中的重心法就是一种启发式方法。早在20世纪60年代,就有人提出了用启发式方法解决大型设施选址问题。今天,启发式方法已经广泛在很多场合应用。

四、模拟方法

模拟是试图通过模型重现某一系统的行为或活动,而不必实地去建造并运转一个系统,那样会造成巨大的浪费,或根本没有可能实地去进行运转实验。模拟方法有许多种应用,在选址问题中,模拟可以使分析者通过反复改变和组合各种参数,多次试行来评价不同的选址方案,模拟方法可描述多方面的影响因素,因此比运输模型法有更大的实用意义。

五、优化方法

运输模型法实际上就是一种优化方法,虽然只是某一方位问题的最优。这种方法求出的不是可行解、满意解,而是最优解,即在所有可能的方案中没有比它更好。但是,这种方法要从理论上证明是最优,所以在使用上存在着较抽象、简单、模型描述离实际较远等局限性。

第二节 设 施 布 置

设施选址位置一旦确定以后,就需要确定企业各部门的位置,部门内各工作组、工作站(服务台)、机器设备、库存点(或顾客等待休息室)以及其他设施的相对位置,即需要对企业内部设施布置进行决策。

一、设施布置概述

(一)设施布置的基本问题

设施布置是指在一个给定的设施范围内,确定企业内各作业单位相对位置与面积及车间内部各生产单元的相对位置安排。给定的设施范围可以是一个工厂、一个车间、一座百货大楼、一幢写字楼、或一家餐馆等。作业单位是指需要占据空间的任何实体,也包括人,如机器、工作台、通道、桌子、储藏室、工具架等。

设施布置决策需要回答以下四个方面的基本问题。

(1)生产或服务应包括哪些经济活动单元?

(2) 每个单元需要多大空间?
(3) 每个单元空间的状态如何?
(4) 每个单元在设施范围内的位置(绝对/相对)如何?

新企业的产生、企业生产能力的扩大(如建新设施)、企业外部条件的变化(如生产资源的成本或数量相对变动、市场需求的数量或结构或价格相对变动)、社会制度或经济政策的变动(如税收、价格、资源使用等政策的改变)等都可能为企业面临设施位置选择的问题。

(二) 设施布置的目标和基本原则

设施位置决策的基本目标是,制造企业以潜在的利润为依据进行设施位置决策,服务性企业追求的是服务费用与对顾客的服务水平的平衡。对于制造企业而言,获取潜在利润最大化的另一面是使成本最小;而对于服务性企业,则往往要求靠近消费者以使收益最大。在许多情形中,没有一个设施位置是绝对优于其他设施位置的,可能有无数的可接受的设施位置供选择。一般而言,合理的设施布置需要达到以下目标:运输与搬运的最佳化、生产流程的均衡化、布置变更的灵活化、人力和设施利用率的最大化、环境的安全性、作业的舒适、生产的经济性和服务的人性化等。

设施布置需要遵循以下五项基本原则。

(1) 物流的合理化。设施布置应尽量使物料量较大的经济活动单元靠近,尽量使生产对象与工作人员流动顺畅,避免工序间的往返频繁或交叉流动,使物料运输路线最短,生产时间最短。

(2) 设施占用空间最小。设施布置应使建筑物内部设备占用空间和单位产品的占用空间最小。

(3) 设施布置的灵活性。运营活动是一个动态过程,因而系统的布置也必然处于发展变化之中。产品结构、加工工艺、服务流程等一旦变化,设施布置也应随之调整。良好的布置应具有快速便捷的调整能力,即灵活性,以适应外部的变化。

(4) 设施布置的系统协调性。设施布置要有整体观念,应使得系统布置各个组成单元和运输路线的容量及流量符合一定的比例。物料流入与物料流出的组成单元应该通顺,单元之间的工作应该协调。

(5) 作业环境的和谐。通过合适的设施布置,为员工或顾客提供方便、安全、舒适的作业环境,使作业环境合乎人们生理与心理的要求,并为提高生产效率和保证员工身心健康创造条件。

（三）设施布置决策的依据

1. 产品或服务设计

产品或服务决定了所需用的技术、设备和人员等的特点，而且也决定了接触的形式和程度，尤其是在服务行业。设施布置要与这些特点和要求相适应。

2. 流程设计

流程设计是设施布置的重要依据，它决定了流程的种类、产品或顾客的流动方式、加工处理的方式、设备的性质。设施布置要能保证生产系统或服务过程中的高效工作流。

3. 生产规模（能力）规划

设计的生产能力的大小不仅对流程设计有影响，而且对生产或服务系统中各单位之间的工作流量、物流和顾客流的方式、运输设备的种类等都有影响。设施布置必须符合加工处理量和流量的要求。

（四）设施布置的设计工具

设施布置的设计工具主要有以下四类。

（1）布置草图。布置草图是描述单元间相互关系、工艺流程、物料流向和流量的点线图。在布置草图上，设备排列应按一定的比例展开，并有相应的代号，以便识别和操作。

（2）平面模板。用塑料板或木板按一定比例制成与设备实物轮廓相似的模型板，灵活移动模型进行排列组合可形成多种不同的平面布置方案，便于方案间的直观比较。

（3）立体模型。立体模型和平面模板相似，只是把平面的模板换成立体的模型，从而使模型轮廓与实物更为相似，立体模型方便准确，便于从立体空间的角度确定设备的空间布置情况，对各种方案进行全方位的比较和评价。

（4）计算机仿真模拟。通过计算机仿真软件，对各种方案进行模拟仿真，便于方案间的优劣比较。随着信息技术与计算机技术的发展以及各种 CAD 软件、模拟仿真软件的开发，设施布置将向智能化、可视化、数字化方向进一步发展。

二、制造企业设施布置

（一）基本内容

制造企业设施布置的内容主要涉及以下三个方面。

1. 工厂总平面布置

根据已选定的厂址和厂区地形,从整个工厂的角度对各个组成部分包括生产车间、辅助生产车间、仓库、动力站、办公场所等作业单位进行合理的安排,其基本内容有:决定各运作单位在工厂总平面图上的相应位置和面积;解决运输线路、管线、绿化及设施美化的相互位置;决定最优工艺路线;解决物料的流向和流程、厂内外运输连接及运输方式;解决各生产工段、辅助服务部门、储存设施等作业单位的相互位置;解决工作、设备、通道间的相互位置;解决物料搬运流程和运输方式等。

2. 车间总体布置

根据车间应承担的生产运作的任务,合理确定车间内部各工段、班组、工作地等组成单位的相互位置和面积。一般说来,生产车间由生产运作部分、生产运作的辅助部分、仓库部分、过道部分、车间管理部分、服务部分等六个部分组成。

3. 设备布置

根据生产工艺流程,合理确定各种生产设备的位置。在对每台设备具体布置时,要协调好人—设备—环境之间的关系,做到既节省空间,又使员工的操作安全、便捷、省力、舒适。设备布置是整个工厂布置的核心。

(二) 基本类型

设施布置一般按工作流程分为四种基本类型:产品布置、工艺布置、定位布置和混合布置。

1. 产品布置

产品布置又称为对象布置、流水线式或装配线布置。这种布置是为生产某种产品而将工作中心和设备按产品加工装配的工艺路线以流水线形式安排,相同的加工件或装配件集中在一起,连续进行加工,适用于标准化高的产品,如图4-3所示。同时,流水线的布置不一定是一条直线,企业根据具体要求,形式可以采取C型、L型、S型或U型等,目的是使得相邻两个工序距离最小,节省运输费用,缩短运输时间等。实例有生产线或装配线。

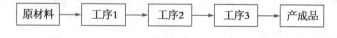

图4-3 产品布置

第四章 设施选址与设施布置

【示例4-6】

从前在英格兰北部的一个小镇里,有一个名叫艾薇的人开的鱼和油煎土豆片商店。在店里面,每位顾客需要排队才能点想要的食物(如油炸鳕鱼,油煎土豆片,豌豆糊和一杯茶)。然后,每个顾客等着盘子装满后坐下来进餐。

艾薇店里的油煎土豆片是小镇中最好的,在每个集市日中午的时候,长长的队伍都会排出商店。所以,当隔壁的木器店关门的时候,艾薇就把它租了下来并加了一倍的桌椅。但是,这仍然不能容纳所有的顾客。外面排着的队伍永远那么长,忙碌的小镇居民都没有时间坐下来等他们的茶变凉。

他们没办法再另外增加服务台了;艾薇的鳕鱼和伯特的油煎土豆片是店里面的主要卖点。但是,后来他们想出了一个聪明的办法。他们把柜台加长,艾薇、伯特、索斯和玛丽站成一排。顾客进来的时候,艾薇先给他们一个盛着鱼的盘子,然后伯特给加上油煎土豆片,索斯再给盛上豌豆糊,最后玛丽倒茶并收钱。顾客们不停地走动;当一个顾客拿到豌豆糊的同时,他后面的已经拿到了油煎土豆片,再后面的一个已经拿到了鱼。一些穷苦的村民不吃豌豆糊,但这没关系,这些顾客也能从索斯那里得个笑脸。

这样一来队伍变短了,不久以后,他们买下了对面的商店又增加了更多的餐位。这就是流水线,将那些具有重复性的工作分割成几个串行部分,使得工作能在工人们中间移动,每个熟练工人只需要依次地将他的那部分工作做好就可以了。虽然每个顾客等待服务的总时间没变,但是却有四个顾客能同时接受服务,这样在集市日的午餐时段里能够照顾过来的顾客数增加了3倍。

资料来源:http://baike.baidu.com/view/70553.htm

2. 工艺布置

工艺布置也称过程布置、车间布置或功能布置。这种布置是按在生产中所起作用的相似性来组织和安排部门的,对制造型企业而言,车间的布置就是按设备功能进行分组,将工艺上同类或相似性能的设备集中在同一固定地点。例如,机床车间,如图4-4所示。

3. 定位布置

定位布置又称固定布置。这种布置通常要把物料、器具、设备和人员运到固定产品所在地进行生产,适用于产品不能移动的项目。例如,飞机制造、造船厂等,如图4-5所示。

现将以上三种布置方式特点比较如下,如表4-7所示。

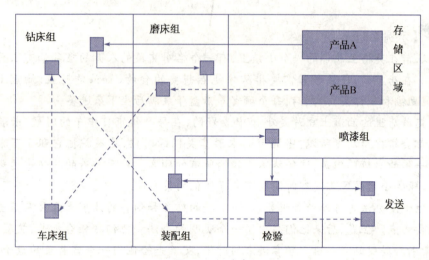

图 4-4　机床车间

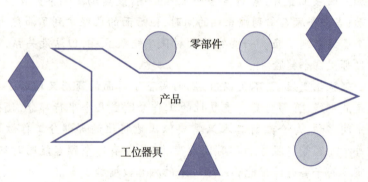

图 4-5　飞机制造定位布置

表 4-7　三种基本布置方式比较

特性	工艺式布置	产品式布置	定位布置
生产形态	单件/成批生产	连续/大量生产	项目型生产
生产对象流程	按订单多种流程	按产品连续流程	生产对象固定
搬运费用	非常高	低	高
设施利用率	低	高	低
生产设备	通用设施	专用设施	通用设施
布置/变更费用	比较低	高	低
布置工作重点	工作地(设备)	生产线平衡	作业分配及日程控制

事实上，上述三种布置方式只具有概念意义，它们在解决现实问题具有一定适用性的同时也存在一定的局限性。例如，流水线式布置或工艺式布置不适用于批量生产，因其品种变化相对较大。一般来说，规模较大的企业纯粹只用一种布置的做法是很少的，而往往是将它们进行混合，特别是工艺式布置与产品式布置的混合，这样可以使得系统既具有一定的柔性，又具有效率高和相对成本较低的技术经济特性。例如，汽车制造厂的布置，其最后也是最重要的装配部分采用流水线式布置，而零部件、车轮、底盘、发动机等的生产可采用其他布置类型，最后分别集结于主装配线两旁。

4. 混合布置

混合布置是以上三种布置形式的混合产物，其中主要是产品布置与工艺布置组合而成。常见的方式是单元布置。该种布置以分组技术为基础将不同的设备组成加工中心，将对工艺和形状要求相似或相同的零件进行加工，其中分组可以按加工对象分组，也可按设备分组。

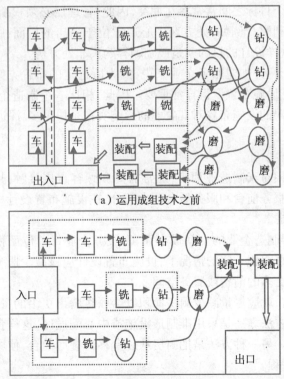

(a) 运用成组技术之前

(b) 运用成组技术之后

图 4-6 混合布置

如图 4-6 所示。某加工工件进入车间后，首先在车床上加工，然后等待被移动到铣床组、钻床组、磨床组等依次加工。一台设备完成前一个工件加工后处于空闲状态，等待下一工件进入加工。如此等待、加工、再等待、再加工，在生产过程中存在产品物流复杂无序、运输路线长、工件等待长等问题。管理人员运用成组技术将加工任务分成三大组，在此基础上对原有车间布置进行了改造。可以看出，三个成组生产单元的使用简化了物流，三类工件在各自的生产线上加工生产。采用混合布置具有可以减少作业更换时间，减少在产品库存，缩短生产周期，减少物流总量，易于实现自动化等优点。

三、服务企业设施布置

从运营角度看，服务企业设施布置设计的总体目标是确保顾客与工作人员的流入和流出便捷化，使工作人员的行走时间最小化，对于服务前台而言，还需要顾客行走时间最小化。但是，从营销角度看，设施布置设计总体目标通常是实现收益最大化。这两个目标之间常常存在冲突，因此，管理层必须权衡两个方面，综合考虑设施布置的利弊。例如，处方药中心通常位于药店的后面，顾客要穿过整个药店才能到达，这样设计的目的就是鼓励顾客购买非处方药。

特别地，对于特许加盟服务企业来说，因为所选定的布置方案可能会成百上千次地复制，研究设施布置变得异常重要。因此，相比一个制造企业而言，一个快餐连锁企业的错误的设施布置对其收益的影响实在是快得多、深远得多。

（一）考虑因素

服务型企业相对于制造业而言，通常需要和顾客直接接触，其设施布置设计总体架构上分为服务前台和服务后台两大部分，在设施布置设计中必须对一些特有的因素加以考虑。

首先，相对于制造企业的空间成本而言，服务企业每单位面积的成本支出一般较高，因此，在总面积一定的情况下，设施布置设计应该减少服务后台的运营面积以给顾客留出更多的消费或服务空间。

例如，像餐馆，就应尽量减少厨房面积以给顾客腾出更多的餐位与就餐空间。实现这个目标的方法之一是采用准制造设施或中心配送区，这样食物可以在成本较低的地方准备。另一种方法是把厨房从后台移到餐厅前台，使顾客能够参与食物选择、准备的过程。

其次，在服务型企业的设施布置设计中，必须加以考虑的因素是顾客在接受服务过程中的现场体验感。良好的服务场景对于提高顾客的满意度至关重要。

服务场景由三个主要因素组成：环境条件；空间布置及其功能性；徽牌、标志和装饰品。

1. 环境条件

环境条件指的是运营组织的背景特征，包括照明、温度、背景音乐、噪音水平等。例如，餐馆里悬挂在餐桌上的吊灯会让顾客有一种私密感，咖啡店里舒缓的音乐能给顾客增加一种温馨浪漫的感觉。

2. 空间布置及其功能性

对于制造企业，设施布置设计的目标是使两地之间的物流成本最小化。与制造企业不同，服务企业设施布置的目标既要考虑使工作人员的行走时间最小化，还需要考虑使顾客行走时间最小化，同时还有使每位顾客的收益最大化，这可以通过尽可能地向顾客提供服务机会以促使顾客消费来实现。例如，去拉斯维加斯娱乐场参观的顾客在排队过程中身边有一排老虎机，顾客在等待的时候就可以顺便玩玩。

3. 徽牌、标志和装饰品

徽牌、标志和装饰品是服务组织具有重要意义和丰富内涵的标识物。例如，大型咨询公司的办公室通常用黑木制装饰品和厚地毯来暗示成功和传统价值观；穿着燕尾服、白衬衣、戴着白帽子和系着白围裙的侍者传递给顾客的信号是"我们能提供便捷的服务满足您的要求"。

（二）基本类型

本章前文阐述了制造企业设施布置的几种基本类型，以此为框架，下面主要结合实例来分析服务企业不同类型的设施布置方式。

1. 对象布置

例如，自助餐流水线，各种食品如热菜、冷菜、甜品、饮料等，按照特定的顺序放在不同的餐台上，顾客沿自助餐流水线走动时，可以按照自己的喜好到相应的餐台上选取食品。

2. 工艺布置

例如，在大型餐馆，面包的烘烤放在烘烤房里进行，要烹调的生肉和海鲜放在屠宰房准备，水果和蔬菜的清洗、削皮、切片或切块放在准备区进行。再例如，医院的化验科、放射科、内科、外科、药房分别位于医院的特定区域，需要这些服务的病人必须走到相应服务的区域。工艺布置适用于顾客需求差异较大、顾客化程度较高的服务企业。

3. 定位布置

例如，汽车维修部，所有的流程如维修、零件更换、加油等，汽车需固定在一个位置上进行；医院的手术室，医生、护士以及手术用的设施、器材都需要围绕病人布置。

(三) 典型的服务设施布置

与制造企业相比，服务企业类型更多更复杂。这里仅以几种具有代表性的服务企业设施布置为例，说明其布置方法的特点。

1. 仓库布置

仓库布置首先要考虑的问题是缩短存取货物的时间，降低仓储成本。为此，在设施布置中应注意以下三点：

(1) 存取频繁的货物，应放置在靠近入口处，存取频率低的货物放在仓库里面；

(2) 相关度高的物品应靠近放置；

(3) 时令商品应在季节或节日来到前，移放在入口处。

2. 办公室布置

"白领"一族在就业人口中所占比重越来越大，如何通过合理、有效的办公室布置提高工作效率已成为服务设施布置研究中一个重要的话题。办公室布置主要考虑如下两点：一是如何保证信息传递的迅速和方便；二是如何有利于提高办公人员的办公效率。由于工作性质及工作目标不同，办公室布置常有以下三种基本模式。

(1) 封闭式布置

这是一种传统的封闭式的布置，办公楼被分割成多个小房间，伴之以一堵堵墙、一个个门和长长的走廊。这种布置可以保持工作人员专心致志工作，不受干扰，但不利于人与人之间的信息交流，不利于上下级的沟通，没有调整和改变布局的余地。

(2) 开放式布置

它是将多人容纳在一间很大的办公室内同时工作。这种布置有利于上下级及同事之间交流，以消除等级隔阂，但也会带来相互干扰、职员之间闲聊的弊病。

(3) 组合布置

它是带有半截屏风的组合办公模块式，这种布置兼容了上述两种布置的优点，同时又具备了良好的可塑性，可以根据情况变化重新调整和布置。有人曾估计过，采用这种形式的办公室布置，布置费用比传统的节约近40%，改变布置费用也低很多,所以应用广泛。

20世纪80年代,在西方发达国家又出现了一种"活动中心"的新型办公室布置,这种布置适用于项目型工作。到20世纪90年代,又出现了"远程"办公新理念。随着信息技术发展,办公室布置还会不断地变化。

3. 超市布置

超市布置重点考虑的是如何吸引顾客,增加客流量以达到扩大销售额的目的。超市布置有两点基本要求:首先是使顾客进店后很容易找到自己想要商品的位置;其次是过道要宽敞。为此,超市布置可采用两种基本方式。

(1) 矩阵布置

将商品货架按矩形排列,店内通道直线布置,这种布置花费较少,并可以得到较大的展示空间。

(2) 斜角布置

将商品货架按菱形、三角形或梯形布置,店内主干道按直线布置,次干道及临时通道按V形排列,这种布置视线更开阔,顾客进入超市后,在主干道就可以看清通道上方的标志,查找货物比较方便。

4. 医院布置

病人到医院就医往往要经过预检、挂号、候诊、化验等多个环节,要经过多个诊室进行一次次检查或停留。特别对于病情较急较重的病人,疾病的诊断和治疗还需要依靠先进的设备,可能还需护理人员运送,设施布置不妥无疑会增加就诊成本甚至贻误诊治。这时,医院布置的主要问题是使病人移动费用或移动距离的最小化,解决这一问题的实质与制造企业中工艺布置基本相似。

四、设施布置支持方法

(一) 从一至(From-To)表法

设施布置与物流合理化具有密不可分的联系,从一至表就是分析各个经济活动单元之间物流的流向、流量、间距和费用的有效工具,是一种力求使物料总运量最小的布置方法。一般适合于多品种、小批量生产的情况。其基本步骤如下:

1. 选择典型零件,制定典型工艺路线,确定机床设备;
2. 制定初始方案,统计设备间移动距离;
3. 确定零件在设备间的移动次数和单位运量成本;
4. 用实验法确定最满意的方案。

【例题4-5】 一家企业设有六个部门,这六个部门初始布置方案如图 4-7 所示。部门之间每周搬运量和单位运输成本如表 4-8、表 4-9 所示。请对当前布置进行改进。

A	B	C
D	E	F

图 4-7　六个部门初始布置

表 4-8　部门间每周物料搬运量　　　　　　　　　　　　　　单位:吨

	A	B	C	D	E	F
A		75	100	30	40	60
B			100	0	180	0
C				0	60	0
D					30	80
E						0
F						

表 4-9　部门间单位运输成本　　　　　　　　　　　　　　单位:千元/吨

	A	B	C	D	E	F
A		1	2	1	2	3
B			1	2	1	2
C				3	2	1
D					1	2
E						1
F						

表 4-10　部门间每周运输成本　　　　　　　　　　　　　　单位:千元

	A	B	C	D	E	F
A		75(=75×1)	200	30	80	180
B			100	0	180	0
C				0	120	0
D					30	160
E						0
F						

第四章　设施选址与设施布置

【解】
首先根据成本公式,计算出部门间每周运输成本。计算结果见表4-10。在这种布置下,所有部门每周运输成本为1 155千元。

从表4-10中可以看出,部门A与部门C、部门F运输成本很高(分别为200元、180元);另外部门B与部门E、部门D与部门F运输成本也偏高。于是,布置时加以调整,将部门A与部门C、部门F相邻布置;并保证部门B与部门E相邻,部门D与部门F相邻。新方案见图4-8所示。

F	A	C
D	E	B

图4-8　六个部门新方案布置

新布置方案能否将所有部门的运输成本降低?这需要将这个方案作为初始方案重新评价。这种方法看起来简单,但在实际应用中,得到方案可能是众多方案中的一个。在这种情况下,企业通常选取一个"满意解"而不是"最优解"。

(二) 作业相关图法

作业相关图定性地描述单元之间相对位置的重要性。其基本步骤如下:
首先,将相对位置的重要性分成A、E、I、O、U、X等六个等级,对应含义见表4-11。
其次,列出表明相对位置重要性的相关原因及代号表,见表4-11、表4-12。其中表示原因的代号数字不参与运算,只起到区别、提示作用。

表4-11　关系密切程度分类表

代号	密切程度
A	绝对重要
E	特别重要
I	重要
O	一般
U	不重要
X	不予考虑

表 4-12 关系密切原因及代号

代号	关系密切原因
1	使用共同的原始记录
2	共用人员
3	共同场地
4	人员接触频繁
5	文件交换频繁
6	工作流程连续
7	做类似的工作
8	共用设备
9	其他

最后,使用这两张表,结合具体情况,确定所有部门之间的相互关系,按照关系程度密切部门应相邻布置的原则,通过构造关系树或者计算关系密切程度积分,来合理安排布置方案。

作业相关图可以将诸如物料搬运、柔性、工作环境等多个因素考虑进去,给出一个综合的相对重要的度量。有时为了便于不同方案之间的比较,需要用计算机辅助计算时,可以将表示密切程度赋值,如 A、E、I、O、U、X 六个等级分别赋值为 6、5、4、3、2、0,利用数值来计算关系密切程度积分。

【例题 4-6】一家快餐店准备进行生产和服务设施布置。该快餐店共分 6 个部分,计划布置在 2×3 的长方形区域内。已知这六个部门间作业相关图,如图 4-9 所示。请据此做出合理布置。

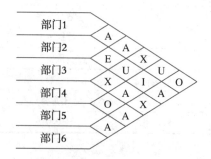

图 4-9 六个部门间作业相关图

第四章 设施选址与设施布置

【解】

第一步,根据作业相关图,画出 A 关系图树,见图 4-10。首先,从某个部门开始,找出与之关系密切程度为 A 的所有部门并画出关系树。然后,逐个部门考虑,将关系尽量添加在当前关系树上,否则画出分离的"关系树枝"。不妨从部门 2 开始,找到与之关系密切程度为 A 的部门 6,由此画出关系树,如图 4-10(a)所示。本例中,所有部门都能加到关系树上,如图 4-10(b)所示。

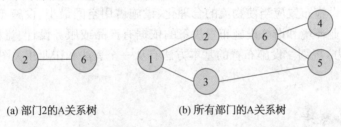

(a) 部门2的A关系树　　　　(b) 所有部门的A关系树

图 4-10　关系树图

第二步,画出 X 关系树,目的是尽可能地将关系不予考虑的部门分开布置。如图 4-11 所示。

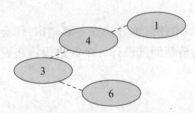

图 4-11　X 关系树图

第三步,根据关系树和其他已知条件安置所有部门。本例最后的布置方案如图 4-12 所示。

1	2	6
3	5	4

图 4-12　最终的布置方案

本章学习要点回顾

优越的地理位置可以降低企业的运营成本。在设施选址决策时,应遵循费用最低、接近用户、长远发展、分散与集中相结合等原则。设施选址的战略目标是使选址决策能给企业带来最大的收益。设施选址的基本问题包括"选区"与"定址"两个层次的决策问题。选址的影响因素分为定性因素和定量因素两大类,设施选址的关键在于列出各种所需考虑的因素及要求,并选择适宜的评价方法。选址方案的评估方法主要有因素评分法、重心法、盈亏平衡分析法、线性规划法等。

设施位置决策的基本目标与企业性质有关,一般地,制造企业以潜在的利润为依据进行设施位置决策;服务性企业则追求服务费用与对顾客的服务水平的平衡。合理的设施布置应当使物流的合理化、设施占用空间最小、设施布置灵活、系统协调和作业环境和谐。设施布置决策的依据有产品或服务设计、流程设计和生产规模(能力)规划。设施布置的基本方法有从—至表法和作业相关图法。

复习思考

1. 设施选址的影响因素有哪些?
2. 设施布置有哪些基本类型?各有何特点?
3. 如果你可以在国内任何一个地方建立一个汽车零部件生产厂,你会选择在哪个地方?为什么?
4. 如果你可以在本城市任何地方建立一家超市,你会选择在哪里?为什么?
5. 走访一家小餐厅,请帮助其设计一个改进设施布置的方案?

第五章 运营计划

学习目标

1. 了解运营计划的层次
2. 理解主生产计划的策略选择
3. 掌握主生产计划的制定方法
4. 了解 MRP 的概念、输入、输出及处理逻辑
5. 掌握企业作业计划排序方法

本章学习内容导图

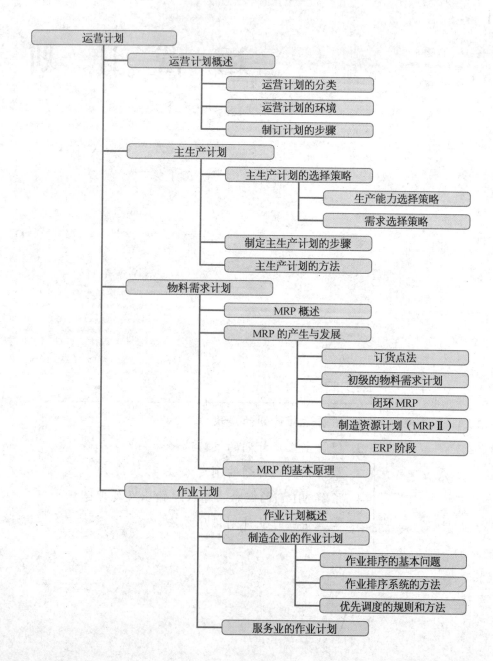

第五章 运营计划　117

 引导案例

每年坐落在美国马萨诸塞州的宝丽来公司的生产主管都要绞尽脑汁地想出最有效的办法来满足公司产品的预测销量。

从历史统计数据来看，宝丽来每年的销量都会出现季节性巨变，一般在圣诞节的前一个月销量达到顶峰。宝丽来公司生产四种不同的产品，其生产属于资金密集型，即固定成本很高而可变成本较低。公司大约聘用了470名正式员工，每天安排3个班次，每天工作24个小时，每周工作5天。在公司员工中，一部分员工的工作需要达到相当的技能水平才能胜任，别人无法替代。

尽管面临诸多的约束，宝丽来公司的生产主管仍然有两种可供选择的计划方法。第1种方法是对在星期六加班的员工支付50%的加班费用，加班生产的胶卷的库存成本约占每年总成本的20%—25%，直到销售高峰到来。第2种方法是为了降低库存成本，在销量高峰来临的前一个月要求员工在星期六和星期天都要加班，而且在星期天加班的员工会得到双倍工资，但是管理层担忧的是员工因此造成的过度疲劳(每周工作7天)，会给产品质量和产出率带来一定的负面影响，甚至会影响员工的士气。

宝丽来公司生产主管面临的综合计划决策问题也是其他运营主管需要面对的典型问题之一。通常，只要企业的产品需求是呈周期波动的，就很难找出一个两全其美的方案，因此管理层只能在权衡包括产品质量、产出率、成本和员工士气在内的各种因素之后，做出折中方案。

资料来源：改编自任建标主编，《生产与运作管理》，2006年版

第一节　运营计划概述

一、运营计划的分类

企业里有各种各样的计划，按照时间的长短，企业内部的计划可以划分为长期、中期和短期三种。长期计划一般一年制定一次，它主要着眼于一年以上的企业运营活动。中期计划的时间段往往在6个月到12个月之间，它经常以月度或季度作为计量单位。短期计划的时间则从1天到6个月都可以，经常是以周作为时间单位。一般由企业的高层管理者负责制定长期计划，而基层管理者则负责短期计划。

按照层次,可以将企业的计划划分为战略层计划、战术层计划与作业层计划。战略层计划涉及产品发展方向、生产发展规模、技术发展水平、新生产设备的建造等。战术层计划是确定在现有资源条件下所从事的生产经营活动应该达到的目标,如产量、品种、产值和利润。作业层计划是确定日常生产经营活动的安排。

运营计划的层次性见图 5-1,流程规划和战略能力规划属于长期的战略层运营计划的范畴,总生产计划和主生产计划属于中期的战术层运营计划,而制造企业中的物料需求计划和生产作业计划同服务业中的周劳动力与顾客计划、日劳动力与顾客计划都属于短期的作业层计划范畴。

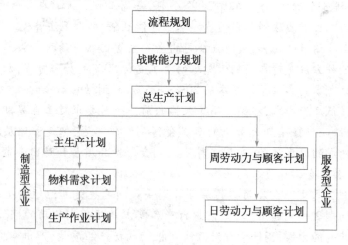

图 5-1　运营计划层次

从图 5-1 可以看出,总生产计划是在主生产计划之前制定的,总生产计划的主要任务是确定生产率、劳动力水平和当前存货的最佳组合。生产率是指每单位时间(每天或每小时)生产的产品数量;劳动力水平是指生产所需的工人数量;当前存货即本期的期初存货。

在制造业中,企业要根据总生产计划或预计的企业经营销售状况编制主生产计划(master production schedule,MPS),主生产计划主要确定每次订货所需的产品数量和交货日期。物料需求计划(material requirements planning,MRP)从主生产计划中得到最终产品的需求量,将它们分解到零件和部装件,并制定出物料计划。这个计划规定了每个零件和部装件的生产与订购时间,以确保按计划完成产品。

在服务业中,在确定好服务人员的数量之后,工作的重点就落到了每周或每天以小时为单位的劳动力与顾客计划上。劳动力计划是计划顾客在某一时间能获得服务的小时数;顾客计划(或顾客需求)则安排顾客接受指定或预订服务的先后顺序。

表 5-1 是不同层次计划的比较。

表 5-1　不同层次计划的比较

	战略层计划	战术层计划	作业层计划
计划期	长(≥5年)	中(1年)	短(月、旬、周)
计划的时间单位	粗(年)	中(月、季)	细(工作日、班次、小时、分)
空间范围	企业、公司	工厂	车间、工段、班组
详细程度	高度综合	综合	详细
不确定性	高	中	低
管理层次	企业高层领导	中层、部门领导	低层、车间领导
特点	涉及资源获取	资源利用	日常活动处理

二、运营计划的环境

企业的运营计划环境分为内部因素和外部因素,见图 5-2。外部因素主要有竞争者、原材料、消费者需求、外部能力、经济环境;公司内部的环境影响因素则包括库存水平、当前生产能力、现有劳动力和生产中的活动等。

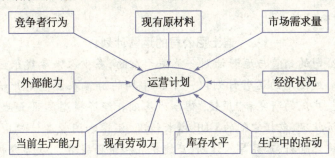

图 5-2　生产计划的影响因素

外部因素是在生产计划人员直接控制之外的,但在一些公司,产品需求也能够得到控制。通过营销与生产两个环节之间的紧密合作,当企业面临的市场需求出现萎缩时,采取促销活动或者降价销售可以刺激消费者的购买;而当市场需求旺盛时,则可以减少促销活动,销售价格也有可能相应上涨,公司能够从提供的产品和服务中获取最大的利益。

三、制订计划的步骤

制订计划的步骤如下。

(1) 确定目标。根据企业的前期计划执行情况,确定本期计划的目标。目标要尽可能具体,如生产数量、销售数量等。

(2) 评估当前条件。评估当前条件主要是要弄清楚当前条件与目标之间的差距。当前条件包括外部环境与内部条件。外部环境主要包括市场情况、原料、燃料、动力、工具等供应情况,以及协作关系情况。内部条件包括设备状况、工人状况、劳动状况、新产品研制及生产技术准备状况、各种物资库存情况及在制品占用量等。

(3) 预测未来的环境与条件。预测未来的环境与条件主要是根据国内外各种政治因素、经济因素、社会因素和技术因素综合作用的结果,预测未来,把握现状将如何变化,找出达到目标的有利和不利因素。

(4) 确定计划方案。确定计划方案是指从多个可实现目标的可行计划方案中,按照一定的评价标准选择一个计划方案。

(5) 实施计划,评价结果。将选定的计划方案付诸实施,并将最终的实施结果同计划结果进行比较反馈。

【示例 5-1】

迪士尼公司的运营计划

迪士尼公司的销售与运营计划全是关于人的,多少人来参观乐园,这期间他们在做什么。迪士尼的运营计划以一个 5 年期的游客人数预测开始,以经济模型、经验模型、广泛的研究和"魔镜"结合为基础。经济模型参照了世界上 7 个主要国家的经济状况,包括它们的 GDP 增长情况、汇率和消费者信心指数。经验模型关注人口统计资料、产品导入计划、产能扩展和市场战略。35 名分析师和 70 名专业人士全年进行广泛的研究。超过 100 万份民意调查涉及关键家庭成员、目前的客户、演员和旅游行业的人员。"魔镜"指的是预测程序的专利技术,迪士尼 5 年期游客人数预测误差仅为 5%,而年预测误差接近 0。

迪士尼的 5 年计划会转变为每个乐园的年运营计划(AOP)。需求受季节影响较大而且时刻变化。经济状况影响年计划,同样年计划也受到历史数据、假期、校历、社会活动和促销活动的影响。AOP 每月更新,信息来源有:航空特价、酒店预订情况、最近预测的准确性、网站浏览情况和竞争对手的影响。公司通过 AOP 微调对每天游客人数进行预测,并根据每月差异、天气预报和前一天的人流量对预测做出调整,游客人数的变化会使其他所有决策也做出相应调整。

迪士尼是调节服务能力、管理需求方面的大师。服务能力的提高可以通过延长乐园的开放时间、提供更多的游乐设施和表演、增加食品和饮料的流动售卖车、部署更多的演员来实现。需求管理通过限制乐园的进入人数、将人们的注意力转移到街头活动中、实行预定或者使用快速通道等方法来实施。在运营期间严格按标准执行上述措施,收集大量数据以保证对需求变化的及时响应。

乐园通常每天早上9点开门。但偶尔旗下的酒店会在早上7点半推出优惠早餐,这会促使乐园在选定的地点提前开门。到了上午11点,根据交通、天气状况、进入模式和主要景点的人数更新每天的游客人数预测。每隔20分钟,每天的运营计划就更新一次,数据来源于演员们的掌上电脑。为了保持灵活性,乐园里的演员在各个岗位工作的时间间隔为15分钟。

资料来源:罗伯特·S·拉塞尔等著,邵晓峰译,运营管理——创造供应链价值,2010

第二节 主生产计划

主生产计划(MPS)是企业整个计划系统中重要的一个环节,是连接产、供、销的桥梁,它将独立的需求转化为内部的计划信息。在计划过程中,可以根据能力情况,进行计划的调整。确定的计划将作为生产、采购的基础。

MPS的对象主要是具有独立需求的物料和比较重要或紧张的物料。所谓独立需求,是指该需求不依赖于其他物料,如某物料的销售订单,对这个物料产生的需求并不受其他物料的影响。比较重要或紧张的物料,主要指在瓶颈资源加工或市场上比较紧俏,或采购提前期较长、很容易缺货的物料。

一、主生产计划的选择策略

主生产计划的选择策略有两大类:第一类被称为生产能力选择策略,它在不影响需求的前提下,通过改变生产能力来平衡生产和需求;第二类称为需求选择策略,即通过影响需求以消除计划期内的不确定性。

(一)生产能力选择策略

企业的生产能力选择策略包含以下六种。

1. 库存调节策略

企业在面临低的市场需求时增加库存水平,当面临较高的市场需求时则降低库存水平,通过库存的变化来保持生产的平稳。当生产率不变、需求不足时,库存就会上升;需求过大时,就会消耗掉库存来满足消费者需求,库存数量就会减少。

采取这种策略,企业不用按最高生产能力配备机器设备,节约了企业的固定资产投资,并有利于企业内部和供应商组织均衡生产。但是,通过库存水平来适应市场变化,会大幅度提高库存费用,并且在市场需求急剧变化的环境下,成品库存也面临着巨大的风险。同时,过高的库存破坏了生产的准时性,会掩盖生产过程中的许多问题。由于服务不能够储存,因此库存调节策略也不适用于服务行业。

2. 改变劳动力数量

当企业的生产任务重时就多雇佣一些员工,生产任务少时就少雇用一些员工,通过改变劳动力的数量来调节生产能力。这种策略多用于一些服务业。在一些需要专门技术的制造业中,这种策略的适用性较差。过于频繁的解雇员工会影响到员工的情绪,并且有可能会受到法律的限制和工会的反对。

【示例 5-2】

飞利浦裁员过冬

受国际金融危机影响,飞利浦 2008 年三季度财报显示销售收入为 63.3 亿欧元,较上年同期 64.7 亿欧元减少 2%。由于用户需求急剧下降,该公司包括小家电、消费电子产品在内"优质生活"部门销售收入同比减少 8%,欧洲地区销售收入同比减少 9%。虽然新兴市场的销售收入比去年同期增长了 6%,但却比第二季度下降了 16%。曾被视为飞利浦关键增长动力的医疗业务,也因成像系统需求疲软而受到打击。2008 年 11 月 22 日,荷兰皇家飞利浦电子公司(简称飞利浦)公布金融风暴来临后的首次裁员计划:全球医疗设备部门裁员 5%,即 1 600 人。飞利浦新闻发言人 Arent Jan Hesselink 称,此举是应对经济增长减速甚至衰退的准备工作。

资料来源:根据 http://finance.stockstar.com/SS2008112630017889.shtml 资料改编

3. 改变工作时间

企业可以通过改变工人的劳动时间来适应市场需求的变动。当市场需求上升时增加工人的劳动时间;市场需求下降时则减少工人的劳动时间。但超时工作企业需要支付更高的报酬,过多的超时会使人厌倦,从而影响人的工作效率和生产质量。

【示例 5-3】

销售下降三成，保时捷缩短工作日

保时捷 2008 年度汽车销售量下降了 25%—30%。保时捷汽车公司宣布，到 2009 年年底前将减少 18 个工作日，并将减少约 2 500 辆汽车的产量，这项措施将涉及在斯图加特工厂的 2 500 名职工。保时捷汽车表示，下年度其主要出口市场销售前景并不会好转。保时捷汽车此前采取的缩短工时措施，都利用职工积攒的加班时间来消化，但目前积攒工时已经消化完毕，则不得不采用缩短工作时间的办法。保时捷汽车表示，职工的收入不会受到影响。

资料来源：根据 http://www.detime.com/viewthread.php?tid=1289 资料改编

4. 外包策略

外包就是把一部分生产任务转包给别的企业去做，这种策略相当于扩大了本企业的生产能力。外包的主要问题是如何保证交货的及时性和产品的质量，并且外包使企业丧失部分控制权和收益。

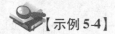【示例 5-4】

耐克公司的外包

耐克公司最初和其他制鞋企业一样，有厂房、有工人，生产的鞋也主要是供给国内的消费者。但是，美国国内市场的需求有限，而且在阿迪达斯和彪马两大巨头的打压下，耐克能拥有的市场份额就更加有限了。要改变这种状况，除了要在国内和两大著名厂商竞争外，更重要的是开拓海外市场，这部分市场的潜力要比美国本土大的多。谁拥有了世界市场，谁就能够成为霸主。

一次偶然的机会，耐克创始人奈特路过一家养鸡场，看到鸡棚里活蹦乱跳的母鸡，他突然联想到了他的业务，"借鸡生蛋"的想法也就产生了。奈特想，如果在世界上每个国家都设立一个工厂，公司只出资金和技术力量，而工厂的主管、工人都由当地人组成，这样不就可以既避免关税，又减少总公司的负担了吗？他回到公司后，立即召集各级主管和全体职员开会，把自己的想法告诉大家，并分析了这种做法的可行性和好处。得到了大家的赞同。

使用这种"借鸡下蛋"的方法，耐克避免了高关税，打开了贸易壁垒，轻松进入了一向封闭的日本市场。用同样的方法，耐克公司通过在爱尔兰设厂也成功地避开了高关税进入欧洲市场。随着各地区生产成本的变化，耐克公司的合作对象不断变化：先是日本、西欧，其后是韩国、中国台湾，接着是中国内地、印度。

耐克公司自己不设厂,不仅所有的产品都是外包给其他生产厂家制造,甚至连公司设计的样品都是由台湾试制的。耐克向外部借力,通过整合外部资源,为其所用,从而扩展自己的疆域;利用外部的能力和优势来弥补自身的不足。这样一来,耐克公司节省了大量的生产基建资产、设备购置费用以及人工费用,利用全球最廉价的劳动力为其制造产品。这是耐克之所以能够以较低的成本和其他品牌竞争的重要原因,也为其全球化战略起到了积极的作用。

资料来源:郑雄伟主编,国际外包——国际外包全球案例与商业机会,经济管理出版社,2008

5. 使用临时员工

临时员工可以满足企业对非技术雇员的需求(特别是在服务业中)。对于那些技术性要求不高的工作,或者需要大量临时劳动力的地方,雇佣临时工是一个较为可行的方法。

开利冷冻的临时工策略

开利冷冻设备有限公司(简称为开利冷冻)正在亚洲寻找一种更有效率的工作方式。2008年经济危机的爆发,对这家公司的亚洲区业绩带来不小的冲击。对开利来说,如何在经济波动周期增强组织的"弹性",是管理者们亟须解决的问题。对此,公司找到的药方是"灵活雇佣"——希望雇佣临时工或钟点工的模式来应对不断变化的环境。

"目前,青岛工厂大约有400个工人,其中有100多个采用了灵活的雇佣方式。"开利冷冻亚洲人力资源总监戈青云表示。据了解,开利冷冻正计划将中国的工厂扩大为亚洲中心的工厂,这意味员工的数量需要增加。但是,由于亚洲其他地区的工厂要相应进行合并调整,所以招聘计划也面临成本管理的要求。这对开利冷冻来说,需要使用更加灵活的用工策略。开利的做法并不是个案。如今,中国的雇佣市场正随着经济复苏的动力增强变得更为活跃,新的招聘策略也已出现。

由于市场订单的不确定性,越来越多的公司担心仅仅采用长期固定雇员的单一模式,很难应对突如其来的经济变动,最明显的举措就是不得不以裁员的方式降低人工成本。与此同时,劳动力成本的不断上涨,迫使不少公司对优秀人才"望而却步"。这些矛盾的背后凸显出企业常规的招聘管理以及薪酬管理模式已经不适应新的需求,而"灵活雇佣"的模式开始被HR们所关注。

资料来源:http://finance.stockstar.com/JL2010042600001406.shtml

第五章 运营计划 125

6. "自制还是外购"的决策

当企业自身的生产能力不足时,将某些自制的产品或零部件改为外购。如果企业的生产能力过剩时,则将某些外购产品或零部件改为自制。实施这种策略的前提时,企业所需要的产品或零部件市场上可以提供。

(二) 需求选择策略

需求选择策略有如下两种。

1. 影响需求

当市场需求不景气时,企业可以通过广告、折价销售等各种策略来刺激需求,将高需求延续到低需求的季节。

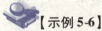

例如,电影院会对工作日白天的票价打折销售,航空公司会在淡季提供价格折扣,空调生产企业会在冬季降低空调的价格,每年夏季的羽绒服特卖,冬季的夏季服装专卖,电力公司对不同时段的电力消费收取不同的价格,礼品公司鼓励消费者提前购买生日礼物,旅游景点在淡季举办各种促销活动来刺激需求,这些都是在刺激消费者的消费需求和消费欲望,转移顾客的需求时间。

2. 延迟交货

当企业不能够满足顾客的当期订单时,可以采用延期交货的方式在未来某一时间满足客户的需求。延迟交货只有当顾客情愿等待,并且延期不会减少顾客效用的前提下才能够使用。

应对汽车暴涨需求,奔驰交货期推迟三个月

据路透社报道,梅赛德斯母公司戴姆勒集团 CEO Dieter Zetsche 近日称,由于梅赛德斯—奔驰及其供应商正在加紧应对来自中美两国市场暴涨的需求量,因此该品牌的交货期可能将推迟近 3 个月。Dieter Zetsche 在接受一家德国报纸采访时称,计划订购奔驰 C 级汽车的客户可能要等待三个月或者几个月才能提货,奔驰汽车公司面临的问题是如何才能及时购进全部汽车零件。

2010 年 10 月份,戴姆勒公司提交的 2010 年全年营销利润预测为 70 亿欧元(折合 93 亿美元)。汽车市场的恢复和包括中国在内的一些新兴市场的强烈需求会促成这一销售目标的实现。

资料来源:根据腾讯网 http://auto.qq.com/a/20101224/000088.htm 资料整理

二、制定主生产计划的步骤

企业制定主生产计划通常包括以下六个步骤。

（1）确定各个时期的市场需求。

（2）确定各个时期的企业生产能力。这里的生产能力指的是在正常的生产条件下，企业可以生产的产品数量。

（3）确定相关公司或相关部门的政策。如在企业内部可能需要保持多大比例的安全库存，企业的劳动者数量需要保持在何种水平上。

（4）为正常时间、加班时间、转包合同、持有存货、延迟交货等确定单位成本和其他相关成本。

（5）列出可供选择的计划，并明确每种计划水平下的成本为多少。

（6）在可供选择的计划中，选出符合公司目标的计划。

三、主生产计划的方法——试算法

无论是制造业企业还是服务业企业，都通常采用试算法来制定总生产计划。试算法即计算不同生产计划的成本，并将其绘制成简单的表格和图形，使得计划制定者能够进行直观比较并对各个计划进行评价选择。

我们如果要为 A 公司制定下半年的工作计划，已知年初的期初库存为 500 件，安全库存为每月需求预测量的 20%。每月的预计需求数量如表 5-2 所示，预计的各项成本如表 5-3 所示。

表 5-2　各月需求预测与工作天数

	1月	2月	3月	4月	5月	6月	合计
需求预测	1 000	1 200	1 500	1 400	1 200	1 100	7 400
工作天数	20	20	21	21	22	21	125

表 5-3　预计的各项成本

成本项目	成本数额
原材料	100 元/件
库存成本	2 元/件·月
缺货成本	5 元/件·月
分包边际成本	20 元/件·月（120 元的分包费用减去 100 元的原材料费用）

续表

成本项目	成本数额
招聘与培训成本	150 元/人
解聘费用	200 元/人
单位产品生产时间	5 小时/件
人工成本(每天工作 8 小时)	2 元/小时
加班人工费用	3 元/小时

根据各月的需求数量,我们可以计算出各月的预计生产需求量和库存数量,见表 5-4。

表 5-4　总生产计划的需要数据

	1月	2月	3月	4月	5月	6月
期初库存	500	200	240	300	280	240
需求预测	1 000	1 200	1 500	1 400	1 200	1 100
安全库存	200	240	300	280	240	220
生产需求量	700	1 240	1 560	1 380	1 160	1 080
期末库存	200	240	300	280	240	220

由表 5-4 可以看出,每月需要生产的产量是不一样的,这就意味着每个月所需要的总工作时间是不同的。由此我们可以有 4 种可供选择的计划方案。

计划 1:改变工人人数,但每个工人每天的工作时间固定为 8 小时,保证每个月的生产数量与产品的生产需求量一样。

计划 2:维持固定的工人数量,按照未来 6 个月的平均需求进行生产,每天的产量是一样的。在这种计划方案下,所需要的工人数量为:(7 400 件×5 小时/件)÷(125 天×8 小时/天)=37 人。在计划 2 这种方案下,允许存货积累,如果该月发生缺货则采用延期交货的方式,用下个月的生产量予以弥补。在某些情况下,如果需求得不到满足,订单可能会被取消。

计划 3:维持固定的工人数量,将工人数量维持在正好可以满足最小需求月份(1 月)的水平。多余的需求数量采用外包的方式予以满足。在该计划方案下,工人数量为(700 件×5 小时/件)÷(20 天×8 小时/天)=22 人。

计划 4:前两个月采用固定的工人数量在正常的工作时间进行生产,用加班的方式满足其他各月的生产需求量。在这种计划方案下,需要的工人数量为 31 人。

下面则需要计算一下每种计划方案下企业所需要花费的总成本,见表5-5、表5-6、表5-7。

表5-5 计划1:变动工人人数

	1月	2月	3月	4月	5月	6月	合计
生产需求量	700	1 240	1 560	1 380	1 160	1 080	
所需的生产时间	3 500	6 200	7 800	6 900	5 800	5 400	
每月工作天数	20	20	21	21	22	21	
每人每月工时	160	160	168	168	176	168	
所需人数	22	38	46	41	33	32	
新增工人数	0	16	8	0	0	0	
招聘费	0	2 400	1 200	0	0	0	3 600
解聘人数	0	0	0	5	8	1	
解聘费	0	0	0	1 000	1 600	200	2 800
人工成本	7 000	12 400	15 600	13 800	11 600	10 800	71 200

计划1的总成本为77 600元。

表5-6 计划2:固定工人人数,变动库存与缺货

	1月	2月	3月	4月	5月	6月	合计
期初库存	500	684	668	411	254	356	
每月工作天数	20	20	21	21	22	21	
可用工作时间	5 920	5 920	6 216	6 216	6 512	6 216	
实际产量	1 184	1 184	1 243	1 243	1 302	1 243	
需求预测量	1 000	1 200	1 500	1 400	1 200	1 100	
期末库存	684	668	411	254	356	499	
缺货损失	0	0	0	0	0	0	
安全库存	200	240	300	280	240	220	
多余库存	484	428	111	−26	116	279	
库存费用	968	856	222	−52	232	558	2 784
正常人工成本	11 840	11 840	12 432	12 432	13 024	12 432	74 000

计划2的总成本为76 784元。

表 5-7 计划 3：固定下限工人数量，采取分包策略

	1月	2月	3月	4月	5月	6月	合计
生产需求量	700	1 240	1 560	1 380	1 160	1 080	
每月工作天数	20	20	21	21	22	21	
可用工作时间	3 520	3 520	3 696	3 696	3 872	3 696	
实际生产量	704	704	739	739	774	739	
分包件数	0	536	821	641	386	341	
分包成本		10 720	16 420	12 820	7 720	6 820	54 500
正常人工成本	7 040	7 040	7 392	7 392	7 744	7 392	44 000

计划 3 下的总生产计划成本为 98 500 元。

表 5-8 计划 4：固定工人人数，加班

	1月	2月	3月	4月	5月	6月	合计
期初库存	500	492	284	0	0	0	
每月工作天数	20	20	21	21	22	21	
可用生产时间	4 960	4 960	5 208	5 208	5 456	5 208	
固定生产量	992	992	1 042	1 042	1 091	1 042	
需求预测量	1 000	1 200	1 500	1 400	1 200	1 100	
加班前库存量	492	284	−174	−358	−109	−58	
加班生产件数	0	0	174	358	109	58	
加班成本	0	0	2 610	5 370	1 635	870	10 485
安全库存	200	240	300	280	240	220	
多余库存	292	44	0	0	0	0	
库存费用	584	88	0	0	0	0	672
正常人工成本	9 920	9 920	10 416	10 416	10 912	10 416	62 000

计划 4 下的总成本为 73 157 元。

表 5-9 4 个计划方案的比较

成本	计划 1	计划 2	计划 3	计划 4
雇佣	3 600	0		
解聘	2 800	0		
多余存货	0	2 784		672
缺货		0	0	

续表

成本	计划1	计划2	计划3	计划4
外包	0	0	54 500	
加班	0	0		10 485
正常人工成本	71 200	74 000	44 000	62 000
合计	77 600	76 784	98 500	73 157

通过列表5-9可以将上述4个计划方案进行比较发现，计划4的总成本支出是最少的，因此选择计划4，即让现有员工加班来完成任务。

第三节 物料需求计划

物料需求计划(Material Requirements Planning，MRP)是一种计算机信息管理系统，是专为企业的库存管理而开发的。对许多企业而言，MRP系统已被证明是大有益处的，本节重点介绍MRP方面的一些基础知识。

一、MRP概述

物料需求计划(Material Requirements Planning，MRP)就是在产品生产中对构成产品的各种物料的需求量与需求时间所作的计划，物料需求计划是属于作业层的计划决策。MRP的基本思想是，围绕物料转化组织制造资源，实现按需要准时生产。

MRP按照时间段来确定各种相关物料(原材料和零部件)的需求数量和需求时间，它解决了企业"产、供、销"部门物料信息的集成管理。MRP在传统的库存管理方法的基础上引入了时间段和反映产品结构的物料清单BOM(Bill of Materials)，较好地解决了库存管理和生产控制中的难题，保证了能够按时按量地得到所需要的物料。

基础的MRP系统的主要目的是：控制库存水平、确定产品生产的优先等级以及计划生产系统的能力负荷。MRP系统的主旨是使合适的物料在合适的时间到达合适的地点。

MRP系统下库存管理的目标：在保证顾客服务水平的前提下，使库存投资达到最小化，并尽可能提高企业生产运营管理的效率。

同传统的物料管理方法相比，MRP具有如下的优点：

(1) MRP实现了对企业库存及生产信息的科学管理，有助于动态反馈和适时

调整;

（2）运用MRP,能够降低在制品的库存水平;

（3）MRP比较适应"以销定产"的市场环境,有助于实现按时交货。

二、MRP的产生与发展

MRP的发展大体经历了从订货点法到库存订货计划（即最初级的物料需求计划MRP）、从MRP到作为一种生产与控制系统的闭环MRP、从闭环MRP到作为一种生产管理信息系统制造资源计划（MPRⅡ）等几次飞跃。

（一）订货点法

20世纪60年代之前,企业在管理库存时通常采用订货点法,即要根据物料的需求情况来确定订货点和订货批量。当库存量低于订货点时,企业就开始订货以补充库存,这类方法适合于需求比较稳定的物料。然而,在实际生产中,随着市场环境发生变化,需求常常是不稳定的、不均匀的,在这种情况下使用订货点法便暴露出一些明显的缺陷。如订货时具有较大的盲目性,往往会造成大量的原材料和在制品库存。

订货点法之所以有这些缺陷,是因为它没有按照各种物料真正需用的时间来确定订货日期。于是,人们便思考:怎样才能在需要的时间,按需要的数量得到真正需用的物料？从而消除盲目性,实现低库存与高服务水平并存。

（二）初级的物料需求计划（MRP）

MRP是20世纪60年代库存管理专家们为解决传统库存控制方法的不足,不断探索新的库存控制方法的过程中产生的。这是依据市场需求预测和顾客订单制定产品生产计划,然后基于产品生产进度计划、组织产品的材料结构表和库存状况,通过计算机计算出所需材料的需求量和需求时间,从而确定材料的加工进度和订货日程的一种实用技术。

60年代初发展起来的MRP仅是一种物料需求计算器,它根据对产品的需求、产品结构和物料库存数据来计算各种物料的需求,将产品产出计划变成零部件投入产出计划和外购件、原材料的需求计划,从而解决了生产过程中需要什么,何时需要,需要多少的问题。它是开环的,没有信息反馈,也谈不上控制。

（三）闭环MRP

闭环MRP系统是在基本MRP系统基础上,把能力需求计划、执行及控制计划的功能也包括进来,形成一个管理环形回路。

(四) 制造资源计划(MRP Ⅱ)

闭环 MRP 系统的出现,使生产活动方面的各种子系统得到了统一。这还不够,因为在企业的管理中,生产管理只是一个方面,它所涉及的仅仅是物流,而与物流密切相关的还有资金流。这在许多企业中是由财会人员另行管理的,这就造成了数据的重复录入与存储,甚至造成数据的不一致性。于是,20 世纪 80 年代,人们把生产、财务、销售、工程技术、采购等各个子系统集成为一个一体化的系统,并称为制造资源计划(Manufacturing Resource Planning)系统,英文缩写还是 MRP,为了区别物料需求计划(亦缩写为 MRP)而记为 MRP Ⅱ。

(五) ERP(Enterprise Resource Planning)阶段

进入 90 年代,MRPII 得到了蓬勃发展,其应用也从离散型制造业向流程式制造业扩展,不仅应用于汽车、电子等行业,也能用于化工、食品等行业。随着信息技术的发展,MRPII 系统的功能也在不断地增强、完善与扩大,向企业资源计划(ERP)发展。

三、MRP 的基本原理

MRP 的基本原理就是由产品的交货期展开成零部件的生产进度日程与原材料、外购件的需求数量和需求日期,即将产品产出计划转换成物料需求表,并为编制生产能力需求计划提供信息,见表 5-10。

表 5-10 MRP 处理的问题和需要的信息

处理的问题	所需要的信息
生产什么? 生产多少?	主生产计划(MPS)
生产过程中需要用到什么物料?	物料清单(BOM 表)
已经具备什么物料?	物料库存数据
还缺什么物料? 什么时候需要?	MRP 的运行结果(生产计划和采购计划)

(一) MRP 的输入

MRP 主要有三个部分的输入:主生产计划(产品产出计划 MPS)、物料清单(产品结构文件)和库存状态文件。通过主生产计划的输入,可以明确总进度安排,明确最终产成品的需要时间和需要数量;通过物料清单,可以明确产成品的组成成分以及各组成成分之间的从属关系和数量关系;通过库存状态文件,可以明确企业的库存状况,以便于对库存进行管理和控制。

1. 主生产计划

主生产计划是企业向外界提供的东西,它是 MRP 的主要输入,主要标明生产哪些最终产品,何时需要,以及需要量是多少等。主生产计划是按产品的品种、型号、规格规定它们在每一时间周期内的产出数量和产出时间的计划,是外部需求与 MRP 系统的接口。最终产品可以是一件完整的产品,也可以是一个完整的部件,甚至是零件。

制定主生产计划时需要注意的五个问题:

(1) 主生产计划中确定的生产总量,必须等于总生产计划中所确定的生产总量;

(2) 主生产计划主要处理的是最终物料项,但如果最终物料项非常大或者非常昂贵,则主生产计划也可以用来处理主要的部件或组件;

(3) 主生产计划必须具备可行性,必须考虑到企业的能力和资源的约束;

(4) 主生产计划在系统运行前需要经过详细核实,以保证资源的可获得性和交货期的合理;

(5) 如果修改了主生产计划,需要重新运行 MRP。

2. 物料清单(Bill of Materials,BOM)

物料清单又被称为产品结构树或产品结构文件,是说明一个产品内各种物料构成关系的信息。物料清单用来说明产品中所有零部件和毛坯材料的品种、单台份数以及它们之间的隶属关系,它表示了产品的组成及结构信息,包括所需零部件的清单、产品项目的结构层次、制成最终产品的各个工艺阶段的先后顺序。

物料清单中最上面的一层被称为零层,代表最终产品;第一层则表示最终产品是由何种部件组成的;第二层则表示第一层的各个部件又是由何种组件组成;依此类推,在物料清单的最底层,则是最终的零件和原材料。见图 5-3。

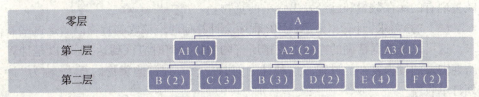

图 5-3 最终产品 A 的物料清单结构

如图 5-3 所示,每件最终产品 A 是由 1 个 A1 部件、2 个 A2 部件和 1 个 A3 部件组成,每个 A1 部件则是由 2 个零件 B、3 个零件 C 组成的,每个部件 A2 则是由 3 个零件 B 和 2 个零件 D 组成,每个部件 A3 则是由 4 个零件 E 和 2 个零件 F 组成的。从物料清单的结构图中,我们可以看出最终产品是由哪些原材料、零件、组件、部件组成的,以及这些构成部件的从属关系和数量关系。

3. 库存状态文件

库存主要是指半成品库和毛坯库等中间库存,包括两类数据:固定数据,变动数据。

固定数据又称主数据,包括物料的代码、材料、单价、供应来源、供应提前期、批量政策、保险储备量、库存类别(按资金占用量划分的 ABC 分类)等。变动数据包括物料的现有库存量、最小库存量、最大库存量、预计到货量等,这些数据随时间的推移经常发生变动。

库存状态文件保存了每一种物料的有关数据,MRP 系统关于订什么、订多少、何时发出订货等重要信息,都存储在库存状态文件中。产品结构文件是相对稳定的,而库存状态文件却处于不断变动之中。

(二) MRP 的计算机程序

物料需求计划的程序运算从输入的库存记录、主生产计划和物料清单中选取的信息来运行。计算系统管理的每一种产品的精确数量的过程通常被视为"展开"的过程。从物料清单的最顶层开始往下计算,母产品的需求被用于计算组成部件的需求。将现有库存与计划将要收到的货物考虑进来。MRP 展开的大体过程如下。

(1) 0 级产品的需求,即"最终产品"的需求。0 级产品的需求是从主生产计划得到的,这些需求被 MRP 程序视为"毛需求"。通常在 MRP 处理程序中,毛需求的时间周期为一周。

(2) MRP 运作程序的第二步就是计算"净需求",即计算未来一周需求的数量减去现有的库存数量和已经发出订单的货物。

(3) "净需求"计算出来后,MRP 程序会计算何时应该收到货物以满足这些需求。这可以是根据精确的净需求安排所订购的货物何时应该到达,也可以是计算跨期需求的较为复杂的过程。这种计划何时应该收到订购货物的行为,称为"计划订单收料"。

(4) 由于每份订单通常都会有一个提前期,下一步就是计划实际上应该何时发出订单。这可以通过"计划订单收料"加上需求提前期得到。该计划被称为"计划订单发出"。

(5) 所有 0 级产品完成以上 4 个步骤后,程序就移到 1 级的产品。

(6) 每一种 1 级产品的毛需求的计算都根据其相应的母产品的计划订单发出。任何额外的独立需求也应该包含在毛需求中。

(7) 在确定了毛需求之后,按照第 2—4 步程序,计算出净需求、计划订单收料与计划订单发出。

(8) 对物料订单中每个级别的产品都重复该过程。

每周或者主生产计划做出变动时,进行展开式计算。一些 MRP 程序可以生成调度计划,称为净变化计划。净变化系统是"事件"驱动的,每当处理对产品有影响的交易时,需求和计划就即时更新。净变化使得系统能够实时反映系统管理的每种产品的精确状态。

(三) MRP 的处理逻辑

1. 毛需求与净需求

MRP 的主要内容之一是确定各期的需求。

毛需求,不考虑库存持有量时,某细项或原材料在各期的期望总需求。

净需求,各期的实际需要量。

　　　　净需求 = 总需求 - 现有库存

　　　　现有库存 = 上期末计划产出 + 上期现有库存 - 上期总需求

在进行 MRP 的逻辑运算时,要注意提前期以及确定订货批量的方法。

2. MRP 的生成方式

MRP 是一个动态的文件,它的时间文件是滚动式的。随着时间的推移,如果 MRP 的生成条件发生了变化,就需要对计划进行不断的修正与更新。

MRP 的生成方式就是 MRP 按照其严密的处理逻辑,利用计算机系统,将独立需求信息转换为相关需求信息。MRP 的生成方式有两种:再生成方式(Regenerative MRP)与净改变方式(Net Change MRP)。

(1) 再生成方式

在 MRP 的再生成方式下,在 MRP 生成后会在一定的周期内,对库存信息重新进行计算,并将原来的 MRP 数据覆盖掉。再生成方式下进行操作时,需要根据最新的 MPS、BOM 以及库存信息,从 BOM 的最终项目需求量开始,逐级往下展开,对各级中的每项物料的需求量进行重新计算,从而生成全新的 MRP。再生成方式下 MRP 一般是按照周期进行的,间隔周期为一周到两周。由于再生成方式下的计算量很大,因此比较适用于环境比较稳定的企业使用。

(2) 净改变方式

在净改变方式下,当 MRP 生成后,只有在制定、生成 MRP 的条件发生变化时,才会相应地更新 MRP 相关部分的记录。MRP 的净改变方式计算量较小,其适应能力较强,比较适用于环境变化较大的企业。净改变方式需要多次查询库存记录,从而导致了较低的数据处理效率,使得生成的时间较长、成本较高。

在企业的 MRP 实际操作中,为了避免两种方式各自的缺点,企业经常综合采用再生成方式和净改变方式两种方式。例如,企业会在采用净改变方式的基础上,定期采用再生成方式。

(四) MRP 的输出

通过运行 MRP 程序,MRP 向企业提供了很多的输出信息。MRP 的输出信息可以帮助企业达成各自的目标。MRP 的输出通常分为主报告和二级报告(辅助报告)。

1. 主报告

MRP 的主报告用于企业的库存和生产的管理。主报告通常包括如下的内容:生产作业计划、生产指令、订单发布、库存状态报告、计划或指令的变更通知等。

2. 二级报告

二级报告包括计划报告、计划完成情况分析报告和例外报告等。

(1) 计划报告

计划报告主要用于预测库存和需求。计划报告通常包括采购约定及其他用于评价未来物料需求的信息。

(2) 计划完成情况分析报告

计划完成情况分析报告主要用于评价系统的运作情况,它有助于帮助管理者衡量计划的完成情况,并且还提供了用于评定成本绩效的信息。

(3) 例外报告

例外报告主要包括一些重大的差异,如过多的残频率、报告失误等。

MRP 简单举例

产品 A 由两单位的零件 X 和一单位的零件 Y 组装而成。零件 X 则是由一单位零件 U 和两单位零件 V 制成;零件 Y 由两单位零件 U 和三单位零件 W 制成。

第五章 运营计划

产品及零部件的生产组装所需要花费的时间如表5-11所示。

表5-11 产品A的物料构成

产品及零件	A	X	Y	U	V	W
生产或组装时间（周）	1	2	2	2	1	1

根据产品A的物料构成，我们可以列出产品A的物料清单结构图（图5-4）。

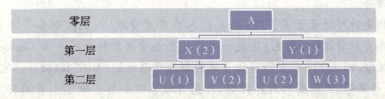

图5-4 产品A的物料清单结构图

通过MRP的运算，我们可以知道，如果想要在第6周生产出100件产品A，企业需要在第5周生产出200件部件X和100件部件Y，进而企业需要在第1周就要拥有400件U零件，在第2周需要有400件零件V和300件零件W。见表5-12。

表5-12 MRP对各种物料需求日期及数量的运算

	周次	1	2	3	4	5	6
A	需求日期						100
	订单日期					100	
X	需求日期					200	
	订单日期			200			
Y	需求日期					100	
	订单日期			100			
U	需求日期			400			
	订单日期	400					
V	需求日期			400			
	订单日期		400				
W	需求日期			300			
	订单日期		300				

【延伸阅读 5-1】

ERP 简介

ERP 是 Enterprise Resource Planning（企业资源计划）的简称，是 20 世纪 90 年代美国一家 IT 公司根据当时计算机信息、IT 技术发展及企业对供应链管理的需求，预测在今后信息时代企业管理信息系统的发展趋势和即将发生变革，而提出了这个概念。

ERP 是针对物资资源管理（物流）、人力资源管理（人流）、财务资源管理（财流）、信息资源管理（信息流）集成一体化的企业管理软件。一个由 Gartner Group 开发的概念，描述下一代制造商业系统和制造资源计划（MRP II）软件。它将包含客户/服务架构，使用图形用户接口，应用开放系统制作。除了已有的标准功能，它还包括其他特性，如品质、过程运作管理，以及调整报告等。特别是，ERP 采用的基础技术将同时给用户软件和硬件两方面的独立性从而更加容易升级。ERP 的关键在于所有用户能够裁剪其应用，因而具有天然的易用性。

但是，ERP 本身不是管理，它不可以取代管理。ERP 本身不能解决企业的管理问题，企业的管理问题只能由管理者自己去解决。ERP 可以是管理者解决企业管理问题的一种工具。不少企业因为错误地将 ERP 当成了管理本身，在 ERP 实施前未能认真地分析企业的管理问题，寻找解决途径，而过分地依赖 ERP 来解决问题。

第四节 作业计划

一、作业计划概述

作业计划是指在企业或组织内部对各项资源的使用进行时间上的选择，作业计划是建立在其他已经确定的决策约束范围之内的。无论制造业企业还是服务业企业，都会有作业计划。

在制造业企业中，通过 MRP 确定的各车间的零部件投入产出计划，从而将全厂性的产品产出计划变成了各车间的生产任务。各车间要完成既定的生产任务，还必须将零部件投入产出计划转化成车间生产作业计划，将车间的生产任务变成各个班组、各个工作地和各个工人的任务。只有将计划安排到工作地和工人，任务才算真正落到实处。将任务安排到工作地，这就涉及企业的作业计划问题。

服务业同制造业一样，也需要合理利用资源、提高生产率和改进服务质量。

因此,服务业也需要制定战略决策,寻求目标市场,设计特定的服务,并且在日常的运作中用低成本、高质量、按期交付的方式提供各种服务,使顾客满意和高兴。服务运作最主要的特点就是顾客到达和服务的时间是随机的,这就使得服务业的运作计划和制造业的运作计划有所不同。

二、制造企业的作业计划

制造企业的作业计划主要是企业生产的作业排序问题。

(一) 作业排序的基本问题

排序是决定在某些机器或某些工作中心哪个作业先开始。作业排序即要安排不同工件在同一设备上的加工顺序、不同工件在整个生产过程中的加工顺序以及设备和员工等资源的分配问题。作业排序包括如何安排作业顺序、如何及时反馈信息、如何对生产活动进行控制和调整等问题,使得各项资源得到合理而有效的利用。

制造企业通过作业排序,期望以最小的成本按期完成各项订单任务。不同的作业排序,产生的结果可能会相差甚远。采用不同的加工工序,就会产生不同的加工时间。为了缩短总加工时间,企业通常会将加工工序时间最短的作业安排到最后。有效的作业排序,对于缩短总加工时间,有效利用设备和人员,满足交货期的需求具有十分重要的意义。

(二) 作业排序系统的方法

1. 有限负荷和无限负荷

在进行作业排序时,如何考虑生产能力是一个排序系统区别于另一个排序系统的特征。

(1) 有限负荷

有限负荷即根据每一个订单所需的调整和运行时间,对每种资源进行详细的排序。有限负荷系统明确地规定了在工作日的每一时刻、每一种资源(设备、人员等)要做的工作。

(2) 无限负荷

当工作分配至工作中心时,只考虑它需要多长时间,以及检查关键资源是否超负荷,而不考虑总体的资源是否有能力满足这个工作的要求,也不考虑资源在完成这个工作时的实际顺序,这种作业排序系统的方法,被称为无限负荷方法。

2. 前向排序和后向排序

（1）前向排序

前向排序系统是指系统接受一个订单后，对完成订单所需要的作业按照从前向后的顺序进行排序，前向排序的方法可以确定订单完成的最早时间。

（2）后向排序

后向排序是指系统在接受一个订单后，将作业从后向前进行排序。后向排序的起点可能是交货日期，也可能是未来的某个时期。后向排序的方法可以在保证某个时期完工的前提下，确定最晚的开工时间。

不同的作业排序方法适用于不同的工艺类型。大批量生产多使用专业化的机器设备，并按照产品原则布置，其典型的排序方法是有限负荷、前向排序；小批量生产的自动化程度较低，其产品种类较多，并按照工艺原则布置，其典型的排序方法便为无限负荷、后向排序。

（三）优先调度的规则和方法

企业在安排生产作业排序时，其目标有以下三种：

（1）保证按时交货；

（2）保证流程时间最短，并使在制品的库存最少；

（3）使设备和劳动力的利用率最高，并使其闲置时间最少。

企业在进行生产作业排序时，往往有一定的优先级规则。据统计，现在的优先规则至少有几百种，企业在生产排序时具体采用哪些规则，应根据企业具体的目标和情况确定。比较常用的优先级规则有以下九个。

（1）先到先服务。在生产过程中，按照订单的到达顺序进行加工，先到的订单先加工。这个原则对于服务对象来说是最公平的。

（2）最短作业时间。在生产过程中，首先加工所需最短的作业，其次是第二短的作业，以此类推。

（3）交货期。首先加工需要最早交货的订单。

（4）剩余松弛时间。剩余松弛时间是指交货期前的剩余时间和剩余的加工时间的差值，剩余松弛时间规则即首先加工剩余松弛时间最短的作业。

（5）关键比例。关键比例的计算公式为：关键比例＝交货日期与当前日期的差值/剩余的工作日数。关键比例规则即首先加工关键比例最小的订单。

（6）排队比例。排队比例即计划中剩余松弛时间同计划剩余排队时间的比值。排队比例最小规则即将排队比例最小的订单先加工。

（7）后到先服务。后到的订单先处理，先到的订单后处理。

(8) 最多工作量。首先加工余下加工时间最长的工件。

(9) 随机排序。随机排序即由管理者或操作人员随意选择最先进行的加工或服务。

作业排序面临的情况有很多种,包括 n 个作业在一台设备上加工的排序、两个或更多的作业在两台设备上以共同的工序进行加工时的作业排序、n 个作业在 n 台设备上加工时的工序,以及 n 个作业在 m 台设备上的排序等。

三、服务业的作业计划

同制造业相比,服务不能够储存,顾客的需求也更加具有随机性,服务业通过员工直接为顾客提供服务,这一切都使得服务业的作业计划不同于制造业。服务业作业计划的目标就是要通过服务系统的排程,更有效地利用现有容量,使顾客需求与服务能力相匹配,减少等待时间,为顾客提供更满意的服务。

服务业作业计划目标一般通过两种途径实现:一是通过影响顾客的需求对顾客进行排程,二是通过对服务系统进行有效排序。

服务企业往往通过预约系统或预定系统对顾客进行排程,从而影响顾客的需求。预约系统通过预约控制顾客到达的时间,从而能够有效地利用服务能力。但是,由于各种各样的原因,顾客会取消预约或者晚到。因此,为了减少意外状况给企业服务系统带来的影响,方便调整,在进行预约时,最好采用按照顾客特殊的需求安排特定的预约时间,而不是采用固定时间间隔的预约方法。

预定系统即通过预付定金的方式使企业能够对特定期间的服务需求做出比较精确的估计,管理者也能够以此更好地使需求与服务能力相匹配,从而降低顾客由于长时间等待而产生的不满情绪。

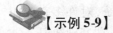

【示例5-9】
上海市级医院全面推进预约诊疗和门诊一站式付费

作为上海医改的重要基础工作之一,上海于2011年4月启动健康信息化工程,依托上海申康医院发展中心的医联工程,至6月17日已初步实现11家三级医院以及8个区的网络联通,实现数据上传及临床信息共享调阅。在推进信息化建设进程中,上海大力推广医联预约服务平台,上海瑞金医院、中医医院、龙华医院、岳阳医院、儿童医院5家医院预约平台已上线运行,6月底第二批6家医院将上线,计划到12月底力争34家三级医院全部上线;同时积极推行门诊一站式付费,上海瑞金医院、市中医院、龙华医院等医疗机构已经在门诊运行一站式付费系统,患者可以在一站式服务机上全程自助预约、挂号、付费等。

在上海最大的医疗机构——瑞金医院，专家门诊预约诊疗比例已达55.29%，通过分时段预约就诊，患者在医院的候诊时间缩短了60分钟；采用一站式付费模式患者约占总门急诊总量的40%，患者平均付费时间缩短了30分钟；推进预约诊疗和一站式付费模式也降低了人力成本，医院挂号窗口的服务人员从17人减少到12人。

资料来源：新华网 http://news.xinhuanet.com/politics/2011-06/23/c_121575474.htm

本章学习要点回顾

本章介绍了运营管理中的计划问题。运营管理中的计划分为三个层次：主生产计划、物料需求计划和作业计划。企业运营的运营计划环境分为内部因素和外部因素。外部因素主要有：竞争者、原材料、消费者需求、外部能力、经济环境；公司内部的环境影响因素则包括库存水平、当前生产能力、现有劳动力和生产中的活动等。

主生产计划的选择策略有两大类。第一类被称为生产能力选择策略，即通过库存调节、改变劳动力数量、改变工作时间、外包、使用临时员工、改变"自制还是外包"的决策等方式来平衡生产和需求；第二类称为需求选择策略，即通过影响需求、延迟交货等方式来消除计划期内的不确定性。主生产计划的常用方法是试算法。

MRP的基本原理就是由产品的交货期展开成零部件的生产进度日程与原材料、外购件的需求数量和需求日期，即将产品产出计划转换成物料需求表，并为编制生产能力需求计划提供信息。这是一种计算机信息管理系统，对许多企业而言，MRP系统已被证明是大有益处的，本章也介绍MRP方面的一些基础知识。

制造企业的作业计划主要是企业生产的作业排序问题，作业排序包括如何安排作业顺序、如何及时反馈信息、如何对生产活动进行控制和调整等问题，使得各项资源得到合理而有效的利用。服务业作业计划的目标就是要通过服务系统的排程，更有效地利用现有容量，使顾客需求与服务能力相匹配，减少等待时间，为顾客提供更满意的服务。服务业作业计划目标的实现一般通过两种途径实现：一是通过影响顾客的需求对顾客进行排程，二是通过对服务系统进行有效的排序。

复习思考

1. 运营计划分为哪几个层次？
2. 主生产计划的影响因素有哪些？
3. MRP 的输入有哪些，输出有哪些？
4. MRP 的运算逻辑是怎么样的？
5. 制造业企业排序时都有什么样的优先规则？

第六章 库存管理

学习目标

1. 理解库存的含义及作用
2. 了解库存的弊端
3. 了解库存的不同分类
4. 理解库存控制的定量控制、定期控制和最大最小系统
5. 掌握ABC分类法
6. 掌握经济订货模型（EOQ）
7. 掌握供应商管理库存VMI

本章学习内容导图

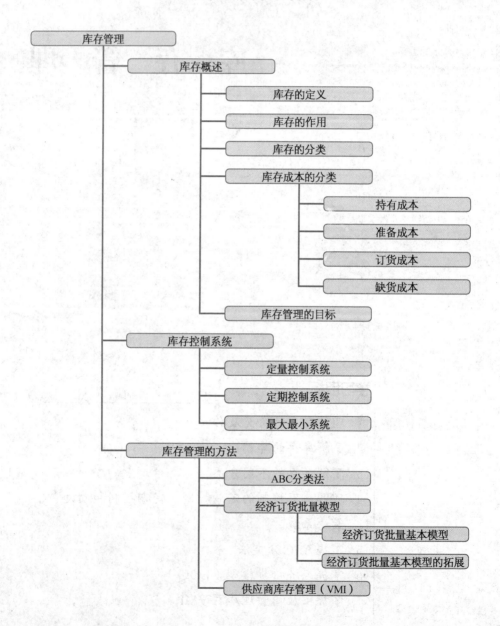

第六章 库存管理

引导案例

美的公司的供应商管理库存

价格大战、库存压力、材料涨价、利润滑坡，这是国内空调厂商正面临的几大头痛问题。根据2002年3月底行业的统计数据,全国空调厂商估计有700万台空调库存。长期以来,美的空调一直自认成绩不错,但是依然有最少5—7天的零部件库存和几十万台的成品库存。相对于其他产业的优秀标杆企业,这一存货水准还是让美的大为"汗颜"。美的经过分析之后,便悄悄导入供应商管理库存模式(VMI),开始"用信息替代库存"实践这一经营思想。

美的作为供应链上的核心企业,较为稳定的供应商共有300多家,零配件(出口、内销产品)加起来一共有三万多种。但是,60%的供货商是在美的总部顺德周围,还有部分供应商是车程三天以内的地方,如广东的清远一带。因此,只有15%的供应商距离美的较远。在现有的这个供应链之上,美的实现VMI的难度并不大。对于这15%的远程供应商,美的在顺德总部(美的出口机型都在顺德生产)建立了很多仓库,然后把仓库分成很多片。运输距离长(运货时间3—5天的)的外地供应商一般都会在美的这个仓库里租赁一片区域(仓库所有权归美的),并把零配件放到片区里面储备。在美的需要用到这些零配件的时候,就会通知供应商,然后进行资金划拨、取货等工作。这时,零配件的产权才由供应商转移到美的手上。在此之前,所有的库存成本都由供应商承担。此外,美的在ORACLE的ERP(企业资源管理系统)基础上与供应商建立了直接的交货平台。供应商通过互联页(WEB)的方式,登录到美的公司的页面上,在自己的办公地点就能看到美的的订单内容:品种、型号、数量和交货时间等等。

实施VMI以后,美的零部件库存周转率上升到了70—80次/年。零部件库存也由原来平均的5—7天存货水平,大幅降低为3天左右,而且这3天的库存也是由供应商管理并承担相应成本。库存周转率提高后,一系列相关的财务"风向标"也随之"由阴转晴",让美的"欣喜不已";资金占用降低、资金使用效率提高、资金风险下降、材料成本下降幅度惊人。可见,库存管理对于降低企业生产成本具有重要的意义。

资料来源:中华商务网,http://www.chinaccm.com/27/2701/270101/news/20030506/102537.asp

第一节 库存概述

一、库存的定义

库存是指企业用于生产、服务或销售的储备物资。从一般意义上说,库存是将闲置的资源满足未来的需要,企业运营过程中的人、财、物、信息等资源都有库存的存在,如人才的库存就是人力资源的库存,储存在计算机中的大量信息就属于信息的库存。

【示例6-1】

任何企业在生产运营的过程中都会存在库存,不同类型的企业持有的库存不同,对于制造业企业来说,生产过程中存放在生产环节中暂时不用的零部件、半成品、辅助材料等都属于库存。对于服务业企业也会有库存产生。如宾馆为了生产运营而存储的食品、饮料、清洁用品等都属于宾馆的库存;医院的库存主要有药品、一次性医疗用品、血液、消毒用品等;百货公司的商品、包装材料等也可能成为库存。

二、库存的作用

所有企业(包括实施JIT生产的企业)都会保有一部分库存,因为库存有如下四种作用。

(一)防止短缺,适应市场变化

存货储备能增强企业在生产和销售方面的机动性以及适应市场变化的能力。销售过程中维持一定量的库存,可以防止短缺的发生。企业有了足够的库存产成品,能有效地供应市场,满足顾客的需要。相反,若某种畅销产品库存不足,将会丧失目前的或未来的市场机会,并有可能因此而失去顾客。在通货膨胀时,适当地储存原材料存货,能使企业获得因市场物价的上涨而带来的好处。

【示例6-2】

日本地震冲击全球产业,汽车和飞机制造依靠库存

2011年3月11日,日本发生强震及海啸,不仅对民众的人身安全和生活造成了重大影响,也对产业界的供应链造成了重大冲击。汽车产业的部件供应在这次大地震中受到重创,如新日本制铁在岩手县的釜石制铁所生产轮胎用增强材料的工厂,全球最大微控制器(MCU)瑞萨电子在茨城县的那珂工厂生产车用微控制器的工厂和东海碳素在宫城县的石卷工厂生产轮胎用增强材料的工厂等等。由于这些工厂没有完全恢复生产,导致日本所有车厂都因部件不足而全面停产,甚至影响到了世界的汽车生产。

本田、丰田和日产分别在4月11日和18日相继恢复生产,但生产量只有产能的30%—40%,影响了日系汽车在市场中的价格。据报道,石川岛播磨重工业在相马的工厂每年生产60万个涡轮叶片,是美国通用电气、普惠和英国劳斯莱斯的航空发动机的重要供货商,波音和空中客车都使用这些发动机。目前,工厂生产波音787、空中客车A-320所用发动机约10%的部件,其中涡扇发动机的涡轮叶片只由其提供。通用电气和劳斯莱斯现在只能使用库存生产,在目前余震不断当中,石川岛播磨重工业在相马的工厂能否顺利恢复,也将左右这几种飞机的交付进度。

资料来源:根据滕瑾,"日本地震冲击全球产业供应链"(《中华工商时报》)改编

(二) 防止中断,保持生产均衡

由于外部需求不稳定性和企业面临的原材料市场供应的不确定性,如需求量的估计误差、产量的变化、设备故障、罢工、天灾、发运延误、天气异常等,适量存货可以对这些事件进行有效防范,以保持企业生产的连续性。比如,当某道工序的加工设备发生故障时,如果工序间有在制品库存,其后续工序就不会中断。同样,在运输途中维持一定量的库存,可以保证供应,使生产正常进行。例如,某工厂每天需要100吨原料,供方到需方的运输时间为2天,则在途库存为200吨,才能保证生产不中断。

对于那些从事季节性生产的企业,生产所需材料的供应具有季节性,为实行均衡生产,降低生产成本,就必须适当储备一定的半成品或保持一定的原材料存货。否则,这些企业若按照季节变动组织生产活动,难免会产生忙时超负荷运转,闲时生产能力得不到充分利用的情形,这也会导致生产成本的提高。

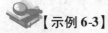
【示例6-3】
美国西海岸码头装卸工人罢工引起的供应链中断

2002年9月底,美国西海岸因劳资纠纷引起的罢工和封港事件使得港口内集装箱堆积如山。附近海面上,等待入港的货轮,密密麻麻望不到边。美国两大铁

路公司——太平洋铁路与BNSF铁路的火车车厢满载待出口的货物,也动弹不得。海运咽喉被卡,来自亚洲组装的电脑、汽车零配件、电器、家具、成衣、鞋子、玩具等日用品进不来,已造成市面缺货。

每年第四季度为美国商家一年中的黄金销售旺季,万圣节、感恩节和圣诞节等一连串节日采购热潮即将来临,存货不足势必引发不良的经济连锁反应。许多连锁店货架上的存货越来越少,眼看圣诞节将至,零售商们担心,再持续下去,将使他们圣诞节旺季促销计划泡汤。虽然大部分美国生产商和商家都有应急计划,但如果中断供货一两个月,他们都会陷入困境;工厂将停工待料,货架上的商品价格将节节攀升。为此,全美零售联盟已致函美国总统布什,敦促他立即采取行动重新开放这些商港,并警告港口装卸连续停摆,将导致零售据点裁员、歇业,年底圣诞假期商品短缺更不可免。

美国通用和日本丰田合资的新联合汽车制造公司发言人说,由于零配件缺货,该公司将不得不把其在加州的个别制造厂关闭。丰田汽车考虑,在港口继续关闭的情况下,将汽车部件空运至公司在美国的工厂。IBM的显示器供应商——台湾新宝科技也对某些商品采取空运。戴尔电脑首席执行长迈克尔·戴尔表示,该公司已开始空运"一些数量有限的材料"。

资料来源:人民网 http://www.people.com.cn/GB/paper68/7410/711572.html

(三) 缩短订货提前期

如果制造企业维持一定的成品库存,当接到顾客订单时,就可以很快满足顾客的需要,这样就大大缩短了订货提前期,并且也有利于企业的销售。如沃尔玛和凯玛特之类的超级市场需要与供应商保持紧密联系,以保证货源和质量。

(四) 降低采购成本和生产成本

很多企业为扩大销售规模,向购货方提供较优厚的商业折扣待遇,即购货达到一定数量时,便在价格上给予相应的折扣优惠。在采购过程中,通过大批量的采购可以获得价格折扣。通过增加每次购货数量、减少购货次数,可以降低采购费用支出。即便在推崇以零存货为管理目标的今天,仍有不少企业采取大批量购货方式,原因就在于这种方式有助于降低购货成本,只要购货成本的降低额大于因存货增加而导致的储存等各项费用的增加额,便是可行的。此外,在生产的过程中,如果企业长期维持均衡的生产,则机器的利用率会得到提高,从而降低了单位生产成本。

虽然库存对于企业的生产经营是非常重要的，但并不是库存越多越好，应该保持适当的库存，并尽量降低库存，原因是大量库存造成成本升高，同时掩盖了许多生产过程中的缺陷，使问题不能及时解决。一个企业如果存在过多的库存，就会产生以下弊端：如占用企业资金，增加企业的资金成本压力；除了库存占用资金会增加企业的财务成本外，为了维持库存，企业也需要成本的支出，这就增加了企业的持有成本；物品在库存过程中总会存在有形或无形的损耗，这些损耗都会增加企业的成本支出，给企业造成财务负担。

三、库存的分类

根据库存品的需求是否重复可将库存分为单周期库存和多周期库存，根据物品需求是否相关可以将产品的库存分为独立需求库存和相关需求库存，根据生产过程中产品的状态可以将库存分为原材料库存、在制品库存和成品库存。

（一）单周期库存与多周期库存

单周期库存的物品，只是在一段特定的时间内有需求，当特定时间过去之后，物品就没有原来的价值了。单周期需求出现在下面两种情况：一是偶尔发生的某种物品的需求；二是经常发生的某种生命周期短的物品的不定量的需求。第一种情况如发行的纪念邮票或新年贺卡等；第二种情况如那些易腐物品（如鲜鱼）或其他生命周期短的易过时的商品（如日报和期刊）等。

多周期库存的物品的需求是重复的、连续的需求，其库存需要不断地补充。如工厂所需的原材料，就是属于多周期库存的物品。对单周期需求物品的库存控制问题称为单周期库存问题，对多周期需求物品的库存控制问题称为多周期库存。

（二）独立需求库存与相关需求库存

独立需求是指产品的需求由外部市场条件决定的，与其他产品无关。独立需求的产品一般是最终产品，不取决于企业内部的生产活动，企业不能直接控制这一需求。在现实生活中，我们用的汽车、零售商品、日常食品、办公用品都是独立需求的例子。

在非独立需求情况下，对某一产品的需求是对其他产品的需求而直接导致的，通常该产品是其他产品的一个部件。如在汽车工厂中，准备生产1 000辆汽车，就需要有5 000个轮胎（包含备胎在内）。对轮胎的需求就与汽车的产量相关，轮胎的需求依赖于汽车的需求。

（三）原材料库存、在制品库存与成品

在生产的过程中，原材料库存可以存在企业的原材料仓库里，也可以存放在供应商处。当原材料进入生产过程，随着生产的进行，它的价值不断增加。在产品完工之前，则会在生产的不同环节形成在制品的库存。成品库存则经常存放在企业的成品库存或分销商、零售商等的仓库中。

四、库存成本的分类

与库存相关的成本主要有持有成本、准备成本、订货成本、缺货成本。

（一）持有成本

库存的持有成本指为持有和保管库存而发生的成本支出，如仓储费、保管费、搬运费、保险费、存货占用资金支付的利息费、存货残损和变质损失等。持有成本主要包括以下几个方面：设施存储费用（租金、折旧、能源、照明、安全、制冷等）、物料搬运费用、劳动力、用于购买库存的资金费用（贷款利息、税金、保险）、产品折旧、损坏、破损、过时和失窃等。据估计，一般持有成本为制造产品价值的10%—40%。

（二）准备成本

当企业自行生产存货时，为了生产不同产品，调整机器、更换切割工具等在所难免，就会发生生产准备成本。其中，更换模、夹具需要的工时或添置某些专用设备等属于固定成本，与生产产品的数量有关的费用如材料费、加工费等属于变动成本。

（三）订货成本

订货成本就是指为订购商品、材料而发生的文件处理和验收成本，如邮资、电话费、电传费、办公费、差旅费等。订货成本中有一部分与订货次数无关。比如，常设采购机构的管理费、采购人员的工资等基本开支，属于固定成本。另一部分与订货次数有关，如邮资、差旅费等，它们是变动成本。为了降低订货成本，企业需大批量采购，以减少订货次数。

（四）缺货成本

缺货成本指由于外部和内部供应中断而产生的经济损失，包括材料供应中断造成的停工损失、产成品库存缺货造成的拖欠发货损失和丧失销售机会的损失（还应包括需要主观估计的商誉损失）；如果生产企业以紧急采购代用材料解决库存材料中断之急，那么缺货成本表现为紧急额外购入成本。一些研究表明，大约有8%的顾客会因缺货买不到所需的产品，最终会导致丧失3%的销售机会。

【延伸阅读6-1】

根据欧洲ECR协会对零售商的调查统计资料，消费者在面对货架缺货时候的行为跟踪表明：其中40%的顾客会晚一点儿再到门店购买同一种商品，16%的顾客会在该门店购买其他包装的商品，20%的顾客会购买其他品牌的商品，24%的顾客会去其他门店购买相同的商品。

资料来源：王蓁著，终端为什么缺货，清华大学出版社，2006

五、库存管理的目标

一般而言，企业应持有充足数量的存货。对生产环节而言，储备一定量的存货，可以节约采购费用与生产时间，防止造成生产停顿，便于均衡组织生产；对销售环节而言，可以迅速满足客户的各种订货需要，为销售提供更大的机动性，避免因存货不足带来的机会损失。然而，存货的增加必然要占用更多的资金，这样不仅将使企业付出更大的持有成本（即存货资金占用的机会成本），而且存货的储存与管理费用也会相应增加，影响企业获利能力的提高。因此，如何在存货的成本与收益之间进行利弊权衡，实现两者的最佳组合，成为存货管理的基本目标。

（一）库存成本最低

库存成本最低是企业需要通过降低库存成本以降低生产总成本、增加赢利和增加竞争能力所选择的目标。

（二）库存保证程度最高

企业有很多的销售机会，相比之下压低库存意义不大，这就特别强调库存对其他经营、生产活动的保证，而不强调库存本身的效益。企业通过增加生产以扩大经营时，往往选择这种控制目标。

（三）不允许缺货

企业由于技术、工艺条件决定不允许停产，则必须以不缺货为控制目标，才能起到不停产的保证作用。企业某些重大合同必须以供货为保证,否则会受到巨额赔偿的惩罚时,可制定不允许缺货的控制目标。

（四）限定资金

企业必须在限定资金预算前提下实现供应,这就需要以此为前提进行库存的一系列控制。

（五）快捷

库存控制不依本身经济性来确定目标,而依大的竞争环境系统要求确定目标,这常常出现以最快速度实现进出货为目标来控制库存。

【延伸阅读6-2】

库存管理是降低成本的途径之一

根据美国商务部的估计,美国公司分散在供应链中的库存有1.1万亿美元,其中制造商的库存有4 500亿美元,批发商和分销商的库存有2 900亿美元,零售商有4 000亿美元的库存。据估计,美国制造产品的平均持有成本占总库存价值的30%。这意味着如果一家公司有1 000万美元的库存产品,产品的库存成本(包括保险、过时、折旧、利息、机会成本、储存成本等)就有将近300万美元。如果库存减少一半,即为500万美元,那么公司将会节约150万美元,这是非常大的成本节约。

第二节 库存控制系统

任何库存控制系统都需要考虑的三个问题:一是库存检查的时间间隔是多长?二是补充订货的时间如何确定?三是每次订货的数量是多少?对这三个问题的回答不同,可以划分出三种典型的库存控制系统:定量控制系统、定期控制系统和最大最小系统。

一、定量控制系统

在定量订货系统中(见图6-1),企业连续不断地监视库存余量的变化,当库存余量下降到某个预定数值——订货点(Reorder Point, RL)时,就向供应商发出固定批量的订货请求,经过一段时间,我们称之为提前期(Lead Time, LT),订货到达,库存得以补充。

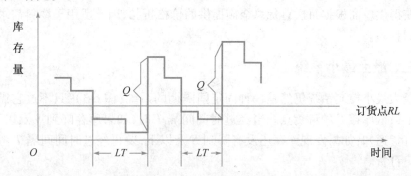

图 6-1　定量订货系统

在定量控制系统中,要发现现有库存量是否到达订货点 RL,必须随时检查库存量,连续记录库存量数值的变化,这样就增加了管理工作量;并且在定量控制系统下订货批量是固定的,且往往不能够达到最优批量,并且不能实现联合订货,这就导致了运输成本的上升。但是,这种方法会使库存量得到严密控制,因此适用于重要物资的库存控制。

二、定期控制系统

在定期控制系统中每经过一个固定的时间间隔,企业就发出一次订货,订货量为将现有库存补充到一个最高水平 S。

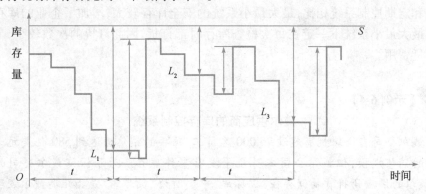

图 6-2　定期控制系统

在定期控制系统中(图 6-2),无论库存水平降得多还是少,都要按期发出订货通知:当库存量较高时,订货量是比较少的;当物料需求变化较大时,缺货的概率也会增加。这种方法不需要随时检查库存,简化了管理,也节省了订货费用,并且容易获得供应商根据每次订货总金额提供的价格折扣,因此适用于物料需求比较稳定的状态。

三、最大最小系统

最大最小控制系统仍然是一种固定间隔期的系统(图6-3),只不过它需要确定一个最低库存S的订货点。当经过时间间隔T时,如果库存降到S及以下,则发出订货通知;如果发现库存还没有降到S及以下,要再经过时间间隔T考虑是否发出订货。

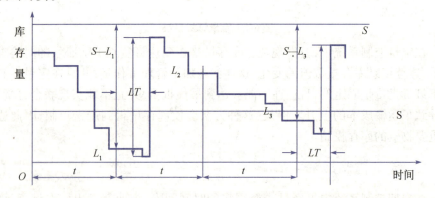

图6-3 最大最小系统

和定期控制系统相比,最大最小系统的安全库存较大,增加了企业的库存成本。最大最小系统不一定在每次检查库存时都订货,因此订货的次数较少,节约了订货费用。

戴尔供应商的库存控制系统

戴尔公司在全球拥有超过75 000名员工,每年的销售额达到580亿美元。如此大的销售规模,但戴尔公司本身几乎没有零件库存。为了保证戴尔公司的生产,戴尔的供应商将货物储存在"循环库"中。所谓"循环库"是指距离戴尔装配厂只有几公里的一个小仓库。戴尔的装配工厂每隔几小时会从"循环库"中取一次货物,戴尔的供应商每周会为"循环库"补充三次货物。为了降低订货成本,戴尔的供应商以成批的方式送货,并且使用定量控制系统。戴尔公司和供应商根据长期的数据和预测,确定每次的订货量为Q,订货点为R。R为已订购货物和安全库存之和,而"循环库"的库存目标通常是 10 天的库存。

资料来源:罗伯特·S.拉塞尔等著,邵晓峰译,运营管理——创造供应链价值,中国人民大学出版社,2010

第三节 库存管理的方法

企业库存管理的方法很多,本节仅介绍 ABC 分类法、经济订货批量模型和供应商管理库存,这是企业常用的三种库存管理方法。

一、ABC 分类法

(一) ABC 分类法的起源

ABC 分类法(Activity Based Classification)是根据事物在技术或经济方面的主要特征,进行分类排队,分清重点和一般(即平常所谓的"80—20"法则),从而有区别地确定管理方式的一种分析方法。由于它把被分析的对象分成 A、B、C 三类,所以又称为 ABC 分析法。

【延伸阅读 6-3】

ABC 分类法又被称为帕累托分析法,是由意大利经济学家维尔弗雷多·帕累托首创的。1879 年,帕累托在研究个人收入的分布状态时,发现少数人的收入占全部人收入的大部分,而多数人的收入却只占一小部分,他将这一关系用图表示出来,就是著名的帕累托图。该分析方法的核心思想是在决定一个事物的众多因素中分清主次,识别出少数的但对事物起决定作用的关键因素和多数的但对事物影响较少的次要因素。后来,帕累托法被不断应用于管理的各个方面。

1951 年,管理学家戴克将帕累托分析法应用于库存管理。戴克根据库存品的销售数量、现金流量、提前期和缺货成本将库存品分为三类:A 类库存为重要的产品,B 类库存为次重要的产品,C 类库存为不重要的产品,并对这三类库存品采用不同的管理方法。

(二) ABC 分类法的具体步骤

(1) 收集数据。按分析对象和分析内容,收集有关数据。例如,如果计划分析产品成本,则应收集产品成本因素、产品成本构成等方面的数据;如果计划分析针对某一系统分析价值工程,则应收集系统中各局部功能、各局部成本等数据。

(2)处理数据。对收集来的数据资料进行整理,按要求计算、汇总,并按资金占用额降序排列。

(3)制 ABC 分析表。ABC 分析表栏目构成如下(详见下面所举例题的表6-2):第一栏为物品编号;第二栏为物品名称;第三栏为物品单价;第四栏为平均库存;第五栏为各种物品平均资金占用额,用第三栏单价乘以第四栏平均库存;第六栏为平均资金占用额的百分比;第七栏为平均资金占用额累计百分比;第八栏为物品种类所占的百分比,某一物品种类占物品总类的百分比;第九栏为物品种类累计百分比;第十栏为分类结果。

(4)根据 ABC 分析表确定分类。按 ABC 分析表,将累计品目百分数为5%—15%而平均资金占用额累计百分数为60%—80%的前几个物品,确定为 A 类;将累计品目百分数为20%—30%,而平均资金占用额累计百分数也为20%—30%的物品,确定为 B 类;其余为 C 类,C 类情况正和 A 类相反,其累计品目百分数为60%—80%,而平均资金占用额累计百分数仅为5%—15%。

(5)根据 ABC 分类结果,对 ABC 三类物品采取不同的管理策略。

【示例6-5】

某印刷厂库存品的 ABC 分类

某印刷厂的经理希望用 ABC 分类法将这些备件进行分类,以确定哪些材料应该重点监控管理。根据材料品种、单位价格和平均库存的数据,计算出每种物品的年资金占用额(见表6-1)。

表6-1 印刷厂的材料品种、单位成本和平均库存列表

物品编号	物品名称	单价(元)	平均库存	资金占用额(元)
1	纸箱	3.00	500	1 500
2	薄纸板	0.02	18 000	360
3	封面用纸	0.75	10 000	7 500
4	胶水	40.00	75	3 000
5	内封用纸	0.05	20 000	1 000
6	加固带	0.15	3 000	450
7	印贴	0.45	150 000	67 500
合计				81 310

根据资金占用额降序排列各物品,并编制 ABC 分类表(见表 6-2),按照上述原则划分材料的类别。

表 6-2　印刷厂的 ABC 分类表

物品编号	物品名称	单价(元)	平均库存	资金占用额(元)	资金占用额百分比(%)	资金占用额累计百分比(%)	物品种类所占百分比(%)	物品种类累计百分数(%)	物品分类
7	印贴	0.45	150 000	67 500	83.0	83.0	14.3	14.3	A
3	封面用纸	0.75	10 000	7 500	9.2	92.2	14.3	28.6	B
4	胶水	40.00	75	3 000	3.7	95.9	14.3	42.9	B
1	纸箱	3.00	500	1 500	1.8	97.8	14.3	57.2	C
5	内封用纸	0.05	20 000	1 000	1.2	99.0	14.3	71.5	C
6	加固带	0.15	3 000	450	0.6	99.6	14.3	85.8	C
2	薄纸板	0.02	18 000	360	0.4	100.0	14.3	100.0	C

(三) ABC 分类法的管理策略

确定好企业库存品的 ABC 分类后,要针对每一类库存品采取不同的管理策略。

A 类物品是关键的少数,要进行重点管理,需要投入较大的力量精心管理。对仓储管理来说,由于 A 类库存品的价值较大,因此需要将 A 类库存压缩到最低水平,尽可能地降低库存总量,减少仓储管理成本,减少资金占用成本,提高资金周转率,具体管理方法如下。

(1)准确预测需求的基础上,小批量、多批次采购入库,最好能做到准时制管理,能够提高资金周转率,能够使库存保持最优的有效期,能够降低仓储管理费用,能够及时获得降价的收益;当然季节储备和涨价前的储备也是不可避免的。

(2)按照看板订单,小批量、多批次的发货,最好能做到准时制出库,避免物品长时间储存在生产线中,造成积压损耗,造成虚假需求和超限额库存,不利于均衡生产和经营。

(3)每天对库存进行盘点和检查,随时监控需求的动态变化,分析预测哪些是日常需求,哪些是临时集中需求,使库存与各种需求相适应。

(4)科学设置最低定额、安全库存和订货点报警点,防止缺货的发生;了解大客户的库存,在需要的时候临时调剂;监控供应商的在途物资品种数量到货时间;与供应商和用户共同研究替代品,尽可能降低单价;制定应急预案,补救措施。

B类物品需要进行次重点管理。每周对库存要进行盘点和检查。对于B类存货的控制不必像A类那样严格,但也不宜过于放松。一般是按大类来确定订购数量和储备金额;根据不同情况,灵活选用存货控制方法。

C类存货品种数量多而资金占用量较小,故对其的控制可粗略一点。可以按年度或季度检查盘存。可以采用集中采购法,适当增大储备定额、保险储备量和每一次的订货批量,从而减少订货次数。在实际工作中,可采用"双堆法"或"红线法"进行管理。所谓"双堆法"就是将存货分别放在两个空间中(如两堆、两箱、两桶等),当第一个空间的存货用完后,即发出订货单,并同时从第二个空间开始供货;当第二个空间的存货用完后,第一个空间的货物到货,开始供应。如此交替存货,不断往复循环,以满足生产、经营上的需要。"红线法"的具体做法是,在存放货物的箱子上,从底部起在一定的高度处画出一条红线,红线以下的数量代表保险储备量和提前期内的需要量,当货物在供应中降至红线时候,即进行订货,以便把存货恢复到原有水平。

【示例6-6】

某医院药品的 ABC 库存管理

某医院2007年度药品目录中有1 175个品种。通过统计分析发现,在1 175种药品中,前73种药品占全院消耗金额的70%,中间112种药品占全院药品消耗金额的20%,后面990种药品仅占全院消耗金额的10%。根据ABC分类法,该医院把前73种药品定义为A类药品,中间112种定义为B类药品,后面990种药品定义为C类药品。

对每类药品医院采用了不同的库存管理策略。对于A类药品医院设法减少这类药品的储备量,加速流转。实际应用中,医院将这类药品一般情况下储备量为低限0.2周,高限1.9周的消耗量,采购周期为每周采购一次。对于B类药品,临床消耗量也比较大,实际应用中,该医院对这类药品一般情况下储备量为低限0.4周,高限3.8周,采购周期为每两周采购一次。C类药品的临床消耗量很小,储备较长时间的消耗量对资金的占用也不会太多。实际应用中,该医院这类药品一般情况下储备量为低限0.2个月,高限1.9个月的消耗量。采购周期为每月采购一次。

二、经济订货批量模型

(一) 经济订货批量基本模型

经济订货批量(EOQ)是1915年由哈里斯提出来的,即 Economic Order Quantity 是固定订货批量模型的一种,可以用来确定企业一次订货(外购或自制)的数量。当企业按照经济订货批量来订货时,可实现订货成本和储存成本之和最小化。

模型的假设条件:

(1) 需求量稳定,并且能预测,年需求率以 D 表示,单位时间需求率以 d 表示。由于需求率均匀,D 与 d 是相同的;

(2) 每次订货量无数量限制;

(3) 存货单价不变,采购和运输均无价格折扣;

(4) 订货提前期为已知常量;

(5) 订货费与订货批量无关;

(6) 库存的维持成本与库存量是线性关系,即库存的维持成本与库存品的数量成正比;

(7) 不允许缺货,即无缺货成本;

(8) 企业能够及时补充存货,即需要订货时便可立即取得存货;

(9) 能集中到货,而不是陆续入库。

在以上假设条件下,库存系统的最大库存量为 Q,假设不存在缺货,最小库存量为 0。库存按值为 D 的固定需求率减少。当库存量降到订货点 R 时,就按固定订货量 Q 发出订货。经过一个固定的订货提前期(LT),新的一批订货 Q 到达(此时库存刚好变为 0),由于补货时间忽略不计,库存量瞬间再次达到 Q。显然,平均库存量为 $Q/2$。

在 EOQ 模型中,缺货费用为 0。单次订货费用不变,且与订货批量无关,因此单位产品的订货费用与订货批量之间成反比。储存费用与订货批量之间呈线性相关关系。如不计年采购费用,总费用(TC)为存储费用(C_H)和订货费用(C_R)之和。

$$TC = C_H + C_R = \frac{Q}{2} \times H + \frac{D}{Q} \times K$$

其中:K——单次订货费

H——单位库存存储费用

D——年需求量

Q——每次订货批量

C_H 曲线和 C_R 曲线有一个交点,其对应的订货批量就是最佳订货批量。为了求出经济订货批量,将以上公式对 Q 求导,并令一阶导数为 0,可得经济批量 Q^*:

$$Q^* = EOQ = \sqrt{\frac{2DK}{H}}$$

在最佳订货批量下,每年最佳订货次数公式为:

$$N^* = \frac{D}{Q^*} = \frac{D}{\sqrt{\frac{2KD}{H}}} = \sqrt{\frac{DH}{2K}}$$

与批量有关的总成本公式为:

$$TC = C_H + C_R = \frac{Q}{2} \times H + \frac{D}{Q} \times K = \frac{H}{2}\sqrt{\frac{2DK}{H}} + \frac{DK}{\sqrt{\frac{2DK}{H}}} = \sqrt{2DKH}$$

从以上公式可以看出,经济订货批量随单位订货费增加而增加,随单位维持库存费增加而减少。因此,价格昂贵的物品订货批量小,难采购的物品一次订货批量要大些。

【例题 6-1】 某企业每年耗用某种材料 3 600 千克,年单位存储成本为 200 元,一次订货成本 1 600 元。则:

$$Q^* = \sqrt{\frac{2KD}{H}} = \sqrt{\frac{2 \times 3\ 600 \times 1\ 600}{200}} = 240(千克/次)$$

$$N^* = \frac{D}{Q^*} = \frac{3\ 600}{240} = 15(次)$$

$$TC = \sqrt{2KDH} = \sqrt{2 \times 1\ 600 \times 3\ 600 \times 200} = 48\ 000(元)$$

(二)经济订货批量基本模型的拓展

经济订货量的基本模型是在前述各假设条件下建立的,但现实生活中能够满足这些假设条件的情况十分罕见。为使模型更接近于实际情况,具有较高的可用性,需逐一放宽假设,同时改进模型。

1. 订货提前期

一般情况下,企业的存货不能做到随用随时补充,因此不能等存货用光再去订货,而需要在没有用完时提前订货。在提前订货的情况下,企业再次发出订货单时,尚有存货的库存量,称为再订货点,用 R 来表示。它的数量等于订货提前时间(L)和每日平均需用量(d)的乘积:

$$R = L \cdot d$$

续上例,企业订货日至到货期的时间为 10 天,每日存货需要量为 10 千克,那么:

$$R = L \cdot d = 10 \times 10 = 100(千克)$$

即企业在尚存 100 千克存货时,就应当再次订货,等到下批订货到达时(再次发出订货单 10 天后),原有库存刚好用完。此时,有关存货的每次订货批量、订货次数、订货间隔时间等并无变化,与瞬时补充时相同。订货提前期的情形见图 6-4。这就是说,订货提前期对经济订货量并无影响,可仍以原来瞬时补充情况下的 240 千克为订货批量,只不过在达到再订货点(库存 100 千克)时即发出订货单罢了。

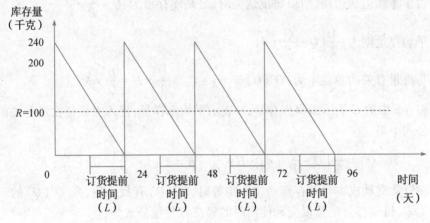

图 6-4　订货提前期

2. 存货陆续供应和使用

在建立基本模型时,是假设存货一次全部入库,故存货增加时存量变化为一条垂直的直线。事实上,各批存货可能陆续入库,使存量陆续增加。尤其是产成品入库和在产品转移,几乎总是陆续供应和陆续耗用的。存货数量的变动见图 6-5。

设每批订货批量为 Q,由于每日送货量为 P,故该批货全部送达所需日数为 Q/P,称之为送货期。

因零件每日耗用量为 d,故送货期内的全部耗用量为: $\dfrac{Q}{P} \cdot d$

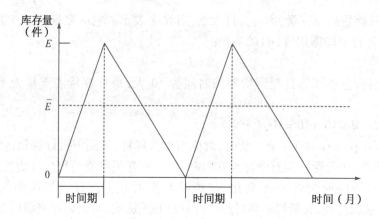

图 6-5 陆续供货时存货数量的变动

由于零件边送边用,所以每批送完时,最高库存量为:$Q - \dfrac{Q}{P} \cdot d$

平均存量则为:$\dfrac{1}{2}\left(Q - \dfrac{Q}{P} \cdot d\right)$

与批量有关的总成本为:$TC(Q) = C_H + C_R = \dfrac{Q}{2} \times H + \dfrac{D}{Q} \times K$

图 6-5 中的 E 表示最高库存量,$\overline{E}$ 表示平均库存量,代入上述与批量有关的总成本公式中得:

$$TC(Q) = \dfrac{1}{2}\left(Q - \dfrac{Q}{P} \cdot d\right) \cdot H + \dfrac{D}{Q} \cdot K = \dfrac{Q}{2}\left(1 - \dfrac{d}{P}\right) \cdot H + \dfrac{D}{Q} \cdot K$$

在订货变动成本与储存变动成本相等时,$TC(Q)$ 有最小值,令 $TC(Q)$ 的一阶导数为零,得到存货陆续供应和使用时的经济订货量公式为:

$$\dfrac{D}{Q} \cdot K = \dfrac{Q}{2}\left(1 - \dfrac{d}{P}\right) \cdot H$$

$$Q^* = \sqrt{\dfrac{2KD}{H} \cdot \dfrac{P}{P-d}}$$

将这一公式代入上述 TC 公式,可得出存货陆续供应和使用的经济订货量的总成本公式为:

$$TC = \sqrt{2KDH \cdot \left(1 - \dfrac{d}{P}\right)}$$

【例题 6-2】某零件年需用量(D)为 3 600 件,每日送货量(P)为 30 件,每日耗用量(d)为 10 件,单价(U)为 10 元,一次订货成本(生产准备成本)(K)为 25 元,单位储存变动成本(H)为 2 元。

将上述数据代入,则:

$$Q^* = \sqrt{\frac{2 \times 25 \times 3\,600}{2} \times \frac{30}{30-10}} \approx 367\ 件/次$$

$$TC = \sqrt{2 \times 25 \times 3\,600 \times 2 \times \left(1 - \frac{10}{30}\right)} \approx 490(元)$$

三、供应商管理库存(VMI)

(一) VMI 概述

传统管理方式下,库存是由库存拥有者管理的。因为无法确切知道用户需求与供应的匹配状态,所以需要库存,库存设置与管理是由同一组织完成的。这种库存管理模式并不总是最优的。一个供应商用库存来应付不可预测的或某一用户的不稳定需求,用户也设立库存来应付不稳定的内部需求或供应链的不确定性。虽然供应链中每一个组织独立地寻求保护其各自所在供应链的利益不受意外干扰是可以理解的,但这样做的结果是影响供应链的整体优化运行。供应链的各个不同组织根据各自的需求独立运行,导致重复建立库存,无法达到供应链全局的最低成本,整个供应链系统的库存会随着供应链长度的增加而发生扭曲放大的现象。

VMI 库存管理系统能够突破传统的条块分割的库存管理模式,以系统的、集成的管理思想进行库存管理,使供应链系统能够获得同步化的运营。

所谓 VMI(Vendor Managed Inventory)是一种以用户和供应商双方都获得最低成本为目的,在一个共同的协议下由供应商管理库存,并不断监督协议执行情况和修正协议内容,使库存管理得到持续地改进的合作性策略。

供应商管理模式是指将某种存货的管理委托给其供应商负责,并将公司内部该存货的库存、销售、生产等信息与供货商共享,由供货商协助公司更好地降低存货的成本,进而提高公司的利润。VMI 模式假定供货商比公司更熟悉该存货的各种特性及管理、营销方式,并且供货商具有良好的商业道德。

近年来,为了降低库存成本,整合供应链资源,越来越多的企业开始尝试一种新型的供应链管理模式——供应商管理库存(VMI),由于供应商更了解自己商品的情况、供应能力、促销计划、新品计划、季节变化等,配合使用先进的信息技术,可以更好地帮供应商管理订单和库存。这种技术可以提高供应链管理的效率,降低双方的库存,减少商品缺货率,减少运作成本,提高对市场变化的反应速度,更好地满足消费者的需求。特别是零售行业长期以来饱受"长鞭效应"的苦恼,销售某种产品的零售商为了保证产品销售的连续性,会独自管理产品库存,独立承担库存成本,而产品一直由几家供应商负责供应,为了保证自己在市场营销方面的核心竞争力和企业间合作程度的加强,降低成本,抑制"长鞭效应",重新整合企业资源,零售商决定实施供应商管理库存(VMI)的供应链战略来进行企业之间的联盟。

【示例6-7】

希捷公司的 VMI 实践

希捷公司是全球最大的磁盘驱动器制造商,年收入达到 80 亿美元。希捷每年硬盘驱动器的出货量高达 1 亿台,每天要消耗 9 000 万个零部件,产品销售到全球各地,被广泛应用到 PC、笔记本电脑、游戏机、电视机、数码相机和汽车等多个领域。希捷应用 VMI 模式主要是呼应其需求驱动型供应链策略,它的目标包括四个方面:(1)消除供应链每个阶段的过量库存;(2)缩短库存周转时间;(3)向客户提供更优质的服务;(4)增强对于需求变化的应变能力。通过推行 VMI 库存管理模式,希捷实现将产量从原来每季度 400 万台增加到 2 500 万台的同时减少营运总人数达 50%,且年库存周转次数从原来的 8 次加快为 16 次。

资料来源:根据百度文库 http://wenku.baidu.com/view/c33e2afbae f8941ea 76e053f.html 改编

(二) VMI 的实施原则

VMI 在实施过程中需要遵循以下四项原则。

1. 合作性原则

在实施该策略时,供应商和用户(零售商)之间的相互信任与信息透明是非常重要的,要有较好的合作精神,才能够相互保持较好的合作。

首先,供应商必须向下游客户证明,它有管理整个供应链的能力。

其次,下游客户必须确信,为多个竞争客户服务的供应商能够对客户的商品销售信息保密。同样,供应商也必须确信,与多个从事同样产品类别的供应商进行交易的客户,能够正确处理各个供应商的信息保密问题。

2. 互惠互利原则

通过该策略,使双方的成本都减少,形成互惠互利的格局。

3. 目标一致性原则

双方都明白各自的责任，观念上达成一致的目标。如库存存放地点、支付条款、管理费用等问题都要体现在框架协议中。

4. 持续改进原则

VMI 的主要思想是供应商在用户的允许下设立库存，确定库存水平和补给策略，拥有库存控制权。VMI 系统不仅可以降低供应链的库存水平，降低成本，而且，用户还可获得高水平的服务，改善资金流，与供应商共享需求变化的透明性和获得更高的用户信任度，使供需双方能共享利益和消除浪费。

（三）VMI 的实施方法

1. 建立顾客情报信息系统

通过建立顾客的信息库，供应商能够掌握需求变化的有关情况，把由分销商进行的需求预测与分析功能集成到供应商的系统中来。

2. 建立销售网络管理系统

供应商须建立起完善的销售网络管理系统以便管理库存，保证自己的产品需求信息和物流畅通。因此，须做到以下三点：

（1）保证自己产品条码的可读性和唯一性。

（2）保证产品分类、编码的标准化。

（3）保证商品储存运输过程中的可识别性。

3. 建立供应商与分销商（批发商）的合作框架协议

在双方企业达成共识，两家企业要各自组成一支由各有关部门组成的跨部门团队，并共同成立一个联合团队，分别就物流、信息管理系统、销售、财务规定等方面进行全面讨论与沟通。在此阶段中，还制定出双方希望通过实施 VMI 系统要达成的目标，如物流中心库存天数、商品的供应效率、订货前置时间、订单修正率、物流作业的成本率等衡量指标。此阶段应形成一个包含 VMI 系统建设、物流运作、订单确认以及数据传输和确认等各方面问题的合作协议。此合作协议具有法律效力，它的签订有利于规范双方的行为，防止一方做出有损于另一方的不负责任的行为。因此，它是顺利实施 VMI 的重要保证。

4. 组织机构的变革

VMI 策略改变了供应商的组织模式，过去一般由会计经理处理与用户有关的事情，引入 VMI 策略后，在订货部门产生了一个新的职能，负责用户库存的控制、补给和服务水平。在正式实施时仍然可能产生各种意想不到的问题，在 VMI 的运行过程中，仍然需要密切观察，并定期对系统进行修正和完善。

(四) VMI 的技术支持

VMI 的支持技术主要包括：EDI/Internet，ID 代码，条码，连续补给程序等。

1. ID 代码

供应商要有效地管理用户的库存，必须对用户的商品进行正确识别，为此对供应链商品进行编码，通过获得商品的标识（ID）代码并与供应商的产品数据库相连，以实现对用户商品的正确识别。目前国外企业已建立了应用于供应链的 ID 代码的类标准系统，如 EAN-13（UPC-12）、EAN-14（SCC-14）、SSCC-18 以及位置码等，我国也有关于物资分类编码的国家标准，届时可参考使用。

供应商应尽量使自己的产品按国际标准进行编码，以便在用户库存中对本企业的产品进行快速跟踪和分拣。因为用户（批发商、分销商）的商品有多种多样，有来自不同的供应商的同类产品，也有来自同一供应商的不同产品。实现 ID 代码标准化有利于采用 EDI 系统进行数据交换与传送，提高了供应商对库存管理的效率。目前，国际上通行的商品代码标准是国际物品编码协会（EAN）和美国统一代码委员会（UCC）共同编制的全球通用的 ID 代码标准。

2. EDI/Internet

EDI 是一种在处理商业或行政事务时，按照一个公认的标准，形成结构化的事务处理或信息数据格式，完成计算机到计算机的数据传输。我们主要介绍 EDI 如何应用到 VMI 方法体系中，如何实现供应商对用户的库存管理。

供应商要有效地对用户（分销商、批发商）的库存进行管理，采用 EDI 进行供应链的商品数据交换，是一种安全可靠的方法。为了能够实现供应商对用户的库存进行实时地测量，供应商必须每天都能了解用户的库存补给状态。因此，采用基于 EDIFACT 标准的库存报告清单能够提高供应链的运作效率，每天的库存水平（或定期的库存检查报告）、最低的库存补给量都能自动地生成，这样大大提高供应商对库存的监控效率。分销商（批发商）的库存状态也可以通过 EDI 报文的方式通知供应商。

在 VMI 管理系统中，供应商一方有关装运与发票等工作都不需要特殊的安排，主要的数据是顾客需求的物料信息记录、订货点水平和最小交货量等，需求一方（分销商、批发商）唯一需要做的是能够接受 EDI 订单确认和或配送建议，以及利用该系统发放采购订单。

3. 条码

条码是 ID 代码的一种符号，是对 ID 代码进行自动识别且将数据自动输入计算机的方法和手段，条码技术的应用解决了数据录入与数据采集的"瓶颈"，为供

第六章 库存管理

应商管理用户库存提供了有力支持。

条码是目前国际上供应链管理中普遍采用的一种技术手段。为有效实施 VMI 管理系统,应该尽可能地使供应商的产品条码化。条码技术对提高库存管理的效率是非常显著的,是实现库存管理的电子化的重要工具手段,它使供应商对产品的库存控制一直可以延伸到和销售商的 POS 系统进行连接,实现用户库存的供应链网络化控制。

4. 连续补给程序

连续补给程序策略将零售商向供应商发出订单的传统订货方法,变为供应商根据用户库存和销售信息决定商品的补给数量。这是一种实现 VMI 管理策略的有力工具和手段。为了快速响应用户"降低库存"的要求,供应商通过和用户(分销商、批发商或零售商)建立合作伙伴关系,主动提高向用户交货的频率,使供应商从过去单纯地执行用户的采购订单变为主动为用户分担补充库存的责任,在加快供应商响应用户需求速度的同时,也使用户方减少了库存水平。

【示例 6-8】

宝洁公司同沃尔玛的合作

20 世纪 80 年代,美国零售商与供应商之间总是围绕着商品价格之类的问题争夺控制权,双方之间的信息共享很少。宝洁,全球最大的日用品制造企业;沃尔玛,全球最大的商业零售企业。宝洁总是企图控制沃尔玛对其产品的销售价格和销售条件,而沃尔玛也不甘示弱、针锋相对,威胁要终止宝洁产品的销售,或把最差的货架留给它。

1987 年,为了寻求更好的手段以保证沃尔玛分店里"帮宝适"婴儿纸尿裤的销售,沃尔玛的老板 Sam Walton 和宝洁负责客户服务的副总裁 Ralph Drayer 终于坐到了一起。这一时刻,被认为是协同商业流程革命的开始。

"宝洁-沃尔玛模式"其实并不复杂。最开始时,宝洁开发并给沃尔玛安装了一套"持续补货系统",具体形式是:双方企业通过 EDI(电子数据交换)和卫星通讯实现联网,借助于这种信息系统,宝洁公司除了能迅速知晓沃尔玛物流中心内的纸尿裤库存情况外,还能及时了解纸尿裤在沃尔玛店铺的销售量、库存量、价格等数据,这样不仅能使宝洁公司及时制定出符合市场需求的生产和研发计划,同时也能对沃尔玛的库存进行单品管理,做到连续补货,防止出现商品结构性机会成本(即滞销商品库存过多,与此同时畅销商品断货)。

沃尔玛则从原来繁重的物流作业中解放出来,专心于经营销售活动,同时在通过 EDI 从宝洁公司获得信息的基础上,及时决定商品的货架和进货数量,并由 VMI(供应商管理库存)系统实行自动进货。沃尔玛将物流中心或者仓库的管理权交给宝洁公司代为实施,这样不仅沃尔玛不用从事具体的物流活动,而且由于双方企业之间不用就每笔交易的条件(如配送、价格问题)等进行谈判,大大缩短了商品从订货、进货、保管、分拣到补货销售的整个业务流程的时间。

资料来源:罗伯特·S.拉塞尔等著,邵晓峰译,运营管理——创造供应链价值,中国人民大学出版社,2010

本章学习要点回顾

库存是指企业用于生产、服务或销售的储备物资。所有企业(包括 JIT 企业)都会保有一部分库存,因为库存能够防止短缺,适应市场变化;防止中断,保持生产均衡;缩短订货提前期;降低采购成本和生产成本。

库存有不同分类方法。根据库存品的需求是否重复可将库存分为单周期库存和多周期库存,根据物品需求是否相关可以将产品的库存分为独立需求库存和相关需求库存,根据生产过程中产品的状态可以将库存分为原材料库存、在制品库存和成品库存。

与库存相关的成本主要有持有成本、准备成本、订货成本、缺货成本。库存管理的目标有库存成本最低;库存保证程度最高;不允许缺货;限定资金;快捷。典型的库存控制系统有定量控制系统、定期控制系统和最大最小系统。常用的库存管理方法有 ABC 分类法、经济订货批量模型(EOQ)和供应商管理库存(VMI)。

复习思考

1. 什么是库存?它有哪些作用?
2. 结合现实中的企业经营,谈一谈库存的利和弊。
3. 库存控制系统有哪些?
4. 如何实施供应商管理库存(VMI)?

第七章 质量管理

学习目标

1. 了解质量与质量管理的含义、质量管理发展的阶段和趋势
2. 理解6S管理和6σ管理的内涵
3. 了解6S管理和6σ管理在质量过程控制中的作用
4. 掌握6σ管理的实施过程
5. 理解服务质量差距模型的内涵
6. 掌握质量管理常用的控制和统计方法

本章学习内容导图

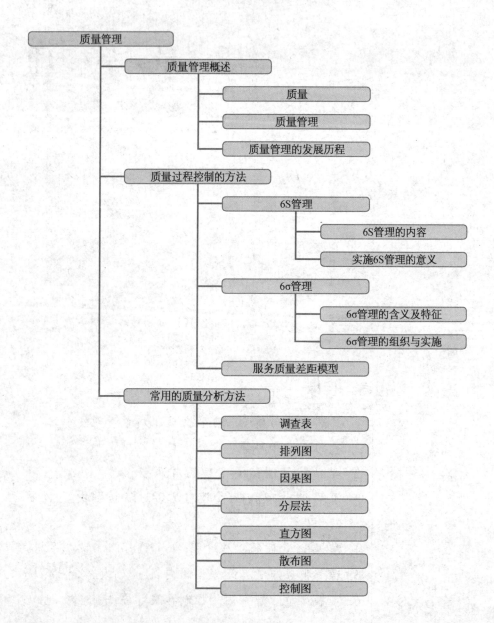

第七章 质量管理

引导案例

吉林多家药企被曝存严重质量问题

吉林省是我国北方药材大省,聚集了包括上市公司在内的多家中西药企业,因此也是食药监总局检查的重点区域。但是,最近一年的飞行检查情况令人担忧。

2014年8月23日至24日,食药监总局对长春远大国奥制药有限公司开展飞行检查,发现该企业生产冠心丹参胶囊时存在涉嫌未按处方投料、使用三七粉代替三七、丹参药材未经提取即投料以及药材供应商审计不全等违法违规行为,严重背离药品GMP(药品生产质量管理规范)基本要求。吉林省局已收回该企业"药品GMP证书"。

2014年11月4日至5日,食药监总局开展了飞行检查,发现修正药业集团股份有限公司(柳河厂区)原料库存放的用于生产肺宁颗粒的药材返魂草部分发生霉变变质。此外,企业还存在故意编造虚假检验报告等行为。食药监总局已要求吉林省局依法收回其"药品GMP证书"。

近年来,食药监部门在监督检查及抽验中发现,乳香、没药、血竭等含树脂类药材中有非法掺入松香、以假充真的现象。松香酸是松香的主要成分,松香常被用于乳香、没药、血竭等药材的掺假。目前松香酸对人体是否有害尚不确定,但按照药典规定,在含乳香、没药、血竭的中成药中不得检出该成分。本次抽验发现的问题表明企业质量管理存在严重缺陷,难以确保药品质量安全。

资料来源:根据http://finance.sina.com.cn/资料整理

第一节 质量管理概述

一、质量

ISO9000:2005中对质量的定义:一组固有特性满足要求的程度。这一定义简练而完整地明确了质量的内涵,质量的评价标准是"满足要求的程度",其核心是"一组固有特性","固有的"与"赋予的"相对,就是指在某事或某物中本来就有的,尤其是那种永久的特性。而人为赋予的,如产品的价格、产品的所有者则不是它们的质量特性。该定义对质量的载体不加界定,则说明人们对于质量所指的对象可以存在于任何领域或事物中,反映了人们对于质量的认识和理解达到了新的高度。

【延伸阅读 7-1】

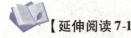

什么是 ISO?

ISO 是国际标准化组织的英文简称,其全称是 International Organization for Standardization,是由 150 个国家及标准化团体组成的世界性联合会,总部设在瑞士的日内瓦。ISO 是世界上最大的国际标准化组织,成立于 1947 年 2 月 23 日,其前身是 1928 年成立的"国际标准化协会国际联合会"。世界上最早的国际标准化组织是于 1906 年成立于英国伦敦的"国际电工委员会"(International Electrotechnical Commission,简称 IEC),IEC 主要负责电工、电子领域的标准化活动。ISO 则负责除电工、电子领域之外的所有其他领域的标准化活动。在企业界有一种通行的说法,即取得 ISO9000 系列的认证就是取得进入国际市场的通行证,这从一个侧面反映了 ISO9000 在国际贸易中的重要作用。

ISO 成立的宗旨是"在世界上促进标准化及其相关活动的发展,以便于商品和服务的国际交换,在智力、科学、技术和经济领域开展合作"。

现代质量管理则更强调以用户的观点来对质量进行定义,这方面最流行也最著名的是美国质量管理权威朱兰(J. M. Juran)对质量的定义——"质量就是适用性"。所谓"适用性",就是指产品或服务满足顾客要求的程度。按照这一定义,不管产品本身是否存在缺陷,只要没有达到顾客的期望,或未使顾客满意,就说明产品存在质量问题,而企业的责任就是要了解顾客的需求,并将顾客的需求具体化到产品或服务的特性上。

【延伸阅读 7-2】

对质量概念的理解

对质量概念的理解经历了三个不同的时期。

ISO8402:1986 文件中将质量定义为"反映产品或服务满足明确或隐含需要能力的特征和特性的总和",此时人们对于质量所限定的载体还仅止于"产品或服务"。

ISO8402:1993 文件中将质量的概念进一步修改为"反映实体满足明确或隐含需要的能力的特性总和"。这一定义中用"实体"替代了"产品或服务",而"实体"则用"可单独描述和研究的事物",进而将质量所指的对象突破了"产品和服务"的界限,将一般的事物也纳入进来,只要这一事物可以和其他事物区分并单独存在,如活动、过程、组织、体系等。

ISO9000:2005《质量管理体系基础和术语》中继续沿用了这一概念。

二、质量管理

ISO9000:2005 对质量管理的定义：在质量方面指挥和控制组织协调的活动。可见，质量管理是由一系列的活动所构成的，通常包括质量策划、质量控制、质量保证和质量改进等，通过这些活动来构成完整的质量管理体系，以实现其管理职能。这一定义指出了质量管理是企业管理职能的重要组成部分，虽然质量管理是组织各级管理者的职责，并且和组织的所有成员都有关系，但必须由组织的一个最高管理者来推动。

（一）质量策划

质量策划是质量管理的一部分，致力于制定质量目标并规定相应的运行过程和资源以实现质量目标。具体是指先制定质量方针，根据质量方针确定质量目标，在质量目标的基础上确定工作内容、职责和权限，然后进一步确定程序和要求，最后付诸实施的一系列的过程和内容。

质量策划属于"指导"与质量有关的活动，质量控制、质量保证和质量改进只有经过质量策划，才可能有明确的对象和目标，才可能有切实的措施和方法。因此，质量策划是质量管理诸多活动中不可或缺的中间环节，是连接质量方针和具体的质量管理活动之间的桥梁和纽带。

企业的任何一项质量管理活动，都需要进行质量策划。但是，在 ISO9000 族标准文件中所要求的质量策划并不是包罗万象的，通常只是针对那些影响企业业绩的项目进行的。一般来说，质量策划包括有关质量管理体系的策划、有关质量目标的策划、有关过程的策划和有关质量改进的策划四个方面。

（二）质量控制

质量控制是指企业为达到规范或规定的质量要求而采取的作业技术和措施。它是通过监视质量形成的各个阶段，消除质量环节上所有可能引起不合格或不满意因素，以达到质量要求、获取经济效益而采取的各种质量作业技术和活动。在企业生产领域，质量控制活动主要是企业内部的现场管理，它与有否合同无关，是为了达到和保持质量而进行的技术措施和管理措施。质量检验从属于质量控制，是质量控制的重要活动。

(三) 质量保证

质量保证是为使人们确信某实体能满足质量要求,而在质量体系内开展并根据需要进行证实的全部有计划、有系统的活动。质量保证的基本思想是强调对用户负责,核心问题在于使用户、第三方和本企业的最高管理者确信组织有能力满足规定的质量要求。

通常来讲,质量保证分为内部质量保证和外部质量保证两种。内部质量保证是企业进行管理的一种手段,目的是为了取得企业领导的信任。外部质量保证则通常是在合同环境中,供给方取信于需求方的一种手段。因此,质量保证绝非是单纯的保证质量,更重要的是要对那些影响质量的质量体系要素进行一系列有计划、有组织的评价活动,取得企业领导和需求方的信任而提出充分可靠的证据或记录。

(四) 质量改进

质量改进是在整个组织范围内采取的,旨在提高质量管理活动过程效果与效率的措施,以向本组织及其顾客提供增值效益。质量改进的手段是通过消除质量体系中的系统性问题,提高现有的质量控制水平,使质量达到新水平、新高度。质量控制达到的效果是维持现有的质量,而质量改进则是大幅提高目前的质量。

总之,质量管理是一门科学,是建立在经济管理原理、数理统计、系统科学、行为科学及法学基础上,阐述质量产生、形成和实现运行规律的学科,是一门有关发现质量问题、定义问题、寻找原因和制定改进方案的方法论。质量管理还是一种实践,是企业围绕质量目标而进行的永无休止的改进活动。质量管理更是一种思想,是对企业使命、宗旨和生存之道的一种深刻的认识和理解。

三、质量管理的发展历程

可以说,有了人类社会就有了人们对"质量"的追逐,只是因商品经济的程度不同,其表现的形式和手段不同罢了。工业时代以前,商品生产主要是以手工小作坊的形式进行的,商品交换可以通过买卖双方的直接接触进行,因此,质量的把关就成了商户的个人行为,并可以由手工操作者本人依据自己的手艺和经验来把关,因而又被称为"操作者的质量管理"。到了18世纪中叶,欧洲工业革命的爆发促进了"工厂"的诞生,从而导致手工作坊的解体和工厂体制的形成。20世纪,人类社会步入了工业化时代,以加工机械化、经营规模化和资本垄断化为特征的工业时代更是成为质量管理成长的温床,在过去的一个世纪,质量管理大致经历了质量检验、统计质量控制和全面质量管理三个阶段(图7-1)。

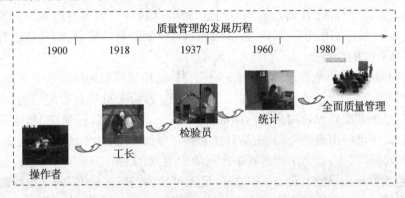

图 7-1　质量管理的发展历程
资料来源：MBA 智库百科 http://wiki.mbalib.com

（一）质量检验阶段

质量检验阶段也叫事后检验阶段，这是质量管理发展史上的最初阶段（时间大致是从 20 世纪 20—40 年代）。资本主义早期，资本家主要凭借个人的经验和判断进行管理，而工人则主要依据个人经验的例规和工艺来操作，生产、检验都由操作工人自己来完成。随着市场范围的扩大，生产规模的发展，机器生产逐渐代替手工操作，零部件的互换性、标准化和通用化的要求越来越高，传统的生产、管理方式已不能适应时代的发展。此时，美国出现了以泰罗（F. W. Taylor）为代表的"科学管理原理"，提出在管理中应实行科学的分工，将计划职能与执行职能分开，并增加检验环节，以便监督和检查设计、生产等项目的执行情况。起初，人们非常强调工长在管理保证方面的作用，将质量保证的责任由操作者转移到了工长，也称为"工长的质量管理"。后来，这一职能又逐渐转移到专职的检验人员身上，由专职检验部门实施质量检验，又被称为"检验员的质量管理"。

这是历史上首次将质量检验职能从生产操作中分离出来，把质量检验的专职人员从工人中分离出来，从而大大地提高了生产效率和固定资产的利用率，使出厂产品的质量得到保证，使企业取得了明显的经济效益。从质量管理发展的历史来看，无疑是一个巨大的进步。

质量检验阶段人们对质量管理的理解还仅仅限于"质量的检验"，手段是通过严格的检验程序来控制质量，并依据预定的质量标准对产品质量进行判断，且进行百分之百的全数检验。其主导思想就是对产品质量"严格把关"。

质量检验阶段的长处是设计、制造、检验分属不同的部门,可谓三权分立,有人专门负责制定标准(计划),有人专门进行制造(执行),有人专门按照标准检验质量。由于分工明确,相互制约,各部门的职责得到严格的划分,产品质量标准也得到严格有效的执行。

这种"检验的质量管理"存在如下缺点:其一,质量问题的解决缺乏系统观念,由于过分强调设计、生产、检验人员之间的分工,检验人员只是单纯把关,逐一检验产品,很少考虑检验费用和部门间的协调;其二,"重结果,轻预防"检验只是事后把关,对于已经出现的废品、次品只能起到排查的作用,却无法与设计、采购、生产等环节协调配合,预防生产过程中次品的产生,而次品一旦产生,对企业造成的损失(包括原材料、燃料、设备、工时等)已无可挽回;其三,100%的全数检验不经济、不实用。当企业生产规模扩大、产量大幅增加的情况下,检验工作和成本也随之增加,单纯依靠事后检验,并不能保证产品质量。往往发生次品漏网流入市场,对企业的声誉造成不良的影响。此外,在某些破坏性检验或有些质量特性无法全检的情况下,企业的产品质量将无法保证。此时,只有运用数理统计和全面质量管理才能解决这些问题。

（二）统计质量控制阶段

所谓统计质量控制就是使用统计学的技术和工具进行质量控制,这一阶段(一般指 20 世纪 40—50 年代)最大的特点就是数理统计和质量管理的结合,常用的数理统计工具主要有频率分布的应用、主趋势和离散的度量、控制图、回归分析、显著性检验等。

早在 20 世纪 20 年代,同在美国贝尔电话实验室工作的休哈特(Walter A. Shewhart)、道奇(H. F. Dodge)和罗米格(H. G. Romig)就先后提出了控制图和计数抽样检验方案,将数理统计方法引入到质量管理中,并提出了预防缺陷的概念。休哈特的"控制图"和道奇、罗米格的"抽样方案"两个成果就成为统计质量控制阶段的主要标志性成果。控制图的出现,是质量管理从单纯的事后检验转入检验加预防的标志,也是质量管理开始形成一门独立学科的开始。1931 年,休哈特的《工业产品质量经济控制》也成为第一本正式出版的质量管理科学专著。

然而,休哈特等人的创见除了在贝尔实验室应用以外,只有少数美国企业开始采用。由于 20 世纪 20 年代开始的经济危机的严重影响,这些先进的质量管理思想和方法没有能够得到广泛推广,直到第二次世界大战期间,由于军工产品数量和质量的严格要求和美国政府的强制推行,才使控制图和抽样检验的理论和方法在军工企业得到全面的应用和发展。二战结束以后,很多美国的企业都扩大了生产规模,除原来的军工企业继续推行统计质量管理的条件方法外,许多民用工业也纷纷采用这一方法。加拿大、墨西哥、法国、德国、意大利、日本等也都陆续推行了统计质量管理,并取得了显著的成效。但是,统计质量管理也存在缺陷,由于它过分强调质量控制的统计方法,使人们误以为"质量管理就是统计方法","质量管理是统计专家的事",令多数人感到高不可攀、望而生畏。同时,统计质量管理方法对质量的控制和管理仅局限于制造和检验部门,忽略了其他部门对质量的影响。因此,不能充分发挥企业各部门和广大员工的积极性,严重制约了它的推广和运用。同时,随着复杂武器系统的研制和电子设备的广泛应用,产品的可靠性问题越来越突出,而这一系列问题的解决又推动质量管理迈向新的发展阶段。

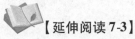

【延伸阅读7-3】

闪光智慧:控制图

休哈特重要的著作是《产品生产的质量经济控制》(*Economic Control of Quality of Manufactured Product*),1931年出版后被公认为质量基本原理的起源。该书对质量管理做出重大贡献。休哈特宣称"变异"存在于生产过程的每个方面,但是可以通过使用简单的统计工具如抽样和概率分析来了解变异,他的很多著作在贝尔实验室内部发行。其中之一是1924年5月16日的有历史意义的备忘录,在备忘录中他向上级提出了使用"控制图"(Control Chart)的建议。1939年休哈特完成《质量控制中的统计方法》(*Statistical Method from the Viewpoint of Quality Control*)一书,并在专业期刊上发表大量文章。他关于抽样和控制图的著作吸引了质量问题领域工作人士的兴趣并对这些人产生影响。其中包括最杰出的W.E.戴明和约瑟夫·M.朱兰。

沃特·阿曼德·休哈特(Walter A. Shewhart)生平:

1891年3月18日,休哈特出生于美国伊利诺伊州的新坎顿。

1917年,获加州大学伯克利分校的物理学博士学位。

1918—1924年,西方电气公司(Western Electric)工程师。

1925—1956年,贝尔试验室研究员,期间曾先后在伦敦大学、斯帝文理工学院、美国农业部研究生院和印度讲学。

资料来源:MBA智库百科 http://wiki.mbalib.com/

(三) 全面质量管理阶段

费根堡姆于1961年发表了一本著作《全面质量管理》，该书指出："全面质量管理是为了能够在最经济的水平上，并考虑到充分满足用户要求的条件下进行市场研究、设计、生产和服务，把企业各部门的研制质量、维持质量和提高质量活动构成一体的一种有效体系。"1994年版的ISO9000标准中，将全面质量管理定义为"一个组织以质量为中心，以全员参与为基础，目的在于通过让顾客满意和本组织所有成员及社会受益而达到长期成功的管理途径"。而在2000年版的ISO9000标准中，并未将"全面质量管理"列为标准术语中，也未作出新的解释。

【延伸阅读7-4】

全面质量管理(Total Quality Management，简称TQM)兴起于20世纪50年代末60年代初，首先提出这一概念的是美国通用电气公司的质量经理阿曼德·费根堡姆(Armand Vallin Feigenbaum)，后被尊称为"全面质量控制之父"。在他的学说里，费根堡姆努力摈弃当时在质量管理领域备受关注的技术方法，而将"质量控制"看作一种管理方法。

(Armand Vallin Feigenbaum)

阿曼德·费根堡姆(Armand Vallin Feigenbaum)，全面质量控制之父、质量大师、《全面质量控制》的作者

1920年，阿曼德·费根堡姆出生于纽约市。他先后就读于联合学院和麻省理工学院(MIT)；

1951年，毕业于麻省理工学院，获工程博士学位。

1942—1968年在通用电气公司工作。

1958—1968年任通用电气公司全球生产运作和质量控制主管。

1988年费根堡姆被美国商务部长任命为美国马尔康姆·鲍德里奇国家质量奖项目的首届理事会成员。

1992年费根堡姆入选美国国家工程学院，他发展了全面质量控制观点。

资料来源：MBA智库百科 http://wiki.mbalib.com

结合ISO9000：1994标准中对全面质量管理的定义和有关质量管理大师对全面质量管理的论述，可以将全面质量管理的核心特点归结为：全员参与的质量管理、全过程的质量管理和全面的质量管理。这也充分说明了全面质量管理是全面的、长期的、成功的质量管理思想，是最具活力的质量管理。

第七章 质量管理

【示例7-1】

建筑工程设计中应用全面质量管理

一、工程概况

天津市某区49栋住宅楼(建筑面积18万㎡)节能改造设计工程,设计依照建筑节能设计标准中的有关要求,从现状调查出发,运用系统的理论和方法进行管理策划、对策实施、效果检查、跟踪验证,直至工程竣工验收合格。该工程是天津市较大规模建筑节能改造工程中的试点工程,全面质量管理在该项目建筑节能改造设计中的应用,也为今后在建筑工程设计中应用全面质量管理提供了宝贵经验。

二、工程重点及难点分析

此次节能改造工程设计的主要目的是降低既有建筑的建筑物耗热量指标,使其达到居住建筑节能设计标准中的规定要求。影响建筑物耗热量指标的主要因素有采暖期室内外平均温度、体形系数、围护结构各部分的传热系数、窗墙面积比、换气次数、朝向、楼梯间是否开敞等。由于此次建筑节能设计的对象是既有建筑,在以上因素中可以改变的只有围护结构各部分的传热系数,所以重点是如何有效降低围护结构传热系数,从而实现降低建筑物耗热量指标的目标。工程设计难点主要为:

1. 设计过程无从借鉴,国家没有既有建筑节能改造的设计标准及规范;
2. 无现状图纸,理论计算难度大;
3. 外墙、屋面、外窗种类多,增加方案制定的难度。

三、工程中实施全面质量管理

(一)全面质量管理实施步骤

1. 现状调查。组织设计人员对该项目49栋住宅楼现状进行查勘,编写建筑节能检测报告。

2. 项目管理策划。成立建筑节能改造工程专项设计小组,确定实施目标。

3. 实施计划,制定方案。依据理论计算结果、现场检测值以及相关的设计规范,提出设计法案并请行内专家进行论证,进行方案筛选。

4. 理论与实践相结合,优化设计。实行节能改造施工现场跟踪设计及难点答疑,在实践中反复推敲,最终形成一套完整、可行的建筑节能改造设计方案。

5. 成果应用。组织专业技术人员进行学习讨论,总结设计经验,将研究成果转化成建筑标准图,为今后建筑节能改造工程提供经验和参照依据。

6. 效果检验。对改造后的建筑进行外围护结构传热系数检测及耗热量指标计算,确认此次建筑节能设计目标的实现。

(二) 实施过程的检查和监督

1. 对测量数据进行检查。确保其准确性,利用信息化测量表进行现场粗推算,做到杜绝大误差,减少小误差。

2. 对图纸质量进行检查。从设计、制图、校正、审核各环节实行多人参与,专人负责,严格把关,确保施工时的零补漏。

3. 施工中的安全检查。运用科学手段分别对建筑主体安全及外保温粘接强度做逐一检测,采用墙体拉拔试验对外墙外保温的粘结强度检测,检测值≥0.3 MPa,符合规范要求对建筑主体进行百日沉降观测,沉降值<0.2 mm。

4. 建筑节能设计服务。设计团队应保持与建设方、施工方、监理等单位充分沟通并到现场指导施工,对施工过程中的难点进行现场答疑,确保工程质量。

四、工程应用效果

通过在设计中应用全面质量管理,工程实施进展顺利,重要技术难点取得攻关,工程如期完成。此次建筑节能改造设计大大改善了居民的居住环境,经项目跟踪实测,设计改造后建筑的平均室温提高了 4—5℃。竣工以后经有关部门对节能改造前后的各项指标进行统计和计算,结果显示:每平方米每年可节煤 8.45 kg、节电 2.17 kW·h。减少废气排放 $13.21 m^3/(m^2·a)$,减少烟尘排放 0.61 kg,同时居民对此次改造的满意率为 100%。全面质量管理在该设计项目的实施效果成效显著。

资料来源:节选自张阳,焦霞,建筑工程设计中应用全面质量管理案例分析,天津建设科技,2014.7,V24 增刊,91—92

第二节　质量过程控制的方法

质量过程是指质量的形成过程。对于制造企业而言,指对产品直接进行加工的过程。它是产品质量形成的基础,是企业质量管理的基本环节。它的基本任务是保证产品的制造质量,建立一个能够稳定生产合格品和优质品的生产系统。主要工作内容包括:组织质量检验工作;组织和促进文明生产;组织质量分析,掌握质量动态;组织工序的质量控制,建立管理点等等。对于服务型企业而言,由于服务无法储存,服务质量的形成过程具有不可感知性、不可分离性、品质差异性、不可储存性和所有权不可转让性。只能在顾客到来时提供,因此质量的形成过程与消费过程是同时进行的,质量的形成过程即存在于顾客的消费过程中。

一、6S 管理

"6S 管理"是由日本企业的 5S 扩展而来的,与 5S 相比,强调了生产现场的安全性(Security),是现代工厂行之有效的现场管理理念和方法,其作用是:提高效率,保证质量,使工作环境整洁有序,预防为主,保证安全。6S 作为基础性的工作,能为其他管理活动提供优质的管理平台。

(一) 6S 管理的内容

6S 管理是指在生产现场中对人员、机器、材料、方法等生产要素进行有效的管理,"6S"分别指整理(Seiri)、整顿(Seiton)、清扫(Seiso)、安全(Security)、清洁(Seikeetsu)和素养(Shit-suke)。6S 管理水平的高低代表着管理者对现场管理认识的高低,又决定了现场管理水平的高低。"6S"管理的 6 个部分,逐一推进,相辅相成。

1S:"整理",是指将工作场所的东西分为必需品和非必需品,将非必需品尽快处理掉。目的是腾出空间,消除过多的积压物品。整理是"6S"管理推行的第一步。

2S:"整顿",是指将必需品分门别类,摆放整齐并加以标识。目的是使工作场所一目了然,减少找寻物品的时间,消除过多的积压物品。整顿是提高工作效率的基础。

3S:"清扫",是指将工作场所清扫干净,保持工作环境的干净、亮丽。目的是消除脏污,稳定产品品质,减少工业伤害。清扫可以与整顿工作同时进行,保证物品都能达到正常使用的状态。

4S:"安全",重视成员安全教育,每时每刻都有安全第一观念,防患于未然。目的是建立起安全生产的环境,所有的工作应建立在安全的前提下。

5S:"清洁",是指将整理、整顿、清扫的工作制度化、规范化、标准化。清洁是"6S"管理活动长效进行的有力保证。

6S:"素养",是指通过晨会等各种激励活动,提高员工文明礼貌水平,增强团队意识,养成按规定行事的良好工作习惯。这从根本上提升了员工的品质,是"6S"管理实施的最高水平。

"6S"之间彼此关联,整理、整顿、清扫是具体内容;清洁是指将上面的 3S 实施的做法制度化、规范化,并贯彻执行及维持结果;素养是指培养每位员工养成良好的习惯,并遵守规则做事,开展 6S 容易,但长时间的维持必须靠素养的提升;安全是基础,要尊重生命,杜绝违章。

（二）实施"6S"管理的意义

参观日本的工厂，都会有这样特别的印象：厂外的环境花草、通道、汽车的排放，可说是整整齐齐，井井有条。而进入厂内，无论是办公场所、工作车间、储物仓库，所看到的都是亮丽整洁，员工井然有序地工作，物品也井然有序地流动。这样的生产现场生产效率高，生产出来的产品品质高、成本低。这一切都是"6S"管理的功劳。

6S现场管理对企业的重要意义可从以下五个方面来认识。

（1）实施"6S"有利于获得顾客、员工的认可，从而提升企业形象。人们对于干净整洁的工作环境才有信心，乐于下订单并口碑相传，成为其他企业学习的对象。

（2）有助于提升员工归属感。"6S"管理的实施，使得人人变成有素养的员工，员工感到有尊严、有成就感，对自己的工作易生出爱心与耐心。

（3）企业安全生产有保障。"6S"管理是安全生产的有力保障，宽广明亮、视野开阔的现场，货物一目了然，遵守堆积限制，危险之处也可一目了然。员工养成认真负责的习惯，会使生产及非生产事故减少。

（4）效率与效益的提升。"6S"管理能提高企业效益，降低很多不必要的材料以及工具的浪费，减少寻找的时间，能降低库存、提高效率。

（5）品质有保障。品质保障的基础在于做任何事都要仔细认真不马虎，"6S"管理本身就是去除马马虎虎，这样品质就会有保障。

此外，6S管理活动的推行与其他管理活动也直接关联。6S活动是企业全面生产管理TPM的前提，是全面质量管理TQM的第一步，也是ISO9000有效推行的保证基础。ISO、TPM、TQM活动能否顺利、有效地推行与生产现场管理水平与生产现场的状况有很大的关系。通过6S管理活动，从现场管理着手改进，则能起到事半功倍的效果。

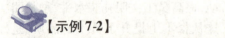

【示例7-2】

在沪东中华造船（集团）有限公司的5S管理

5S管理：整理（Seiri）、整顿（Seiton）、清扫（Seiso）、清洁（Seikeetsu）和素养（Shit-suke）。

（1）启动和准备：在5S管理推行的初期，选择一两个有代表的工作区域作为试点集中全力推行，还要对全体员工进行5S培训。培训的目的不仅是要提升员工的5S意识,让每个员工了解5S管理和开展5S管理活动的意义,更重要的是让每一个人都有参与感和责任感。

(2) 现场分析:由5S推行区域的直接主管参与改善前的现场诊断和分析,列出需要改善的项目,由5S负责人制订计划,进行改善。同时,由5S负责人安排绘制改善前的现场区域,拍摄改善前的现场照片。

(3) 清理:对工作场所的所有物品进行检查和区分,确定废弃物及其处理方法,以及物品摆放标准。如要求所有施工现场都拥有固定和移动料架,所有生产资料都必须堆放于料架上,并且要堆放整齐。生产资料上必须注明资料名称、部门和使用班组负责人联系电话的铭牌,以便使用时寻找和联系。工具箱必须放于指定区域,放置整齐,并在统一部位贴上标有部门、作业区、小组负责人的联系电话的铭牌。所有能源接线必须规范且架空,员工必须规范着装。

施工区域按班组划分5S包干区,并有班组长名字、联系电话的指示牌。5S包干区必须每天整理、清洁、清扫两次,分别是中午下班前15分钟和下午下班前30分钟。要求员工必须在下班前将产生的垃圾清理掉,金属垃圾必须放入黄色垃圾桶,非金属的放入绿色垃圾桶。

(4) 检查督促。公司设有"5S督查小组",按规定的频次进行督查,并记录和保存每次的检查结果。检查内容主要为:器材、物品和零部件是否按"有用""无用"和"合格""不合格"区分?预装物件、物料是否在规定区域堆放整齐?现场使用的图纸、工艺文件是否保持完好并现行有效?安全通道、出口是否明显并保持畅通?各类交通工具是否停放在指定地点并且整齐?工具箱、垃圾箱、设备等是否按种类、功能摆放整齐?垃圾是否按金属、非金属分类放置?风、水、电、气等各类管线是否按规定架设?责任区和作业现场是否有乱扔垃圾现象?设备、工作台等是否干净、整洁?员工是否按照规定佩戴劳防用品?是否有乱扔焊材、螺丝等浪费现象?是否上班时间做与工作无关的事?是否遵守公司定时定点吸烟的规定?是否在规定的时间召开班前会?等等。

"5S督查小组"会将日常监督检查的情况在公司OA网上通报,每月对各部门5S实施情况进行总结和评价,并提出下月重点改进事项。"5S督查组"有权要求各部门对不符合5S管理规定的事项进行整改;有权将督查结果按程序向相关职能部门和公司有关领导报告;有权要求各职能归口部门按照公司制订的有关奖惩制度,对不符合5S管理要求的相关责任人予以处罚;有权对各类先进班组评选等就其5S实施情况提出考核意见。

二、6σ 管理

(一) 6σ 管理的含义及特征

1. 6σ 管理的含义

西格玛(Σ,σ)是希腊文的字母,用来衡量正态分布的数据偏离中心值 μ 的程度:当 σ 较大时,表明偏离程度较大;当 σ 较小时,表明偏离程度较小。根据概率论的统计规律,质量特性值分布于 $\mu\pm3\sigma$ 范围内的概率为 93.32%,即每百万个产品出现的次品数为 66 810 个;质量特性值分布于 $\mu\pm6\sigma$ 范围内的概率为 99.99966%,即每百万个产品出现的次品数仅为 3.4 个。相当于 29 万次只允许出错一次,试想人们阅读一本 30 万字的书,只允许有一个印刷错误,这是何等令人欣喜的享受!

因此,6σ 管理作为质量概念,发展至今已经失去了其统计学的意义,更多的是一种追求完美或零缺陷的管理哲学。6σ 理论认为,大多数企业的质量水平在 3σ—4σ 之间,也就是每百万次的操作失误在 6 210—66 810 次之间,这些缺陷要求经营者进行事后的弥补或修正的费用大约占企业销售额的 15%—30%,而如果企业能够做到 6σ 的质量水平,事后弥补的费用将会降低到销售额的 5% 左右。

2. 6σ 管理的特征

6σ 管理作为现代质量管理的一种方法,其核心特征是经济性,这种经济性的实现,是以顾客第一为导向,以过程中的数据和事实为驱动,以过程和业务的优化为手段,以主动型的改进为契机,以无界限的合作、勤于学习的企业文化为保障的一种持续改进、追求完美的管理系统。

【延伸阅读 7-5】

6σ 管理的产生和推广

6σ 管理发源于美国的摩托罗拉公司,为了更快地提高产品的质量,1986 年公司通信部的高级工程师比尔·史密斯提出了一项 6σ 管理方案,目的在于在生产过程中降低产品及流程的缺陷次数,防止产品变异,提升品质。当时作为公司 CEO 的鲍勃·盖尔文以大公司最高领导的远见卓识,大力推行了这一方案。在通信部取得了成就的同时,又于 1987 年推向全公司。

6σ 管理在美国乃至全球的推广还得归功于美国通用的杰克·韦尔奇——全球最著名的 CEO 之一。正是在杰克·韦尔奇的大力推行下,通用于 1995 年试点

第七章 质量管理

了 6σ 质量行动,也正是这一年,通用的产品质量水平跨越了 3σ 到 6σ 的跨度。1996年,通用正式启动 6σ 管理。使公司的股票创造了连续十年超过10%的神话。杰克·韦尔奇曾说:"6σ 管理像野火一般燃烧着整个 GE 公司,并在改造我们所做的一切。"

通用的 6σ 项目管理使公司在废品、返工零件、交易错误修正等方面节约资金70亿—100亿美元,到1997年公司收益就实现了3.2亿美元,1998年超过了7.5亿美元,1999年上升至15亿美元,2001年销售收入达1 259亿美元。通用电气以骄人业绩跻身于世界500强第六位。

6σ 管理自1987年摩托罗拉首先提出以来,特别是在通用电气公司的成功运用,又有一些美国、欧洲的公司相继开展 6σ 管理,并呈现指数型增长态势。在1999年的《财富》500强名单中,有40个公司实施了 6SIGMA 管理,其中有14家位列前100名(详见图7-2)。

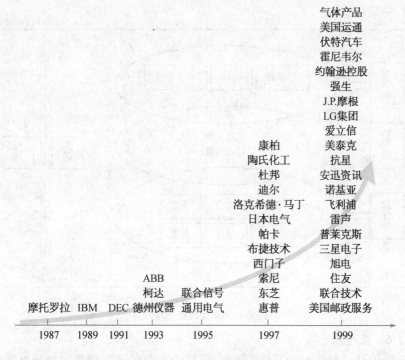

图 7-2 6σ 在1999年财富全球500强企业中的应用

资料来源:摘自六西格玛:通向卓越质量的务实之路,刘伟、石海峰译

(二) 6σ管理的组织与实施

1. 6σ管理的组织

6σ管理的成功策划和实施必须要有一套合理、高效的人员组织结构作为保证。一般可以分为三个层次：领导层、指导层和操作层（图7-3）。具体包括6σ管理委员会、执行负责人、黑带大师、黑带和绿带。

管理委员会的职责是：制定6σ管理初始阶段的各种职位；确定具体的改进项目及改进次序，分配资源；定期评估各项目的进展情况，并对其进行指导；当各项目小组遇到困难或障碍时，帮助他们排忧解难等。执行负责人则需要具备较强的综合协调能力，一般是由企业的副总裁以上的高层领导担任。黑带是6σ变革的中坚力量（即操作层）。黑带大师是6σ管理专家的最高级别，一般是统计方面的专家，提供6σ管理实施的技术指导。绿带一般是项目小组的兼职人员，由黑带负责培训、协调和监督。

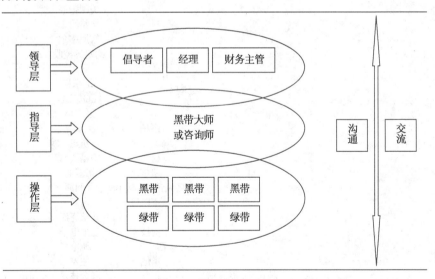

图7-3　6σ管理组织层次

2. 6σ管理的实施

6σ管理是一种自上而下的系统方法，它由企业的最高管理者领导并驱动，由最高管理层提出改进或革新目标（这个目标与企业发展战略和远景密切相关）、资源和时间框架。推行6σ管理可以采用DMAIC过程：界定（Define）、测量（Measurement）、分析（Analysis）、改进（Improvement）和控制（Control）（图7-4）。

第七章 质量管理

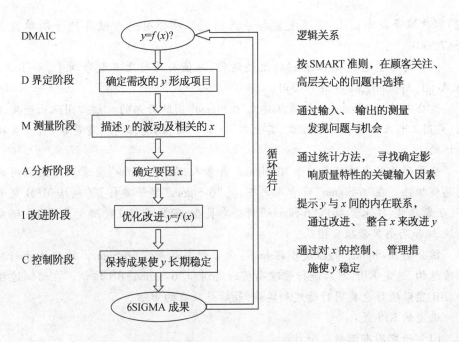

图 7-4 DMAIC 活动要点、逻辑关系

界定：确定需要改进的目标及其进度，企业高层领导就是确定企业的策略目标，中层营运目标可能是提高制造部门的生产量，项目层的目标可能是减少次品和提高效率。界定前需要辨析并绘制出流程。

测量：以灵活有效的衡量标准测量和权衡现存的系统与数据，了解现有质量水平。

分析：利用统计学工具对整个系统进行分析，找到影响质量的少数几个关键因素。

改进：运用项目管理和其他管理工具，针对关键因素确立最佳改进方案。

控制：监控新的系统流程，采取措施以维持改进的结果，以期整个流程充分发挥功效。

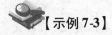【示例7-3】

6σ成功实施案例

一个半导体薄膜设备制造商在"6-Sigma"实施前的状况是：由于设计研发周期过长，该公司总是不能及时将产品推入市场，而且由于故障率太高，导致售后服务和维修成本过高。售后服务和维修成本包括：(1) 顾客报怨、投诉和保修成本；

(2)客户维修成本;(3)延迟发货和停产损失。该公司一台设备的平均单价是US$7 500K。

该公司希望通过"6-Sigma"的改进运作,能使公司赶上其竞争对手,如Toshiba、Actel、Applied、Material等公司。

该公司的"6-Sigma"运作是从建立"6-Sigma"团队开始的。核心团队由研发工程、应用工程及可靠性工程组成,其他部门(如市场、制造、财务、质量等)负责支持与协助。

公司的总裁直接领导一个"6-Sigma"负责人,该"6-Sigma"负责人是由公司的副总裁担任。在"6-Sigma"负责人之下,是"6-Sigma"黑带委员会(包括MBB黑带师、研发总监、技术总监)、"6-Sigma"财务委员会、研发系统1#、研发系统2#、研发系统3#和两个黑带项目团队。

该公司"6-Sigma"的推进步骤如下:由管理高层确定"6-Sigma"的开展计划和管理结构,选定KPI,然后进行管理高层的培训和"6-Sigma"BB培训。在培训过程中,BB黑带项目也要同时选定和实施,最后是项目的审核。

选定的KPI是:

(1) 研发周期缩短2个月;

(2) 生产过渡期合格率由65%提高到80%;

(3) 减少客户报怨和维修率80%;

(4) 预计财务回报:通过降低研发周期可创造3.5亿美元;通过提高合格率可创造2亿美元;通过降低维修成本可节约4亿美元。

改进策略是:通过减少设计更改的次数来降低研发周期;通过控制360项输出指标来提高生产过渡期的合格率。

"6-Sigma"运作中建立了一个新的产品研发策略程序,其中加入了"6-Sigma"的改善策略,采用了QFD和DOE等"6-Sigma"工具,找到并很好控制了研发和生产过程中的关键因素。这些因素的优化值由RSM确定。

实施"6-Sigma"后,KPI的结果如下:

研发周期降低了9个星期(目标是2个月)因而创造了3.1亿美元(目标是3.5亿美元);

生产过渡期合格率提高到85%(目标是80%),因而创造2.4亿美元(目标是2亿美元);

减少客户报怨67%(目标是80%),因而节省2.8亿美元(目标是4亿美元)。

资料来源:http://www.purise.com/kecheng/html/?11598.html

三、服务质量差距模型

服务质量差距模型是西方学者贝里、隋塞莫尔等人于1985年提出的,通过这个模型可以分析服务质量问题的起源,从而使服务企业的管理者据此研究如何采取措施、改进服务,以提高服务质量。

服务质量差距模型说明了服务质量的形成过程,模型的上半部分表明与顾客有关的内容,下半部分表明与服务企业有关的内容。该模型如图7-5所示。

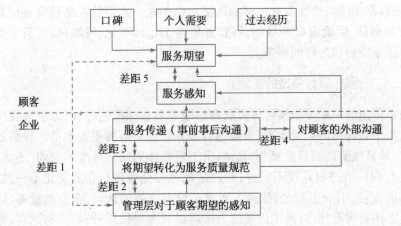

图7-5 服务质量差距模型

该模型表明了五种服务质量的差距,也就是产生服务质量问题的可能起源。造成这些差距的原因是质量管理过程中的偏差和缺乏协调一致,其中顾客期望的服务质量与所体验的服务质量之间的差距,是由整个过程的其他差距综合作用引起的。

(一) 差距1(管理层认识差距)

管理层认识差距是指顾客期望与管理层对这些期望的感知间的差异,即管理层没有准确理解顾客对服务质量的预期。导致这一差异的原因有:管理层从市场调查和需求分析中得到的信息不准确;管理层对从市场调查和需求分析中得到的信息的理解不准确;服务企业对顾客的需求没有进行正确的分析;一线员工没有准确、充分、及时地向管理层反馈顾客的信息;服务企业的内部组织机构层次过于复杂,一线员工不能直接向管理层传递顾客的信息。缩小这一差距的策略是改进市场调查方法,增进管理层与员工间的交流,减少组织机构层次,缩短与顾客的距离。

(二)差距2(服务质量规范的差距)

服务质量规范的差距是指管理层对顾客期望的感知与服务质量标准的差异,即服务企业制订的服务质量规范未能准确反映出管理层对顾客期望的理解。导致这一差异的原因有:企业对服务质量的规划还缺乏完善的管理;管理层对企业的服务质量规划也缺乏完善的管理;服务企业本身还没有一个明确的目标;企业最高管理层对服务质量的规划支持力度不够;企业对员工承担的任务不够标准化;对顾客期望的可行性没有足够的认识。缩小这一差距的策略是管理层首先要重视服务质量,要确定服务目标,将服务传递工作标准化、规范化,使员工真正理解管理层希望提供怎样的服务。

(三)差距3(服务传递的差距)

服务传递的差距是指实际传递服务与服务质量标准的差异,即服务在生产和供给过程中表现出的质量水平,未能达到服务企业制订的服务规范。导致的原因主要有:质量规范的制订太复杂、具体;员工对具体的质量标准不习惯、不认同;服务的生产和供给过程管理不完善;新质量规范与企业现行企业文化不一致,在企业内部的宣传、引导也不足,使员工对规范没有一致的认识;企业的设备、体制不利于员工按新规范操作;员工尚无能力按质量规范提供服务;员工与顾客、管理层间协作不力。缩小这一差距的策略是完善管理与监督机制,改变营运系统,合理设计工作流程,加强团队协作,招聘合格员工,加强培训,使员工与管理层对规范顾客的期望与需求有统一的认识。

(四)差距4(市场信息传播的差距)

市场信息传播的差距是指实际传递服务与顾客感受的差异,即企业在市场传播中关于服务质量的信息与企业实际提供的服务质量不一致。导致的原因主要有:企业市场营销规划与营运系统之间的协调未能奏效;企业向市场和顾客传播信息与实际提供的服务活动之间未能协调好;企业向市场和顾客传播了自己的质量标准,但在实际服务中都未按标准进行;企业在宣传时承诺过多,夸大服务质量,使顾客的实际体验与宣传的质量不一致。缩小这一差距的策略是企业在对外宣传、沟通时不要提出过度承诺,不要过于夸大其词,要和一线服务人员很好地沟通。

(五)差距5(服务质量感知差距)

服务质量感知差距是指顾客期望的服务和顾客感知的服务的差异,即顾客体

第七章 质量管理

验和感觉到的服务质量未能符合自己对服务质量的预期。导致的原因是上述四类差距的综合作用。

当顾客体验和感觉的服务质量比预期的服务质量差时,会产生以下不良影响:顾客对企业的服务持否定态度,并将亲身的体验和感觉向亲朋好友诉说,使服务口碑较差,企业的形象和声誉遭到破坏,企业将使顾客流失;反之,当顾客体验感觉的服务质量比预期的服务质量好时,顾客在享受了优质服务的同时,会给企业的服务带来良好的口碑宣传,使企业不仅留住了老顾客,还会吸引更多的新顾客。

利用服务质量差距模型可找出引起服务质量问题的起源,从而据此制订解决缩小差距的策略。

【示例 7-4】
"服务质量差距模型"在医院中的应用

服务质量差距模型具有较强的现实可操作性,在现实中被广泛应用到酒店、医疗、邮政等各个行业中。本案例将服务质量差距模型应用到医院中进行分析,简要分析了医疗服务质量的影响因素及未来改进措施(见图 7-6)。

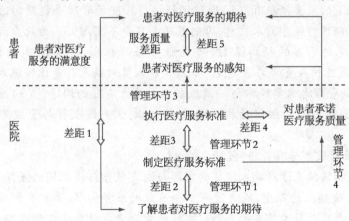

图 7-6 医疗服务质量差距模型

差距 1:医院不了解病人的期望;
差距 2:医院没有制订出合理的服务标准;
差距 3:医院没有能够按照服务标准提供相应的医疗服务;
差距 4:医院的实际服务绩效与承诺不一致;

差距5：病人对医疗服务的感知与预期的差距。

其中，医疗服务质量差距1至4是公立医院作为医疗服务机构自身所存在的不足，而差距5则是病人感知到的整个医疗服务质量的不足，是基于前面4个差距最终导致的结果，这也是整个服务质量差距模型中最主要和核心的差距。

1. 医院管理者认知差距（差距1）

差距1是指病人对医院提供的医疗服务的期望与医院对病人的这些期望的认识之间存在的差距，主要表现为医院的管理者不了解病人的期望或者是不能正确认知病人如何评价医疗服务的不同属性，造成的病人期望与医院管理者认知之间的差距。例如，病人对医生和护士对其医疗需求的反应速度和重视，而医院管理者则以药品的质量、伙食的改善和医院的"微笑"服务等来评价自身的服务质量，这就使得病人与医院管理者之间在一定程度上形成了差距。

造成这种差距的原因主要有：(1)医院管理者从之前的调研和病人的需求分析中获取的信息不准确；(2)医院一线医护人员因自身因素或者医院内部机构设置不合理导致向医院管理者汇报相关医疗服务信息时信息不准确、失真甚至是没有报告；(3)对病人期望的信息解释不准确；(4)医院管理者不能或者不愿意与病人开展有效的沟通；(5)医患信息传递不通畅。

弥合差距1的主要措施有：(1)通过调研使得医院的管理者能及时准确掌握病人期望的正确医疗服务需求信息，否则差距1只会不断增大。为此应开展向病人回访活动，建立完善的投诉来访、咨询服务保障机制，开展满意度调查等。(2)加强与一线医护人员的沟通交流。一线医护人员对病人有着比较深入和切实的了解，医院的管理者需要经常与一线医护人员建立有效的沟通。(3)改革现有管理模式，将医院内部的组织结构尽量扁平化，减少一线人员与管理者沟通的障碍。

2. 医院医疗服务标准差距（差距2）

差距2是指医院基于对病人期望的理解与制定服务标准之间的差距，服务标准如果不能反映病人的期望，或者没有一个有效的服务标准，必然会影响病人对医院提供的整个医疗服务质量的感知。医院的管理者或许会认识到顾客的需求，但没有一套完整、科学、合理的服务绩效评估标准，必然会让医院各个机构之间的认识得不到一致。例如，医院管理者要求医生端正医德医风、护理部要求护士端正医德医风，但却没有具体制订医德医风的标准。

造成这种差距的原因主要有：(1)医疗程序设置不科学或不合理；(2)医院管理不清晰，部门、科室没有明确的目标；(3)医院没有明确的医疗服务质量规划；(4)医院的管理者对医疗程序的设置不重视。总之，如果不是所有职工都对医疗服务和相关问题认识一致,后期试图提升服务的举措就很难落实下去。因此,医院在制订医疗服务标准和服务设计时要充分地听取职工的意见,尽可能制订出完善的服务标准。

3. 医院医疗服务传递差距(差距3)

差距3即没有按照事先的医疗服务标准提供服务,使得医院的医疗服务标准与医院职工所实际提供的服务之间的差距。换句话说就是医院有了具体的医疗服务标准,但职工不能或不愿按照这个标准去提供相应的服务。究其原因主要有:(1)一线医护人员或者其他直接为病人提供服务的人员的问题,如服务标准太复杂或者不具有可操作性,抑或是职工从内心不认可这种标准;(2)接受服务的病人的问题。

弥合差距3的对策:(1)加强对医护工作者以及其他一线服务人员的职业技能培训;(2)加强对病人的引导,与病人加强互动,对于积极参与者给予肯定和鼓励;(3)注重医院软实力的提升,如加强医院文化和思想道德建设,为员工建立一套完善的奖惩机制和监督机制,不断加强医院人力资源管理,提高职工的医疗服务水平和质量,使得整个医疗服务可调节化和效率化。

4. 医院医疗服务传播差距(差距4)

差距4是指医院医疗服务的实际提供与外部传播结果之间存在的差距。医院在通过媒体广告、医务人员以及其他渠道作出的承诺或许会高于病人的期望,此时病人将医院承诺的标准作为评价标尺就会出现传播信息与实际接受的服务存在差距。

差距4产生的主要原因有:(1)医院的对外沟通、宣传与医疗服务没有衔接起来;(2)医院对外医疗广告等宣传夸大了部分事实,承诺得较多;(3)传播的医疗标准过于精细化而实际医疗过程中没有兑现该标准。

弥合差距4的对策:(1)畅通医疗服务运营传播渠道,加强外部市场沟通计划间的协调,保持良好的医疗服务传播的外部环境;(2)加强对医疗信息宣传的监督检查,确保投放的信息准确、真实,使得医疗服务承诺与传播的信息保持一致;(3)提升医疗服务的执行力,优化医疗服务品质,做好服务承诺的兑现管理。

5. 病人感知服务差距(差距5)

差距5是病人对医院的医疗服务期望与病人接受后实际感知到的医疗服务之间的差距,差距5是整个模型中涉及因素最多的,其原因也是多种多样,较为复杂,是前面四项差距综合作用产生的结果。

医院通过完整的系统管理实现准确了解病人的服务预期,这是一切医疗服务开展的基点,然后再合理地制订体现病人预期的医疗服务标准,通过加强内部管理,协调外部关系,使医疗服务工作达到服务标准,并使服务承诺符合医院的实际现状,最终达到让病人的感知与医院提供的实际服务绩效之间的差距最小化。鉴于不同的病人所处的外在环境的差异性,病人的医疗服务需求具有明显的波动性,加上前期对病人服务的预期调查具有一定的滞后性等原因,使得医院实现完全的无差距化是较难的,这就对医院的管理者提出了"持续改进"的管理要求,应自上而下地培养医院员工树立"以病人为中心"的理念,采取各种举措不断缩小差距,进而实现自身服务的不断提升和医患关系的改善。

资料来源:节选自桂晓钟,赵顺,服务质量差距模型在公立医院医疗服务中的应用,现代医院管理,2013年6月第11卷第3期

【示例7-5】

镇江移动引入"服务质量差距模型"

前不久,江苏移动对各分公司的投诉满意度进行了一场模拟调查,镇江移动解决率、接受时限、满意率等指标均位于全省前两名。镇江移动引入"服务质量差距模型"的做法,受到一致好评。

"差距模型"就是通过一整套的调查模型,主动从客户那里得到服务差距,再根据差距重新设计服务流程,然后再向客户收取反馈意见,再加以改进。镇江移动人士认为,随着新一轮通信行业的"拆分合并",运营商之间的通信领域已经趋同,如原本没有移动通信业务的电信现在也可通过C网进入该领域,因而服务质量将是吸引和留住客户的主要手段。

差距模型的第一步就是搜集"差距"。前不久,镇江移动在全市统一开展了"移动服务,创意夺金"有奖意见征集活动,广泛收集客户对营销服务的意见和建议,参与用户达3万多人。同时,通过《客户意见管理细则》对客户建议进行评估和改善,其中关于"优化自助打印机终端界面"的建议被省公司采纳。

第二步是发现问题,再造流程,缩小标准差距。流程不完善导致了"标准差距"的产生。镇江移动将服务流程改善作为月例会的常态化项目,每月安排管理人员参照收集上来的用户建议,从客户角度体验呼叫流程、营销口径和投诉处理服务。管理人员在营业厅现场对改进后的数据进行同步跟踪,验证新流程的有效性。截至目前,共完善了包括"精确营销流程""营销活动话费返还流程"在内的7个流程。

第三步是明确标准,规范执行,缩小交付差距。为缩小因流程执行不畅导致的"交付差距",镇江移动开发了服务管理支撑系统,通过营销方案执行监控、客户

意见管理、投诉预警管理、服务案例交流四大管理模块,实现工作流程监控的自动化。该系统贯穿客户服务全过程,对流程各关键点的执行情况进行监控,为闭环管理提供系统支持。系统投入使用后,投诉处理整体满意度较上年提升了19.06%,未出现重大批量投诉。

第四步管理期望,提升感知,缩小宣传差距。为缩小承诺与执行偏差产生的"宣传差距",镇江移动出台了内部宣传规范,对营销宣传口径进行了严格控制;在营业厅增设热门方案、热点业务辅导小组,对用户进行点对点宣传;成立"口径小组"。目前,该小组已成功制定42个营销活动口径,确保了前后台服务宣传的一致性,有效减少了由于期望与服务不一致导致用户不满意情况的出现。

与此同时,客户服务部通过建立项目管理制度,落实三大常态化机制,加快提升客户满意度。

资料来源:高菲菲、王鹏程,京江晚报,2008年11月25日

第三节 常用的质量分析方法

对于大批量生产的产品和零部件,要了解其质量状况,可以从中抽取一定数量的样品进行检测,从样品的检测结果来分析和推断整批产品的质量状况,本节主要介绍七种常用的质量统计分析方法。

一、调查表

(一) 定义

调查表也称检查表、核对表等,它是用来系统地收集和整理质量原始数据,确认事实并对质量数据进行粗略整理和分析的统计图表。因产品对象、工艺特点、调查和分析目的的不同,调查表的表示也有不同。常用的调查表有不合格项目调查表、不合格原因调查表、废品分类统计调查表、产品故障调查表、工序质量调查表、产品缺陷调查表等。

(二) 分类

调查表按形式可分为点检用调查表和记录用调查表。

(1) 点检用调查表。此类表格设计成在记录时只做是非或选择的注记,其格式如表7-1所示。

表 7-1　管理人员日常点检调查表

日期 项目	1	2	3	4	5	6	7	8	9	……	31
人员服装											
工作场地											
机器保养											
机器操作											
工具使用											

（2）记录用调查表。用于收集计量或计数资料的调查表，通常使用划记法。其格式如表 7-2 所示。

表 7-2　产品缺陷项目频数调查表

日期 项目	1	2	3	4	5	6	7	8	9	……	31
箱唛错漏											
尺寸偏差											
贴纸错用											
吻合不良											
水彩回潮											
错用配笔											
其他											

编制调查表的注意事项如下：

① 要根据调查目的和内容列出必要的调查项目，项目的排列要有利于数据的整理、计算和分析。

② 调查表要根据调查对象确定应答方式，尽可能采取简短的数据或文字表达，必要时可采用符号应答。

③ 调查表应经试用、修订后才可正式使用。

二、排列图

排列图又叫帕累托图，是建立在帕累托原理的基础上，即关键的少数和次要的多数(往往社会财富的80%集中在少数的20%的人手中),是由意大利经济学家Pareto和Lorenz发现,由美国的质量管理专家朱兰把这一原理应用于质量管理中。这是为寻找主要问题或影响质量的主要原因所使用的图。应用这一原理,就意味着在质量改进的项目中,只要能够抓住少数的关键原因,就可以解决问题的80%以上。

它是由一个横坐标、两个纵坐标、几个按高低顺序依次排列的长方形和一条累计百分比折线所组成的图。它是根据整理的数据,以不良原因、不良状况发生的现象,有系统地加以分类,计算出各项目所产生的数据(不良率、损失金额等)以及所占的比例,依照大小顺序排列,再加上累计值的图形。

【例题7-1】某厂加工曲轴主轴颈不合格品统计资料如下:轴颈刀痕153件,开档大60件,轴颈小25件,弯曲6件,其他原因6件。依照排列图的原理进行统计,如表7-3。

表7-3 不合格原因分析表

项目	频数	频率	累积频率
轴颈刀痕	153	0.612	0.612
开档大	60	0.240	0.852
轴颈小	25	0.100	0.952
弯曲	6	0.024	0.976
其他	6	0.024	1.000
合计	250	1.000	

依照分析表绘制排列图如图7-7所示。

由排列图7-7可以看出,只要解决轴颈刀痕和开档大的问题,企业质量就可改进85.2%。

三、因果图

因果图(Cause & Effect/Fishbone Diagram)是由日本管理大师石川馨先生发明的,故又名石川图、特性要因图、树枝图、鱼刺图等。它是表示质量特性波动与其潜在原因的关系,即表达和分析因果关系的一种图表。

问题的特性总是受到一些因素的影响,我们通过头脑风暴法找出这些因素,并将它们与特性值一起,按相互关联性整理而成的层次分明、条理清楚,并标出重要因素的图形就叫特性要因图。因其形状如鱼骨,所以又叫鱼骨图(以下称鱼骨图),它是一种透过现象看本质的分析方法。同时,鱼骨图也用在生产中,用来形

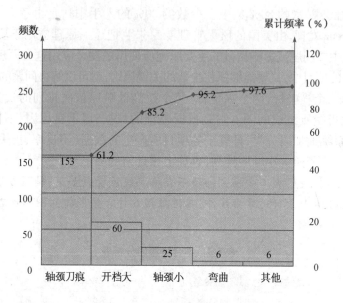

图 7-7　不合格原因排列图

象地表示生产车间的流程。图 7-8 为航班离港延误的原因分析。

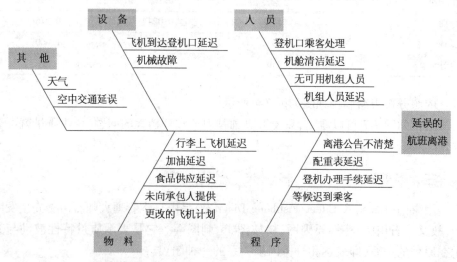

图 7-8　航班离港延误因果图

资料来源：李·克拉耶夫斯基、拉里·里茨曼著，刘晋等译，运营管理：流程与价值链，2007 年版

四、分层法

数据分层法就是将性质相同的、在同一条件下收集的数据归纳在一起,以便进行比较分析。因为在实际生产中,影响质量变动的因素很多,如果不把这些因素区别开来,难以得出变化的规律。数据分层可根据实际情况按多种方式进行。例如,按不同时间、不同班次进行分层,按使用设备的种类进行分层,按原材料的进料时间、原材料成分进行分层,按检查手段、使用条件进行分层,按不同缺陷项目进行分层等等。数据分层法经常与统计分析表结合使用。

【例题7-2】某厂进行了钢筋焊接质量的调查分析,共检查了100个焊接点,其中不合格38个,不合格率为38%。存在严重的质量问题。焊接中使用的原材料来自甲、乙两个厂家,操作工人为3人,试用分层法分析产生质量问题的原因。具体数据如表7-4所示。

表7-4 焊接质量分层统计

操作者	焊接质量	甲厂 焊接点	甲厂 不合格率(%)	乙厂 焊接点	乙厂 不合格率(%)	合计 焊接点	合计 不合格率(%)
A	不合格	12	75	0	0	12	32
A	合格	4		22		26	
B	不合格	0	0	6	43	6	25
B	合格	10		8		18	
C	不合格	6	30	14	78	20	53
C	合格	14		4		18	
合计	不合格	18	39	20	37	38	38
合计	合格	28		34		62	

表7-4说明:操作工人是导致不合格的主要原因,而原材料对质量的影响不大。其中,操作者B的合格率最高,C的合格率最低;在使用甲厂的原材料时可以让B来操作,使用乙厂的原材料时应让A来操作,C则需要进行相应的技能培训,便可解决焊接质量问题。

五、直方图

直方图又称质量分布图,是一种几何形图表,它是根据从生产过程中收集来的质量数据分布情况,画成以组距为底边、以频数为高度的一系列连接起来的直方型矩形图。更适合于对大批量数据的统计研究分析,其作用是:显示质量波动的状态;分析数据是否服从正态分布;判断数据有无异常。

(一) 绘制步骤

(1) 收集数据,并记录于纸上。统计表上的资料很多,都要一一记录下来,其总数以 N 表示。

(2) 确定数据的极差。找出最大值(L)及最小值(S),并计算极差(R)。$R = L - S$。

(3) 定组数。数据为 50—100 时,选 5—10 组;数据为 100—250 时,选 7—12 组;数据为 250 以上时,选 10—20 组;一般情况下选 10 组。

(4) 定组距(C),$C = R/$组数。

(5) 定组界。最小一组的下组界 = S – 测量值的最小位数(一般是 1 或 0.1) × 0.5。

最小一组的上组界 = 最小一组的下组界 + 组距

第二组的下组界 = 最小的上组界

依此类推。

(6) 决定组的中心点。(上组界 + 下组界)/2 = 组的中心点。

(7) 制作次数分布表。依照数值大小记入各组的组界内,然后计算各组出现的次数。

(8) 制作直方图。横轴表示测量值的变化,纵轴表示次数。

(二) 直方图的分布

正常生产条件下计量的质量特性值的分布大多为正态分布,从中获得的数据的直方图为中间高、两边低,左右基本对称的正态型直方图。但在实际问题中还会出现另一些形状的直方图,分析出现这些图形的原因,便于采取对策、改进质量。

(1) 正态型。这是生产正常情况下常常呈现的图形,如图 7-9(a)所示。

(2) 偏向型。这里有两种常见的形状:一种是峰值在左边,而右面的尾巴较长,另一种是峰偏在右边,而左边的尾巴较长。造成这种形状的原因是多方面的,有时是剔除了不合格品后作的图形,也有的是质量特性值的单侧控制造成的,譬如加工孔的时候习惯于孔径"宁小勿大",而加工轴的时候习惯于"宁大勿小"等,如图 7-9(b)所示。

（3）双峰型。这种情况的出现往往是将两批不同的原材料生产的产品混在一起，或将两个不同操作水平的工人生产的产品混在一起造成的，如图7-9(c)所示。

（4）孤岛型。这种图形往往表示出现某种异常，譬如原材料发生了某种变化，生产过程发生了某种变化，有不熟练的工人替班等，如图7-9(d)所示。

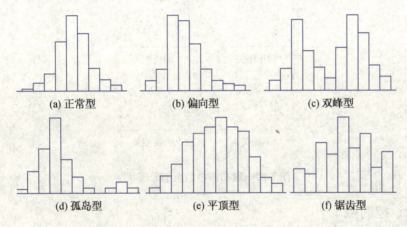

图7-9 常见的直方图形态

（5）平顶型。这种情况往往是由于生产过程中有某种缓慢变化的因素造成的，譬如刀具的磨损等，如图7-9(e)所示。

（6）锯齿型。这个图形的出现可能是由于测量方法不当，或者是量具的精度差引起的，也可能是分组不当引起的，如图7-9(f)所示。

当观察到的直方图不是正态型的形状时，需要及时加以研究，譬如出现平顶型时可以检查一下有无缓慢变化的因素，又譬如出现孤岛型时可以检查一下原材料有无变化等，这样便于及时发现问题，采取措施，改进质量。

六、散布图

散布图是一种研究成对出现的、两组相关数据之间关系的图示技术。这种图示方式具有快捷、易于交流和易于理解的特点。在散布图中，成对的数据形成点子云，研究点子云的分布状态，便可推断成对数据之间的相关程度。当 x 值增加，y 值也相应地增加，就称 x 和 y 之间是正相关；当 x 值增加，而 y 值相应地减少，则称 x 和 y 之间是负相关。散布图中的点子云形状，如图 7-10 所示。

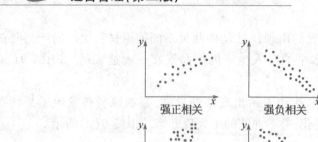

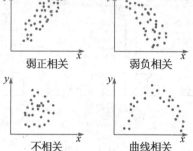

图 7-10　散布图中的点子云形状

七、控制图

控制图又称为管制图。第一张控制图诞生于 1924 年 5 月 16 日,由美国的贝尔电话实验所的休哈特(W. A. Shewhart)博士首先提出管制图后,管制图就一直成为科学管理的一个重要工具,特别在质量管理方面成了一个不可或缺的管理工具。它是一种有控制界限的图,用来区分引起的原因是偶然的还是系统的,可以提供系统原因存在的资讯,从而判断生产过程的受控状态。控制图按其用途可分为两类:一类是供分析用的控制图,用来控制生产过程中有关质量特性值的变化情况,看工序是否处于稳定受控状态;另一类控制图,主要用于发现生产过程是否出现了异常情况,以预防产生不合格品。

(一) 控制图的预防原理

控制图的预防原理可由以下两点看出:

(1) 应用控制图对生产过程不断监控,当异常因素刚一露出苗头,甚至在未造成不合格品之前就能及时被发现,在这种趋势造成不合格品之前就采取措施加以消除,起到预防的作用。

(2) 在现场,更多的情况是控制图显示异常,表明异常原因已经发生,这时一定要贯彻"查出异因,采取措施,保证消除,不再出现,纳入标准。"否则,控制图就形同虚设,不如不搞。每贯彻一次(即经过一次这样的循环)就消除一个异常因素,使它不再出现,从而起到预防的作用。

（二）统计过程控制的实质

要精确地获得总体的具体数值,需要收集总体的每一个样品的数值。这对于一个无限总体或一个数量很大的有限总体来说往往是不可能的,或者是不必要的。在实际工作中,一般是从总体中随机地抽取样本,对总体参数进行统计推断。样本中含有总体的各种信息,因此样本是很宝贵的。但是,如果不对样本进一步提炼、加工、整理,则总体的各种信息仍分散在样本的每个样品中。为了充分利用样本所含的各种信息,常常把样本加工成它的函数,一般将这个(或若干个)不含未知参数的样本函数称为统计量。

过程控制的实质,就是这样一个统计推断过程,所依据的统计量的形式应根据推断的目的和应用的条件不同而有所不同。从实用和简化计算的角度来看,往往是利用样本的平均值和极差 R 来进行。值得注意的是,利用样本的平均值和极差 R 推断总体的 μ 和 σ 时,由于总体构成的不均匀性以及抽样误差的存在,极差 R 的变化同 μ 及 σ 的变化并不完全一样,即使在工序处于稳定状态下,μ 及 σ 本身并无异常变化,但从工序中抽取样本的极差 R 也是有所变化的。也就是说,极差 R 都是随机变量,都有其特定的概率分布。它们各自的概率分布与总体分布既有一定的内在联系,又与总体分布不完全相同。在过程控制中,虽然通常依据一次抽样的结果进行一次统计推断,但由此所得出的结论却是建立在大量观测结果所遵循的统计规律的基础上的,是依样本统计量的概率分布来描述总体概率分布过程的。

本章学习要点回顾

质量管理是指在质量方面指挥和控制组织协调的活动。质量管理通常包括:质量策划、质量控制、质量保证和质量改进等,通过这些活动来构成完整的质量管理体系,以实现其管理职能。质量管理大致经历了质量检验、统计质量控制和全面质量管理三个阶段。

质量的形成过程是质量管理的基本环节,常用的质量过程控制的方法有 6S 管理、6σ 管理和服务差距模型。

质量统计分析对于质量的改进至关重要,本章重点介绍常用的七种质量统计分析的方法:调查表、排列图、因果图、分层图、直方图、散布图和控制图。

复习思考

1. 何谓质量、质量管理?
2. 质量管理的发展经历了几个阶段,各有何特点?
3. 什么是全面质量管理?
4. 试用服务质量差距模型分析你身边的一家服务公司,如医院、出租车公司、餐饮店等,分析其服务质量形成的过程,并提出相关建议。
5. 试分析全面质量管理与 6σ 管理的异同。
6. 什么是 6S 管理? 6S 管理对企业有哪些重要意义?
7. 什么是排列图? 企业是如何应用排列图的?

第八章 项目管理

学习目标

1. 了解项目及项目管理的含义
2. 了解项目的组织结构
3. 理解项目成功的关键
4. 掌握网络计划方法
5. 掌握甘特图控制项目进度的方法
6. 了解网络计划的优化

本章学习内容导图

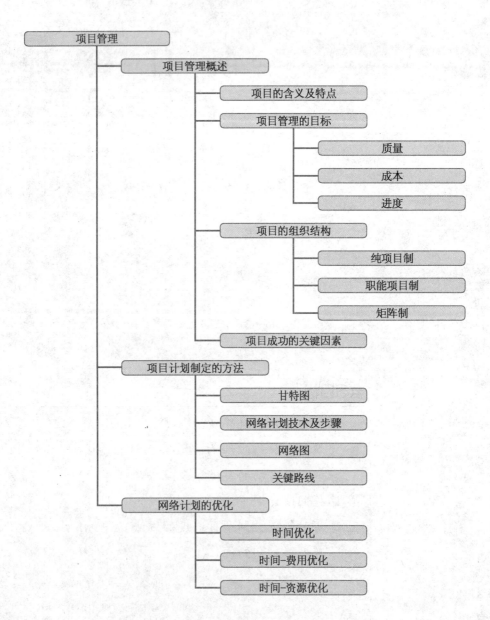

引导案例

华硕"上网本"的项目研发

2007年10月,华硕推出了小尺寸、超便携电脑EeePC,这款售价仅为2 999元的微型电脑的主要功能就是上网。大众消费者很难抵御廉价和易用的诱惑:EeePC在台湾发售时,商店门口上百人长队待购,开卖十分钟就被一抢而空。接下来的事情更出乎所有人的意料,惠普、宏基、联想开始纷纷效仿,就连整个PC业的规则制定者英特尔,也迫不及待地加入了"上网本"的新游戏中。

那么,这样一款颠覆性产品究竟是如何诞生的?

华硕董事长施崇棠酷爱佛学,他喜欢把人生比喻成一次修行。2006年10月,55岁的施崇棠开始想做一台"够用就好"的电脑,这一次,他将佛学中的"舍得"用到了他的商业构想中。事实上,这个想法已经在他脑子里存在了好几年,只不过他一直认为时机并不成熟。2006年,全球电信业红红火火,WiFi这样的无线技术大行其道。人们无论走到哪里,似乎只要有三样东西就够了:一杯星巴克的咖啡、免费的WIFI和一台轻巧的电脑。

"最初开发的时候就是一个念头,'够用就好',把传统笔记本电脑额外的功能统统去掉,但又能够完全满足消费者的使用需求。这是减法哲学。"华硕EeePC全球产品经理吴南馨说,"公司大多知道怎么把大量功能装在一起,但能够小心翼翼选出真正对用户有价值的功能并加以强化,并不是一件容易的事情。"2007年6月,施崇棠决定实施这个想法。首先是要建立一个全新的开发团队,从研发、工业设计、产品规划、市场等各部门抽调骨干力量组成。施崇棠决定用"有点先进、又不会太先进"的方式来控制研发的调子,同时摒除原来设计笔记本电脑的思维模式。

由于这是一个全新的构想,为了避免开发过程中用E-mall和电话沟通产生误差,施崇棠决定将项目涉及的所有人都转到台北总部大楼的地下室内,进行封闭开发。华硕公司市场、研发、工业设计、产品等所有参与测试单位的核心人物,都被集中到这个地方。华硕的员工称之为"大部屋"。

于是,就有了如下的场景:6月炎热的台北,华硕总部地下室一间50多平方米简陋的会议室内,十多个不同部门的主管挤在一起,大声打着电话和讨论问题,每天开无数个会。而被挑选进"大部屋"的这些人,性格上的共同点就是爱冒险、头脑灵活、愿意尝试新的突破。EeePC的开发涉及上千个零件,牵涉到数十个部门,而且是全新的东西,将大家都集中在一起,沟通会很迅速,一个人讲电话,其他人都听得到。所以,你知道别人在做什么,他最关心的地方在哪里。"比如说要把一个元件放在这里,但放不下,负责主板研发的人就会把它移到另外一个地方,这时候负责散热设计的人马上就能知道这个改变,于是他会直接说,如果你这样放,我建议你要稍微做些修整,因为对散热比较好。"

在整个开发过程中,真正的灵魂人物是华硕CEO沈振来,他在台湾被称为"EeePC之父"。每个星期沈振来都会到"大部屋"督阵,工程师出身的他对产品开发的整个过程都表现得非常狂热。一个细节是,最近摆在这位CEO桌上的是《配色的魔方》。他热衷和员工讨论研发与设计的话题,"要经常去商场逛逛,产品的卖相其实是最重要的。"沈振来总是这样说。在"上网本"开发的过程中,产品经理们经常会听到沈振来提出的各种建议,他总是有很多的想法,除了如何改进产品之外,沈振来还将未来构想摆在每个人的眼前,包括EeePC的整体产品策略、全球如何布局销售、未来的产品走向等等,他要让每个人都事先清楚。在沈振来的带领下,"大部屋"的秘密开发速度惊人,从策划到研发再到上市,只用了四个月左右的时间。

这是一个新产品研发的项目,如何在规定的时间内开发出符合市场潮流、满足市场需要的"上网本",成功完成项目任务,这是本次研发必须要重点考虑的问题。

资料来源:根据《经济观察报》2009年7月报道:上网本诞生记:华硕大部屋中的秘密研发改编,作者李晶

第一节 项目管理概述

一、项目的含义及特点

项目是指,在规定的时间内,由专门组织起来的人员共同完成的、有明确目标的一次性工作。美国项目管理协会对项目的定义是:项目是为创造独特的产品、服务或成果而进行的临时性工作。项目可以是一项建设工程,也可以为某些研究课题。通常情况下项目为一次性事件,其特点是规模大、耗资多、参加的单位多,没有或很少有经验可以借鉴。

项目具有如下四个特点。

1. 项目的目的性

通常是为了实现某种目的才组织项目。项目可以被分解为分任务,而分任务是必须完成的,这样才能实现项目的目标。这些分任务在时间、优先权、费用和执行情况等方面都需要细心的协调和控制。项目本身通常也必须与组织的其他项目协调好。

2. 项目的系统性

从管理的角度来看,一个项目系统是由人、技术、资源、时间、空间和信息等多种要素组合到一起,为实现一个特定的项目目标而形成的有机整体。系统论特别强调要把一个系统作为一个整体来认识,处理好局部优化与整体优化的关系,"以一定方式适当组织与管理全局系统所起的作用比其各部分孤立起作用的总和要大得多,局部的最优不等于全局的最优"。项目往往是一个跨越多个组织、部门的任务,需要来自多个职能部门甚至不同组织的人员同时协助。项目需要有一个管理保证系统以实现对项目的全过程、全方位的组织、计划、协调和控制。

3. 项目的约束性

任何项目都是在一定的限制条件下进行的,包括环境条件、资源条件和人工约束等,一般概括为投入要素(人力、财力和物力)方面的约束、时间约束和质量约束,这类限制条件称为项目的约束性目标,是项目实施过程中必须遵循的条件,从而成为项目管理的主要目标,没有约束性就不能称其为任务,也就不能构成项目。

4. 项目的不确定性

项目是一次性任务,这是项目区别于一般的重复性的常规活动或任务的基本标志,它需要经过不同阶段渐进完成的,通常前一阶段的结果是后一阶段的依据和条件,不同阶段的条件、要求、任务和成果是变化的,同时,在项目实施过程中也会面临较多的不确定性因素。

【示例8-1】

一些关于项目的例子

选择一个软件包;开发一个新的办公室计划或办公室布局;完成一个新的计算机系统;介绍一个新的产品;生产一架飞机、一枚导弹,或一台大型机器;开一家新的商店;建设一座大桥、一个大坝、一条高速公路或一幢楼;办公室或厂房搬迁;进行一项大的维护或修复;建立一家制造工厂或服务公司;进行公司改组。

美国的阿波罗登月计划是一个巨大的项目,该项目从1961年持续到1972年,参与这个项目的有2万多家公司、120个企业和大学的研究机构,共涉及42万名科技人员,耗资300亿美元。

二、项目管理的目标

项目管理是指,在一个确定的时间范围内,为了完成一个既定的目标,通过特殊的临时性的组织运行机制,有效地计划、组织和控制资源(人员、设备、物料),使其满足项目的技术、成本和时间等方面要求的一种系统管理方法。

项目管理通常涉及三个主要目标:质量、成本和进度。

(一) 质量

质量是项目的生命。如果一项工程项目的质量不过关,不仅会带来巨大的经济损失,甚至可能会给社会带来很多危害。因此,项目的质量管理必须贯穿于项目管理的全方位、全过程和全员中。

项目的全方位质量管理是指,在项目的每一个子项目、每一项任务中,都需要保证质量,才能确保整个工程的质量。项目的全过程质量管理是指,从项目的立项开始、可行性研究、决策、规划设计、项目采购、施工、调试、试运转,到正式投产的整个项目管理过程中,都要保证质量第一。项目的全员质量管理是指,参与项目建设的每一个人,从项目经理到普通员工,都要对本岗位及整个项目的质量负责。

一些特殊的项目应当更加强调质量的重要性,如核能应用、石油化工厂、航空和军事等,以保证这些项目的安全性和可靠性。

【示例 8-2】

关于项目质量的两个小例子

例1:1911年4月,位于云南滇池螳螂川上的石龙坝电站建成发电。这座水电站所用水轮机、发电机和变压柜全部是德国西门子公司的产品。将近100年过去了,它至今仍然可以正常运行,为邻近的村寨提供所需的电力。

例2:青岛原德国租借区的下水道是德国人当年留下的工程,在高效率地使用了100余年后,一些零件老化了需要更换,但是当年的公司早已不复存在。城建公司的员工开始四处寻觅配件公司,后来一家德国的相关企业给他们发来一封电子邮件,说根据德国企业的施工标准,在老化零件周边3米以内的范围内,应该可以找到存放备件的小仓库。城建公司根据这个提示,在下水道里找到了小仓库,里面全是用油布包好的备件,熠熠生辉……

资料来源:《成都晚报》2010年3月报道:德国品质意味着什么

（二）成本

项目的成本分为直接成本和间接成本。项目经理必须通过合理组织控制各项费用的支出,使整个的总支出不超出项目预算。

在一些项目中,成本的限制更加重要,一些组织必须在消费计划中精打细算。例如,组织的资金来自于公众的捐献或是慈善基金,还有一些资金极度缺乏的项目也是如此。

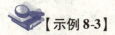

节约10分钟,多付几十亿

据报道,2004年国家发改委审批京津城际高铁时,"设计区段旅客列车的速度:满足开行时速200公里及以下列车的要求",为此批准项目概算123.4亿人民币。但2008年建成通车后,发现概算总额超出了92.1亿,平均每公里投资达1.85亿元。"建设成本"大幅度上升的主要原因,是该铁路的通行速度从"时速200公里及以下",一下子提升到时速350公里。最妙不可言的是,"什么时候改成350公里"的,连铁路系统的专家也说"大家都不知道"！京津城际全长115公里,时速从200公里调整到350公里,实际运行时间差多少呢？通行京津全程快了15分钟。由此增加投资概算92亿。

资料来源：http://business.sohu.com/20120220/n335239774.shtml

（三）进度

当项目期限确定后,项目经理必须以此为目标,通过控制各项活动的进度,确保整个工程按期完成。大型工程项目往往具有多目标结构,但其中最重要的目标就是质量、进度和费用。在项目的实施过程中,项目的质量、进度和费用有时候也会产生矛盾,在处理三者关系时,应该以质量为中心,通过科学的规划统筹,实现质量、费用和进度的优化组合。

北京西客站项目质量问题

北京西客站项目曾经是我国的一项大型重点项目工程,1994年年底(合理工期应为5年,实际只用了两年半的时间)完成结构工程,但进入1995年后,由于资金不到位,工程进度停滞。"十一"过后,有关领导为了加快建设速度,鼓励施工方加快速度,提出要抢工,提前通车。冬天时总指挥部决定把原是大坑的站台用土回填,结果春天土地化冻、下雨使站台原填土地基开始下沉,为保证车站运行只得返工。由于时间紧,常常是一边画图纸,另一边拿着图纸去施工,很难与其他工程设计、施工者协调。

开通运营后,北京西客站所暴露的质量问题就令人难以置信:顶棚玻璃接连爆裂,吊灯掉落,墙皮层层脱落,门框变形开裂,电梯能正常运行的不到一半,进站大厅的玻璃天棚突然大面积塌落,站内漏水、渗水,墙面剥落,地面积水到处可见。雨季水漏如雨,微机房积水近没膝,托运处地下库 2 000 多平方米的行李房被迫放弃,长达 500 米的汽车通道积水有半米深。三楼多功能厅由于漏水不断,房顶和墙皮脱落,无法使用,二楼扶梯与地砖接连处的胶带凸起,稍不小心就会被摔倒。北京西客站 1996 年 1 月部分投入使用以来,几乎所有的站台都先后返修,耗资数百万元。

在以下项目中,时间尤为重要:在已经明确期限后的筹备工作,如贸易展览、公众节日、舞台表演等。产品从开发到出售的时间要求非常严格。在紧急情况下,为解决有生命危险的自然灾害而确立的项目应当在最短的时间内完成。

【示例 8-5】

上海世博会上海馆建设纪实

作为 2010 年世博会承办城市,整个上海浓缩为一个焦点——上海馆。大家面临的难题是:如何在方寸之间展现城市印象?怎么具体表现丰富的上海?上海馆反复比较各种创意。从市民中征集的 4 500 份建议中遴选出几十份,邀约 60 多家专业团队提出专业创意,经过十几轮的反复修改,最多的一轮曾反复修改出三十几稿……从 2008 年开始征集上海馆创意,一直到 2009 年 10 月 6 日,上海市领导一锤定音,主题为"永远的新天地"。

厚积薄发,起步较晚的上海馆,以特有的上海速度向前飞奔。2009 年 11 月,上海馆影片脚本前期策划基本完成;当年圣诞节前,中美团队拍完所有影片外景。2010 年 1 月,上海馆在市郊松江车墩进行场外预搭建,1:1 搭建起船型平台与内部空间进行前期测试。2010 年初,在 600 平方米上海馆所在地一片空白时,若干家兄弟场馆已落成,很多人为上海馆捏一把汗,认为上海馆不能够按时完工。2010 年 2 月 20 日,上海馆部分材料终于进场。3 月 4 日,上海馆正式入场搭建。3 月中旬开始,中国馆部规定不能再用明火,这意味着不能进行焊接。上海馆筹建办公室却胸有成竹,"我们搭建结构肯定不用明火"。所有龙骨架不用焊接,杜绝明火,全部采用可循环使用的螺丝拼装,仅用4天,一次成型。3月29日,六自由度动感平台进入建设现场。4月10日,上海馆落成。从开工到落成,不到40天。4月19日,上海馆播放的8分钟环幕电影最终定片。4月20日试运行首日,上海馆兑现此前承诺,从早上9时30分起,准时向公众开放所有展项。

资料来源:人民网 http://news.163.com/10/0428/09/65BKMQ3L000146BC.html

三、项目的组织结构

在项目开始之前,高层管理者必须要确定项目采取何种组织结构。项目组织结构有三种:纯项目制、职能项目制和矩阵制。

(一) 纯项目制

在纯项目制的形式中,一个独立的项目小组负责完成项目中的全部工作。

纯项目制的组织结构具有如下优点:项目经理对项目具有充足的权利;在项目小组中,小组成员只接受一个上司的领导,具有较高的管理和决策效率;小组成员的自豪感、士气以及信誉都很高。

纯项目制的组织结构也具有一定的缺点:设备和人员不能够实现共享,资源需要重复配置;小组成员容易忽视组织目标和政策,导致其行为与组织目标相偏离;纯项目制的组织结构中削弱了职能部门的权利,从而有可能使项目组落后于新技术和新知识;项目小组成员因为不属于任何职能部门,会担心项目结束后的出路问题,可能会导致项目结束时间的延迟。

(二) 职能项目制

在职能项目制中,每一个项目都归属于一个职能部门,见图8-1。

职能项目具有如下的优点:每个小组成员都可以参加多个项目;职能专家即使不再承担项目任务,可以留在职能部门中工作;职能专家也可以在职能部门里面垂直发展;特殊领域的职能专家组成一个关键部门,可以协同解决项目存在的技术问题。

职能项目的缺点:与职能部门不相关的项目各部分缺乏必要的变革;缺乏对小组成员的有效激励;过于强调各职能部门的利益,有可能会使顾客需求一定程度上被忽视。

(三) 矩阵制

矩阵制是专业化程度最高的项目管理组织形式,它综合了纯项目制和职能项

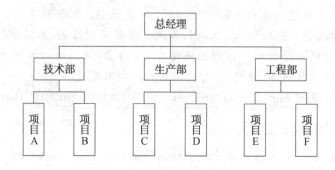

图 8-1　职能项目组织结构

目的优点。在矩阵制下，执行每个项目时可以从不同的职能部门抽调员工。项目经理决定执行的任务和时间，职能部门的管理者则控制人员与技术。见图 8-2。

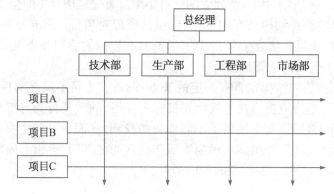

图 8-2　矩阵制的项目组织结构

矩阵制的优点有：加强了不同职能部门间的联系；实现了职能部门与项目之间的资源共享，可以尽可能避免资源的重复配置；项目经理具有充分的权利，从而可以有效承担项目成败的责任；项目可以得到来自各职能部门的支持。

矩阵制的缺点有：项目小组的成员同时接受项目经理和职能部门经理的领导，当两方面的命令产生冲突时，会使小组成员无所适从；要求项目经理具有较高的能力和较深的资历，否则项目注定要失败；项目经理经常为自己的项目囤积过多资源，从而损害其他项目利益。

四、项目成功的关键因素

一个项目能否成功，取决于下列五个要素。

第八章 项目管理 217

（一）正确的项目选择

项目的选择是项目最终能否成功的关键,正确地选择项目涉及对项目的评估问题。项目的评估标准一般包含下列内容:项目的经济意义与社会意义、项目的财务预算、项目的人员组织情况等。

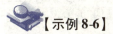

上海磁悬浮列车运营十年,现状悲惨

上海磁悬浮列车专线由中德两国合作开发,全长29.863公里。2003年1月4日正式开始商业运营,全程只需8分钟。这是世界第一条商业运营的磁悬浮专线。

如今,举国之力都在建设高铁、地铁,磁悬浮技术渐渐淡出人们的视线。不仅是中国,5年前德国慕尼黑的磁悬浮项目"叫停",从那时起,磁悬浮列车这个话题在德国彻底销声匿迹。只有在中国的上海,这一高速列车继续奔驰于市区和机场之间,但因乘客不多一直赔本运行。计划中的线路延伸,如今再没有人提及。

据估计,列车载客负荷量明显低于50%。列车赔本运营,每年亏损超过3 000万欧元。虽然这一技术受到冷落,但上海磁悬浮技术研究中心的一位负责人说:"对磁悬浮技术的研究仍在继续。但是,所有项目都被叫停。现在技术的收益和和可行性备受关注,尤其是成本问题。目前,我们并不真正需要这一技术,因此不规划建设新的线路。但不排除未来扩建的可能性。"

曾经我们以为的光荣自豪,曾经聚焦在媒体的视野、大众的光环,一切都在沉寂中渐渐褪色。

资料来源:http://tieba.baidu.com/p/2246808171

（二）选择合适的项目负责人

项目负责人是项目的核心人物,项目负责人的工作要求较高并且具有挑战性。项目小组中的人员往往来自不同的工作部门甚至不同的单位,他们的知识背景不同,工作性质会具有很大的差异。项目负责人需要将这些员工整合到一起,并进行适当的激励。

（三）选择项目承建单位

为了保证项目的质量、成本和进度,必须妥善选择项目的承建单位。一般情况下,所选择的项目承建单位都要具备良好的信誉,并且在专业方面具有一定的优势。

【示例 8-7】

新华社发三篇评论批上海火灾工程违法违规

上海"11·15"特别重大火灾发生后,新华社在 11 月 17 日、18 日、19 日连发三篇评论,"严评"这次火灾的违法违规之处,并直指有关部门没有强制把关。

第二篇评论措辞严厉,针对性加强,将批判的目标紧紧锁定在"工程分包"上,提出"一些工程施工企业只求赚取利润,漠视安全生产,超出自身能力大量承接工程,然后肢解分包,致使一项工程可以赚取的利润被层层摊薄,各级分包单位为了压低成本牟取最大利润,便不顾下游分包商资质如何,勉强安排施工,使工程质量和施工安全风险失去控制,隐患重重。"

最后一篇文章措辞最为严厉,直指责任部门,认为有关部门至今没有强制把关。"血的代价年复一年地付出,为什么有关部门迟迟不对这些'夺命建材'下达禁绝令,而是听任其流入市场?'秦人不暇自哀,而后人哀之;后人哀之而不鉴之,亦使后人而复哀后人也'。"

最后文章提出,"望有关部门真正以人为本,全面整顿混乱的建材市场,坚决将'夺命建材'清理出去。"

资料来源:2010 年 11 月 21 日法制晚报

(四) 对项目进行规划

项目的成功运行,必须对在项目生命周期(包括项目概念形成、可行性论证、计划、实施和终结等阶段)的各个阶段进行计划和设计。

(五) 组织管理

项目的组织管理包括项目的指挥和项目的组织管理方式。一般情况下,项目必须实行集中统一指挥。项目的建设通常涉及四个方面:建设单位、施工单位、设计单位、设备制造单位。不同的项目要求有不同的项目组织管理方式。

【示例 8-8】

57 层高楼 19 天建成

湖南省长沙市一栋名为"小天城"的 57 层高楼火了,因为建起它仅仅花了 19 天,并且通过了多项质量和安全性的测试和评审。建成速度听起来不可思议。2014 年初动工,用了 7 天盖了 20 层,因为"小天城"9.5 公里外有机场,需要限高,原本设计成97层,后改为57层。2015年1月31日开始再次动工,2月17日凌晨3点正式封顶,除去中间因为天气原因不能施工的时间,第二次施工用12天盖了37层。

"小天城"的施工建造采用工厂化的模式,是建筑产业化发展到新阶段的结果。工厂化的模式建造楼房,将墙体、立柱、楼板、门窗等零部件事先在工厂中生产好,然后运到工地拼装起来。经过多年探索,工厂化楼房建造技术日渐成熟,优势越来越明显。19天是拼装的时间,95%的工序已经提前在工厂中做完。"小天城"是一座钢结构建筑,预制的零件生产前后用了4个半月,而生产零部件时打地基可以同步进行,这样节省了时间。

资料来源:根据http://finance.sina.com.cn/资料改编

第二节　项目计划制定的方法

安排项目进度计划的目的是为了控制时间和节约时间,而项目的主要特点之一即是有严格的时间期限要求,由此决定了进度计划在项目管理中的重要性。进度计划要说明哪些工作必须在何时完成,完成每一任务所需要的时间。下面是四种常用的制定项目进度计划的方法。

一、甘特图

甘特图是一种线条图,横轴表示时间,纵轴表示要安排的活动,线条表示在整个期间计划的和实际的活动完成情况。甘特图直观地表明任务计划在什么时候进行,以及实际进展与计划要求的对比。

甘特图表的实质是为了表明如何通过各种活动来恰当安排工作的程序和时间,以完成该项工作。管理人员能够从甘特图表所提供的信息中看出哪一项工程或产品落后于预定的计划,然后采取行动加以纠正,以便使工程赶上计划的安排。

管理学界有人认为,使用甘特图进行计划与控制的做法是管理技术上的一次革命。有了它,管理部门就可以从一张事先准备好的图表上,看到计划执行的进展情况,并可以采取一切必要行动使计划能按时完成,或使计划在预期许可延误的范围内得以完成。

甘特图的六个绘制步骤如下。

(1)明确项目涉及的各项活动、项目。内容包括项目名称(包括顺序)、开始时间、工期、任务类型(依赖/决定性)和依赖于哪一项任务。

(2)创建甘特图草图。将所有的项目按照开始时间、工期标注到甘特图上。

(3) 确定项目活动依赖关系及时序进度。使用草图,按照项目的类型将项目联系起来,并安排项目进度。

(4) 计算单项活动任务的工时量。

(5) 确定活动任务的执行人员及适时按需调整工时。

(6) 计算整个项目时间。

【延伸阅读8-1】

1914年在法兰克福兵工厂的弹药车间内,亨利·甘特发明了甘特图(Gantt chart)。自发明以来,甘特图就一直是非常流行的项目排程工具。甘特咨询公司的一名成员华莱士·克拉克对这种图表管理法专门写了一本书《甘特图表:管理的一个行之有效的工具》。这本书后来被翻译成多种文字,并在全世界产生了广泛的影响。

后来发明的控制生产的图表和表格大多都从甘特最初的工作中得到了启发,现代网络技术中的关键线路法和计划评审技术,仍然以计划和控制时间与成本的原则为基础,其基本思想就是源于甘特图表。

如今甘特图不单单被应用到生产管理领域,随着生产管理的发展、项目管理的扩展,它被应用到了各个领域,如建筑、IT软件、汽车等等。在微软的Project软件里,甘特图被植入到程序里,通过项目经理对项目任务的分配,就可直接形成甘特图。

由于软件业的飞速发展,甘特图这种广泛应用于项目管理的软件已可由其他项目管理软件替代。如basecamp、TeamOffice(SaaS型)、趣客、易度(SaaS型)等,都可对项目进行管理,安排任务,查看进度。其中TeamOffice还有免费试用版,无需下载、不用安装,上网就能使用,透视出项目管理软件日臻完善的前沿趋势。

资料来源:百度百科 http://baike.baidu.com/view/1653.htm

二、网络计划技术及步骤

(一) 网络计划技术

网络计划方法是继20世纪初发明甘特图以来,在计划工具上取得的最大进步。网络计划技术就是通过网络图的形式对许多相互联系、相互制约的活动所需要的资源、时间及顺序进行统筹安排,以达到预期目标的一种科学的计划管理方法。其基本原理是:从整体、系统的观点出发,根据各项活动之间的逻辑关系绘制

第八章 项目管理

网络图,计算各项活动的时间,找出关键路线,从而对整个项目做出全面统筹安排。网络计划技术的应用范围很广,它在国防、军事、生产、科研、基本建设中都可以应用,尤其是一次性的生产或工程项目。

【延伸阅读8-2】

网络计划方法最早起源于美国。1957年,美国杜邦化学公司在新建生产线时,为了保证生产线能够及时竣工,专门请兰德公司研究出了一种新的计划管理方法,即关键路线法(Critical Path Method,CPM)。通过采用关键路线法,杜邦公司的新生产线比计划提前两个月完成。在实施关键路线法的第一年,杜邦公司就节约了100多万美元,相当于该公司用于研究发展CPM所花费用的5倍以上。

1958年,美国海军武器局特别规划室在研制北极星导弹潜艇时,应用了计划评审技术(Program Evaluation and Review Technique,PERT)的计划方法。参加该项目研制的主要承包商就有200多家,加上转包商就达到了10 000多家,通过应用计划评审技术,美国海军武器局特别规划室把参加项目的所有厂商有效地组织了起来,加强了项目的进度管理,使北极星导弹潜艇比预定计划提前两年完成。统计资料表明,在不增加人力、物力、财力的既定条件下,采用计划评审技术(PERT)可以使进度提前15%—20%,节约成本10%—15%。

关键路线法CPM和技术评审技术PERT在具体方法上虽有所不同,但是这两种方法的基本原理是相同的,都是以网络图为基础,并进行网络图的计算和优化。所以这两种方法统称为网络计划技术。

资料来源:夏健明,运营管理,立信会计出版社,2004

(二)网络计划技术的使用步骤

1. 项目分解

项目分解就是将一个工程项目分解成各种活动。在进行项目分解时,可采用"任务分解结构"(Work Breakdown Structure,WBS)。WBS类似于产品结构,将项目一层层分解,最后再分解成具体活动(参见图8-3)。WBS有助于管理人员确定所要做的工作,便于管理人员编制预算和作业计划。

在分解一个项目之前,必须确定分解的详细程度,项目分解的详细程度按需要决定。给上级领导使用的网络计划较粗略,项目可分解成一些较大的活动,如设计、制造、安装等,这样做的目的是便于他们从总体上把握进度;而给具体施工单位使用的网络计划则较细,项目可分解成一些较细的活动,如挖地基、浇灌水泥等,这样便于具体应用。

一般可以从以下四个角度进行项目分解:

(1) 按项目的结构层次分解,如建设火电站需要制造锅炉、汽轮机、发电机以及辅机;制造锅炉需要制造水冷壁、汽包、空气预热器等;而制造水冷壁需要对钢管进行加工;

(2) 按项目的承担单位或部门分解,如设计、施工、验收等;

(3) 按工程的发展阶段分解,如分成论证、设计、试制等;

(4) 按专业或工种分解,如机械、电气、装配、焊接等。

以上几种项目分解的方式可以混合使用,使工程进展的一定阶段与一定部门发生联系。

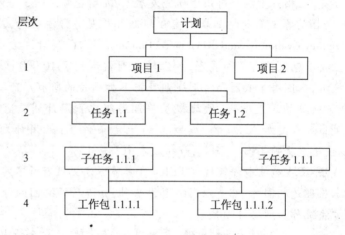

图 8-3　任务分解结构图

2. 确定各种活动之间的先后关系

项目分解成活动之后,要确定各种活动之间的先后次序,即一项活动的进行是否取决于其他活动的完成,它的紧前活动或紧后活动是什么。如活动 A 为活动 B 的紧前活动,则意味着只有当 A 活动完成之后,才可以进行 B 活动的工作。

3. 估计活动所需的时间

活动所需的时间是指在一定的技术组织条件下,为完成一项任务或一道工序所需要的时间,是一项活动的延续时间,活动时间以 $t(i,j)$ 表示,其时间单位可以是小时、日、周、月等,可按具体工作性质及项目的复杂程度以及网络图使用对象而定。

4. 制作网络图,确定关键路线

根据各项活动发生的先后顺序绘制网络图,求出时间参数之后,就可以确定关键路线。

5. 监控

利用网络计划对项目进行监视和控制，以保证项目按期完成。

6. 优化

包括时间优化、时间-资源优化和时间-费用优化。

7. 调整

按实际发生的情况对网络计划进行必要的调整。

三、网络图

网络计划技术的基础是绘制网络图，网络图是由圆圈和箭线组成的网状图，常用来表示一项工程或一项生产任务中各个工作环节或各道工序的先后关系和所需时间。

网络图有两种形式。一种是以箭线表示活动（作业、工序），称为箭线型网络图；另一种则以圆圈表示活动，称为节点型网络图。箭线型网络图可以用箭线的形象地表示活动发生的先后顺序和活动所持续的时间，深受管理人员和工程技术人员的欢迎，因此本课程将主要介绍箭线型网络图。

（一）网络图的构成要素

网络图由活动、事件和路径三部分组成。

1. 活动（作业、工序）是指一项作业或一道工序。它需要人力、物力和财力等资源，并需要一定时间才能完成，在网络图中用箭线"→"表示，箭杆上方标明活动名称，下方标明该项活动所需的时间，箭尾表示该项活动的开始，箭头表示该项活动的结束，从箭尾到箭头则表示该项活动的作业时间。

2. 事件（节点、时点）是指两项活动的衔接点，代表某项活动的开始或结束那一瞬间，它不消耗资源和时间，在网络图中用圆圈"○"表示。在网络图中有始点事件、中间事件和点事件之分，如图8-4所示。事件②既表示A项活动的结束，又表示B项活动的开始。对中间事件②来说，A为其紧前活动，B为其紧后活动。

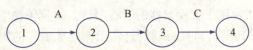

图8-4 箭线型网络图

3. 路径也称为路线，是指从始点事件开始，顺着箭线的方向连续不断地到达网络图终点事件的一条通道。图 8-4 中从节点①沿箭线方向到节点④,所经历的就是一条路线。

(二) 网络图绘制的规则

1. 方向性。各项活动要按顺序排列,从左到右,不能反向。
2. 无回路。箭线不能从一个事件出发,又回到原来的事件上。
3. 箭线首尾都必须有节点。不允许从一条箭线中间引出另一条箭线。
4. 两点一线。两个节点之间只允许出现一条箭线,若出现几项活动平行或交叉作业时,应引入虚箭线"……→"表示。
5. 事件编号。从小到大,从左到右,不能重复。
6. 源汇合一。每个网络图中,只能有一个始点事件和一个终点事件。如果出现几道工序同时开始或结束,可用虚箭线同网络图的始点事件或终点事件连接起来。

(三) 网络时间的计算

1. 作业时间

根据活动性质的不向,活动时间有两种估计方法。

(1) 单一时间估计法。指对各种活动的时间,仅确定一个时间值。这种方法适用于有同类活动或类似活动时间作参考的情况,如过去进行过且偶然性因素的影响又较小的活动。采用单一时间估计法作出的网络图也称为确定型网络图。

(2) 三点时间估计法。对活动时间预估三个时间值,然后求出可能完成的平均值。这三个时间值如下。

① 最乐观时间(optimistic time)。在最有利的条件下顺利完成一项活动所需要的时间,常以 a 表示。

② 最可能时间(Most likely time)。在最正常情况下完成一项活动所需要的时间,常以 m 表示。

③ 最悲观时间(Pessimistic time)。在最不利的情况下完成一项活动所需要的时间,常以 b 表示。

三点时间估计法常用于带探索性的工程项目。如原子弹工程,其中有很多工作任务是从未做过的,需要研究、试验,这些工作任务所需的时间也很难估计,只能由一些专家估计最乐观的时间、最悲观的时间和最可能的时间,然后对这三种时间进行加权平均。计算活动平均时间 $t(i,j)$ 及方差 σ^2 的公式为:

$$t(i,j) = \frac{a+4m+b}{6}$$

$$\sigma^2 = \left(\frac{b-a}{6}\right)^2$$

采用三点时间估计法做出的网络图也称为随机型网络图。

2. 节点时间的计算

节点本身不占用时间,它只表示某项活动应在某一时刻开始或结束,因此节点时间有最早开始时间和最迟结束时间。

(1)节点最早开始时间。从始点事件到该节点的最长路程的时间。用 ES_j 表示,其数值记入"□"内,并标在网络图上。网络始点节点的最早开始时间为零,终点事件因无后续作业,它的最早开始时间也是它的结束时间。网络中间事件的最早开始时间的计算可归纳为前进法、加法、取最大法。计算公式为:

$$ES_j = \max\{ES_i + t_{ij}\}, \qquad 即\ \boxed{j} = \max\{\boxed{i} + t_{ij}\}$$

(2)节点最迟结束时间。是指以本节点为结束的各项活动最迟必须完成的时间。用 LE_j 表示,其数值记入"△"内,并标在网络图上。网络终点事件的最迟结束时间等于它的最早开始时间。其他事件的最迟结束时间的计算可归纳为后退法、减法、取最小法。计算公式为:

$$LF_i = \min\{LE_j - t_{ij}\}, \qquad 即\ \triangle_i = \min\{\triangle_j - t_{ij}\}$$

还有工序最迟结束时间和工序最迟开始时间的计算不作介绍。

(3)总时差的计算

总时差指在不影响整个项目总工期的条件下,某工序的最迟开工时间与最早开工时间的差。它表明该工序开工时间允许推迟的最大限度,也称"宽裕时间"。计算公式为:

$$TF_{ij} = LS_{ij} - ES_{ij} = \triangle_j - \triangle_i - t_{ij}$$

还有单时差和干预时差的计算不作介绍。

四、关键路线

每一个项目都有开始和结束的时间,将开始的第一项活动与结束的最后一项活动连接起来,便构成了项目实施需要经过的"路径"(或称路线)。但是,由于一个项目一般要由许多活动构成的,项目活动或工序之间的依赖关系和相互交错的性质,使得所构成的项目实施的路线可能有很多条。

关键路线是在诸多网络路线中,总时间最长的那一条路线。关键路线之所以称为"关键",是因为关键路线上的所有活动都是关键性活动,即如果关键路线上的活动有一项延误就会影响到整个项目的完成时间。不在关键路线上的活动称为非关键性活动,它可以有松弛时间,这种松弛时间就是在不影响项目如期完成的情况下,该活动有一定的推迟时间。

在网络图中,总时差为零的工序称为关键工序;由关键工序组成的路线,称为关键路线,它是从网络图始点事件到达终点事件时间最长的路线;关键路线上的关键工序时间之和称为总工期(T),它是完成该项目所必需的最少时间,它等于网络图终点事件的 ES_j 或 LF_j。

【例题 8-1】
甘特图与网络图的应用举例

某人计划从五月一号开始对自己的旧房屋进行油漆作业,为了完成这个项目,他需要做的工作如表 8-1 所示,根据该表完成以下任务:
(1) 画出该项目的甘特图
(2) 画出该项目网络图并确定关键路线

表 8-1　房屋油漆作业活动列表

作业	作业内容	紧前工序	作业时间(天)
A	移出家具	—	2
B	清理卧室	A	2
C	油漆卧室	B	3
D	清理厨房	A	1
E	油漆厨房	D	2
F	移回家具	C,E	2

解:(1) 画出该项目的甘特图(见图 8-5)。

活动代号	活动内容	时间								
		1	2	3	4	5	6	7	8	9
A	移出家具									
B	清理卧室									
C	油漆卧室									
D	清理厨房									
E	油漆厨房									
F	移回家具									

图 8-5　房屋油漆作业的甘特图

（2）画出网络图

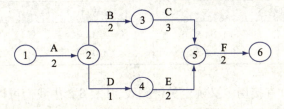

图 8-6　房屋油漆作业的网络图

（3）计算节点时间

① 确定节点最早开始时间：用前进法，加法，取最大值，填在□中；

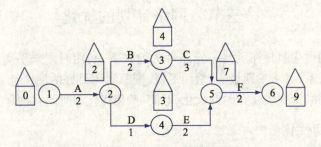

图 8-7　节点最早开始时间计算

② 确定节点最迟完成时间：用后退法，减法，取最小值，填在△中。

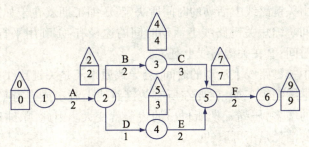

图 8-8　节点最迟完成时间计算

③ 确定关键路线

A:2-0-2=0；B:4-2-2=0；C:7-4-3=0；F:9-7-2=0；D:5-2-1=2；E:7-3-2=2。总时差为零的工序是关键工序，由此组成的路线 A-B-C-F，即为关键路线。

表 8-2　网络路线及时间

网络路线	活动	总时间(天)
1　0-1-2-4-5	A-B-C-F	2＋2＋3＋2＝9
2　0-1-3-4-5	A-D-E-F	2＋1＋2＋2＝7

此外,也可以直接用定义确定关键路线,从表 8-2 中我们可以看出,2 条网络路线中第 1 条路线所用的时间最长。根据关键路线的定义:它是从网络图始点事件到达终点事件时间最长的路线,因此房屋油漆活动的关键路线为第 1 条路线,而总工期则为 9 天。

第三节　网络计划的优化

网络计划优化就是在满足一定条件的前提下,利用时差来平衡时间、资源与费用三者的关系,寻求工期最短、费用最低、资源利用最好的网络计划过程。目前能够进行的网络计划优化是时间优化、时间-费用优化和时间-资源优化。

一、时间优化

时间优化就是不考虑人力、物力、财力资源的限制。这种情况通常发生在任务紧急、资源有保障的情况。

由于工期由关键路线上活动的时间所决定,压缩工期就在于如何压缩关键路线上活动的时间。缩短关键路线上活动时间的途径有:①利用平行、交叉作业缩短关键活动的时间;②在关键路线上赶工。

由于压缩了关键路线上活动的时间,会导致原来不是关键路线的路线成为关键路线。若要继续缩短工期,就要在所有关键路线上赶工或进行平行交叉作业。随着关键路线的增多,压缩工期所付出的代价就变大。因此,单纯地追求工期最短而不顾资源的消耗是不可取的。

二、时间-费用优化

时间-费用优化就是在使工期尽可能短的同时,也使费用尽可能少。能够实现时间-费用优化的原因是,工程总费用可以分为直接费用和间接费用两部分,这两部分费用随工期变化而变化的趋势是相反的。

(一)直接费用 C_D

直接费用 C_D 是指能够直接计入成本计算对象的费用,如直接工人工资、原材料费用等。直接费用随工期的缩短而增加。

一项活动如果按正常工作班次进行,其延续时间称为正常时间,记为 t_Z;所需费用称为正常费用,记为 C_Z。若增加直接费用投入,就可以缩短这项活动所需的时间,但活动所需时间不可能无限缩短。如加班加点,一天也只有 24 小时,生产设备有限,投入更多的人力也不会增加产出。称赶工时间条件下活动所需最少时间为极限时间,记为 t_g;相应所需费用为极限费用,记为 C_g。直接费用与活动时间之间的关系如图 8-9 所示。

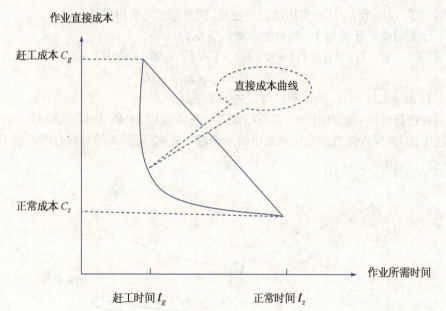

图 8-9 直接费用与活动时间的关系

为简化处理,可将活动时间-费用关系视为一种线性关系。在线性假定条件下,活动每缩短一个单位时间所引起直接费用的增加称为直接费用变化率,记为 l。

$$l = \frac{C_g - C_Z}{t_Z - t_g}$$

(二) 间接费用 C_I

间接费用 C_I 是与整个工程有关的、不能或不宜直接分摊给某一活动的费用,包括工程管理费用、拖延工期罚款、提前完工的奖金、占用资金应付利息等等。间接费用与工期成正比关系,即工期越长,间接费用越高;反之则越低。通常将间接费用与工期的关系作为线性关系处理。

工程总费用 C_T、直接费用 C_D、间接费用 C_I 与工期的关系如图 8-10 所示。

总费用先随工期缩短而降低,然后又随工期进一步缩短而上升。总费用的这一变化特点告诉人们,其间必有一最低点,该点所对应的工程周期就是最佳工期,如图中 T_1 点所示。时间-费用优化的过程,就是寻求总费用最低的过程。

设工期从 T 压缩至 T_1,相应的总费用变化为:

$$C_T(T_1) = C_D(T_1) + C_I(T_1) = C_D(T) + \Delta C_D + C_I(T) + \Delta C_I$$

$$C_T(T_1) - C_T(T) = \Delta C_D + \Delta C_I$$

若 $\Delta C_D + \Delta C_I < 0$,则工期还可以进一步缩短。

在进行时间-费用优化时,需要把握以下三条规则:①必须对关键路线上的活动赶工;②选择直接费用变化率最小的活动赶工;③在可赶工的时间范围内赶工。

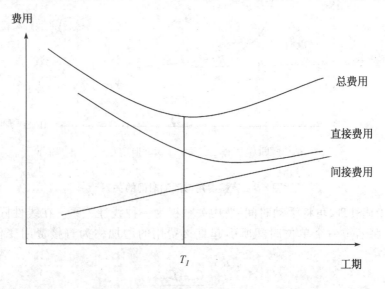

图 8-10 费用与工期的关系

【例题 8-2】某项目的网络图如图 8-11 所示,项目组接到通知,要求项目在 12 天内完成,若能按要求完工,项目组则可获得 2 000 元的奖励。已知完成该项目所需的活动及每项活动的成本斜率和所能缩短的天数如表 8-3 所示(所谓成本斜率是指每赶工 1 天需要多支付的成本)。如何进行时间费用的优化,以达到项目要求?

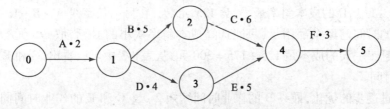

图 8-11　某项目网络图

表 8-3　各项活动成本斜率及可能缩减的天数

项目活动	A	B	C	D	E	F
成本斜率(元/天)	—	150	175	250	125	—
可能缩短天数	0	2	2	2	3	0

一般而言,时间-费用优化的步骤如下:

第一步:首先找出项目的关键路线。从网络图中可以确定,从项目的起点 0 到项目的终点 5,共有 2 条路线,分别是:

A – B – C – F,耗时 2 + 5 + 6 + 3 = 16 天

A – D – E – F,耗时 2 + 4 + 5 + 3 = 14 天

其中,最长的路线是 A – B – C – F,这条路线所用的时间是 16 天,关键路线上的时间就是项目完工所需的时间,因此,该项目完工时间为 16 天。

目前要求项目组在 12 天内完成,意味着项目完工时间需提前 4 天,必须赶工才能完成任务。

第二步:在关键路线上优先压缩成本斜率小的作业时间,这样能够保证赶工成本最小。在 A – B – C – F 这条关键路线上,作业 B 的成本斜率最小,为 150 元/天,最多可以缩短 2 天。

当 B 的作业时间缩短 2 天后,B 的作业时间为 5 – 2 = 3(天),A – B – C – F 这条路线的时间也会发生变化,可能不再是最长的一条关键路线。这时,如果还要赶工,需要重新确定关键路线。

重新计算 2 条路线需要的时间

A－B－C－F，耗时 2＋3＋6＋3＝14 天；

A－D－E－F，耗时 2＋4＋5＋3＝14 天

显而易见，两条路线所用时间相同，都成为关键路线。在对一条关键路线赶工的同时，另一条关键路线也要进行赶工，这样才能再次缩减总工期。

在两条关键路线中，依然要选择成本斜率最小的活动进行赶工。此时路线 A－D－E－F 上 E 的成本斜率最小，为 125 元/天；在另一条路线 A－B－C－F 上 B 可赶工的时间已经全部用足，只能选择成本斜率次小的 C 活动(175 元/天)。两项活动赶工一天的成本是 125＋175＝300 元，从表 8-3 中可以看出，C 和 E 可赶工 2 天的时间。

通过逐步的优化，最终 B 的作业时间缩短 2 天，C 和 E 的作业时间同时缩短 2 天，共缩减工时 4 天，满足项目要求。

赶工成本分别为：150×2＝300 元，(125＋175)×2＝600 元，合计 900 元(见表 8-4)。

表 8-4　赶工成本计算表

缩减的活动	缩减天数	成本斜率(元/天)	赶工成本(元)
B	2	150	300
C、E	2	125＋175＝300	600
合计	4		900

通过优化，该项目总工时缩短为 12 天(16－4＝12 天)，项目组可以得到 2 000 元奖励，而支付的赶工成本仅为 900 元，满足时间-费用优化的要求。需要说明的是，整个优化过程比较复杂，需要逐步进行，以保证项目按时完工的前提下，赶工成本最低。

可见，在进行时间-费用优化时，需要把握以下 4 条规则：

① 必须对关键路线上的活动赶工；

② 选择成本斜率最小的活动赶工；

③ 在可赶工的时间范围内赶工；

④ 当某一项作业赶工后，关键路线会发生变化，需要重新确定关键路线，然后在新的关键路线上重新确定赶工作业。

三、时间-资源优化

时间-资源优化有两方面含义：一是在有限的资源约束下，如何调整网络计划

第八章 项目管理 233

使工期最短;二是在工期一定的情况下,如何调整网络计划使资源利用充分。前者称为有限资源下的工期优化问题,后者称为工期规定下的资源均衡问题。

时间-资源的优化可利用甘特图。在此不作详细介绍。

本章学习要点回顾

项目是在规定的时间内,由专门组织起来的人员共同完成的、有明确目标的一次性工作。项目管理是指在一个确定的时间范围内,为了完成一个既定的目标,通过特殊的临时性的组织运行机制,有效地计划、组织和控制资源(人员、设备、物料),使其满足项目的技术、成本和时间等方面要求的一种系统管理方法。项目管理通常涉及质量、成本和进度等三个主要目标。项目有三种组织结构:纯项目、职能项目和矩阵制。

甘特图是一种线条图,横轴表示时间,纵轴表示要安排的活动,线条表示在整个期间计划的和实际的活动完成情况。甘特图表的实质是为了表明如何通过各种活动来恰当安排工作的程序和时间,以完成该项工作。

网络计划方法所依据的基本原理是,通过网络形式表达某个项目计划中各项具体活动的逻辑关系。网络计划方法的一般步骤为:项目分解,确定各种活动之间的先后关系,估计活动所需的时间,计算网络参数、确定关键路线,优化,监控,调整等。网络计划优化分为时间优化、时间费用优化和时间资源优化等三种形式。

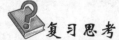 复习思考

1. 什么是项目？什么是项目管理？
2. 你所接触的企业中采取过何种项目组织形式？
3. 针对现实生活中的一家服务公司,如医院、出租车公司等,绘制服务蓝图,并提出建设性意见。
4. 找出你必须要完成的一项任务,用甘特图控制项目计划的进度。
5. 何为一个项目中的关键路线？
6. 网络计划的优化包括哪三种形式？
7. 某一个项目包含以下的活动,所需完成时间如下表所示:

活 动	完工时间(天)	紧前活动
A	2	—
B	3	A
C	3	A
D	5	A
E	4	B
F	2	C、D
G	5	E、F
H	6	D
I	3	G、H

根据表中的数据,画出网络图并找出该项目的关键路线。

第九章
准时生产与精细生产

学习目标

1. 理解准时生产的含义及运行过程
2. 理解推动式生产系统与牵引式生产系统的区别
3. 理解JIT生产的特征
4. 了解"看板"的作用及使用规则
5. 理解精细生产的内涵及主要内容
6. 了解精细生产与准时生产的区别

本章学习内容导图

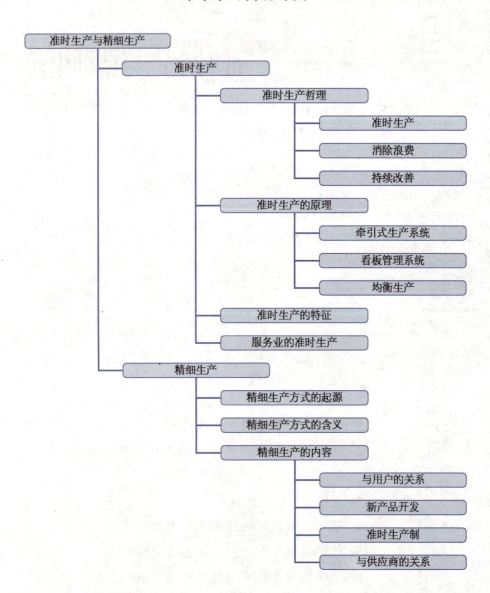

第九章 准时生产与精细生产

 引导案例

为了应对危机,精细生产管理成企业关注焦点

金融危机席卷全球,企业应如何加强管理、有效应对?2009年2月,在上海市质量协会的组织下,上海市各大企业的30多位质量经理人参加了"质量经理人沙龙活动",交流了各自精细管理的实战经验,畅谈了如何在寒冬里提高质量、共渡难关的感想。

上海动力推进系统有限公司的质量经理潘明华介绍了通用汽车公司旗下的德尔福公司采用精细生产的情况。潘明华说,精细不是无休止地降成本,而是要抓住杜绝浪费与合理性生产,以达到最佳均衡生产来提升竞争力。如何实现均衡生产,潘明华展示了"丰田屋",标准化流程是地基,准时化生产是空间,拉动式生产是屋顶。事实上,"拉动式准时化生产"是精细生产的主要特点。这是一种以最终用户的需求为生产起点,强调物流平衡,追求零库存,要求上一道工序加工完的零件立即可以进入下一道工序,不能多一个,也不能少一个的连续"拉动"。

德尔福的精细生产以物料的快速流动、资金最少占用为切入点,建立"拉动工厂"。组织生产线依靠一种称为"看板"的目视化管理形式,即由看板传递下道工序向上道工序需求的信息流,把顾客的节拍折算成时间,变成生产的节拍,保证每道工序供应的准时化。当然,精细生产要求每位员工质量意识强,不接受上道的缺陷品。如果在生产过程中发现质量问题,根据情况,可以立即停止生产,直至问题解决,从而保证不出现对不合格品的无效加工。由于采用拉动式生产,生产中的计划与调度实质上是由各个生产单元自己完成,在形式上不采用集中计划,但操作过程中生产单元之间的协调则极为必要。这就需要现场发挥人的积极性、能动性,从细节不断改善做起。精细生产做到最后,必然会感到这个东西供应商能配合,那个东西供应商也能配合,这样精细生产就走出了车间,向整个供应链延伸,最终提高了整个供应链的竞争力。通过开展精细管理,德尔福公司从2004年至今原料库存量已降低了50%。

资料来源:中国质量新闻网2009年2月报道,在"瘦身"中复苏应对危机精益生产管理成企业关注焦点,作者:刘霞

第一节 准时生产

准时生产(JIT)是以日本丰田汽车公司为代表的生产方式的概括,自20世纪60年代产生以来,JIT逐步完善,已经被全世界不同行业的经营者所采用,显示出了极强的生命力。

一、准时生产哲理

准时生产制(Just in Time,JIT),又称作无库存生产方式、零库存生产方式、一个流(One-piece Flow)或者超级市场生产方式,其出发点是不断消除浪费,进行不断改进。美国生产与库存控制协会(APICS)对JIT的定义是:"有计划地消除浪费和持续改善生产率的制造哲理。"按照JIT的哲理,一是准时生产,二是消除浪费,三是持续改善。

(一) 准时生产

准时生产起源于福特创造的流水线,但丰田公司将准时的概念扩大到了流水线之外。不仅在流水线上要准时,原材料的采购和供应也要准时,生产过程中的零件加工也要准时。丰田所谓的准时的概念,是指从供应商到企业生产的全部环节中,所有的物料都要按照需方的需要按时离开和到达指定地点,没有任何闲置的工件,也没有因为等待零部件而停工等待的工人和设备。

准时生产的理念同传统的组织理念有很大的不同。传统理念认为,为了实现规模经济,机器设备应该被充分利用,满负荷运转。这样需要在生产过程中存在大量的在制品库存作为缓冲。这样就大大延长了生产过程中的制造提前期。而JIT的理念则认为,必须加快生产过程中的物流速度,以压缩制造提前期,适应基于时间的竞争。要做到准时生产,必须追求零库存,这就要求在生产的环节上不存在任何的闲置资源,当时的生产都是立即要用的,即"需要一件生产一件"。如果要达到"需要一件生产一件",则一定不能出现不合格品,即在生产过程中追求"零缺陷"。同时,追求"需要一件生产一件",还需要减少生产过程中的调整时间,在生产中追求零调整时间。将零库存、零缺陷、零调整时间进行推广,就是追求零浪费。

(二) 消除浪费

在市场竞争中,成本领先是一种经常采用的竞争策略。为了提高企业的竞争力,就必须降低企业的成本,要降低成本,就必须要在企业内部不断消除浪费。在经济大环境较好时,成本高的企业也有可能生存,但是其所获得的利润远低于成本低的企业。一旦遇到经济不景气的时候,成本高的企业经常得不到利润,甚至可能亏损,就被淘汰;成本低的企业还可以得到少量利润,能够维持生存和发展。因此,不断消除浪费、降低成本,是积极进取的经营思想,是企业的求生之路。"成本主义"是消极被动的经营思想,它将导致企业亏损、破产、倒闭。消除浪费,就要不断挖潜、不断消除浪费,才能使成本由"西瓜"那样大变成"西瓜籽"那样小。

准时生产制中对"浪费"的定义,比我们通常所说的浪费的概念要广泛得多、深刻得多。按照丰田汽车公司的说法,凡是超过生产产品所绝对必要的最少量的设备、材料、零件和工作时间的部分,都是浪费。日本丰田公司的大野耐一将"浪费"定义为"除生产不可缺少的最少数量的设备、原材料、零部件和工人(工作时间)外的任何东西"。大野耐一将浪费分为七种类型:过量生产的无效劳动、窝工的时间浪费、搬运的无效劳动、加工本身的无效劳动和浪费、库存的浪费、运作上的无效劳动、制造次品的无效劳动和浪费。大野耐一认为,彻底杜绝这些浪费来大幅度提高工作效率是可行的。

美国一位管理专家对这个定义作了修正。他提出,凡是超出增加产品价值所必需的绝对最少的物料、机器和人力资源的部分,都是浪费。这里有两层意思:一是不增加价值的活动是浪费;尽管是增加价值的活动,所用的资源超过了"绝对最少"的界限,这也是浪费。根据这一定义,在生产过程中,只有实体上改变物料的活动才能增加价值,如生产过程中对零部件进行的加工、装配、包装等都会增加产品的价值。在生产过程中对没有使产品实体发生改变的一些活动则不会增加产品的价值,如在产品生产过程中的库存、质量检查、搬运等活动不会增加产品的价值,甚至有可能使产品价值发生减少(如库存过程中产品的损失)。这些不增加价值的活动,却增加了成本,都属于浪费。浪费是应该不断消除的。

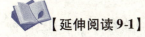

【延伸阅读9-1】
两种经营思想比较

在企业运营中,有两种不同的经营思想。一种思想称为"成本主义",用公式表示就是:价格=成本+利润。意即,随原材料价格的上涨,工资、奖金的提高,成本要升高,为了获得必要的利润,只有提高售价。另一种经营思想是:利润=价格-成本。从数字上看,这个式子与前一个式子没有什么区别,但它代表了完全不同的经营思想。这个式子的意思是,价格不是某个企业可以决定的,而是在市场上形成的，要想获得较多利润，只有不断降低成本。JIT 遵循的是后一种思想。按照后一种思想行事，企业就可以在竞争中立于不败之地。

(三) 持续改善

准时生产中的消除浪费是通过持续改善来逐步实现的。持续改善是指逐渐、连续地增加改善。它意味着每一个人、每一环节的连续不断的改进：从最高的管理部门、管理人员到工人。持续改善需要全体员工的努力，因此必须在日常管理中授权给员工，使他们完全投入工作，充分承担起日常工作的众多职责。

【延伸阅读9-2】

刨根问底，持续改善：反复问 5 个"为什么"

你对于一种现象连续问了 5 个"为什么"了吗？这样做，说起来容易，做起来就难了！比如，一台机器不转动了，你就要问：(1)"为什么机器停了？""因为超负荷保险丝断了。"(2)"为什么超负荷了呢？""因为轴承部分的润滑不够。"(3)"为什么轴承部分的润滑不够？""因为润滑泵吸不上油来。"(4)"为什么吸不上油来呢？""因为油泵轴磨损松动了。"(5)"为什么磨损了呢？""因为没有安装过滤器混进了铁屑。"反复追问上述 5 个"为什么"就会发现需要安装过滤器。如果"为什么"没有追问到底，换上保险丝或者换上油泵轴就了事，那么，几个月后就会再发生同样的故障。丰田生产方式也不妨说是丰田人反复问 5 个"为什么"，积累并发扬科学的认识态度，才创造出来的。自问自答这 5 个"为什么"，就可以查明事情的因果关系或隐藏在背后的"真正的原因"。

"为什么丰田汽车公司里，一个人只能管一台机器（而丰田纺织公司里一个青年女工却能管 40、50 台自动织布机）？"提出这个问题，能得到这样的解答："因为机器没有配备加工完毕就停止的装置。"由此得到启发，便产生了"自动化"的想法。

"为什么不能做到'准时化'生产呢？"针对这个问题，便会得出"前一道工序出活过早过多，不知道加工一件要用几分钟"的答案。于是，因启发而导出"均衡化"的设想。

"为什么会出现生产过量的浪费呢？"针对这个问题，会得出因为"没有控制过量生产的机能"的答案，据此展开便产生"目视化管理"的设想，进而导出"看板"的构思。

资料来源：大野耐一著，丰田生产方式，中国铁道出版社，2006

第九章 准时生产与精细生产

JIT 是一种理想的生产方式。首先,JIT 设置了一个最高标准、一种极限,就是"零"库存。实际生产可以无限地接近这个极限,但永远不可能达到零库存。有了这个极限,才使得改进永无止境。其次,JIT 提供了一个不断改进的途径,即降低库存—暴露问题—解决问题——降低库存……这是一个无限循环的过程。进行改进的途径,并不一定从"降低库存"开始。当管理中的问题很明显时,可以先解决问题,然后降低库存。如果现存的问题很多,不去解决它,还要降低库存,那就会使问题成灾,甚至使企业瘫痪。"降低库存"要逐步进行,不能一次降得太多。否则,也会造成问题成堆,解决问题无从下手。但是,很多问题往往隐蔽很深,尤其是当管理水平已达到较高水平时,就不大容易发现。在这种情况下,通过降低库存来暴露问题乃是必要的。

【示例 9-1】

上海通用:打倒库存"魔鬼"

随着汽车市场竞争越来越激烈,很多汽车厂商必然要采取价格竞争的方式来应战。在这个背景下,汽车制造厂商不得不降低成本。而要降低成本,很多厂家都是从物流来入手,提取物流这个被视作"第三大利润"的源泉。而且,有资料显示,我国汽车工业企业,一般物流的成本起码占整个生产成本的 20% 以上,差的公司基本在 30% 到 40%。国际上物流做得比较好的公司——物流的成本都是控制在 15% 以内。

上海通用目前有四种车型。不包括其中的一种刚刚上市的车型在内,另外三种车型零部件总量有 5 400 多种。上海通用在国内外还拥有 180 家供应商,还有北美和巴西两大进口零部件基地。那么,上海通用是怎么提高供应链效率、减少新产品的导入和上市时间并降低库存成本的呢?

为了把库存这个"魔鬼"赶出自己的供应链,通用的部分零件,如有些是本地供应商所生产的,会根据生产的要求,在指定的时间直接送到生产线上去生产。这样,因为不进入原材料库,所以保持了很低或接近于"零"的库存,省去大量的资金占用。有些用量很少的零部件,为了不浪费运输车辆的运能,充分节约运输成本,上海通用使用了叫作"牛奶圈"的小小技巧:每天早晨,上海通用的汽车从厂家出发,到第一个供应商那里装上准备的原材料,然后到第二家、第三家,依此类推,直到装上所有的材料,然后再返回。这样做的好处是,省去了所有供应商空车返回的浪费。

资料来源:中国经营报 2003 年 5 月报道,上海通用打倒存货"魔鬼"降低物流成本,作者:范利祥

二、准时生产的原理

准时生产的实现主要是通过牵引式生产系统、看板控制和均衡生产来实现的。

（一）牵引式生产系统

在加工装配式生产中，每一件产品往往由很多零部件组成，每个零部件需要经过多道工序的加工。要组织这样的产品生产，有两种不同的生产方式，即推进式生产系统和牵引式生产系统，见图9-1。

在推进式生产系统中，计划部门根据市场需求进行市场预测安排生产。在推进式生产系统中需要确定每个零部件的需求数量和每一个生产阶段的生产提前期，并需要确定每个零部件的投入产出计划，按照计划发出生产和订货的指令。在生产的过程中，每一个环节都按计划制造零部件，并将加工完毕的零部件送到后一道工序，不管后一道工序当时是否需要。在推进式的生产系统中，物流和信息流是分离的。

牵引式的生产系统从市场需求出发，由市场需求信息牵动产品装配，再由产品装配牵动零件加工。每一道工序按照自己的需要向前一道工序发出工作指令，提出要求，上游工序、车间和生产阶段完全按照这些指令进行生产。在牵引式生产系统中，物流和信息流是结合在一起的。

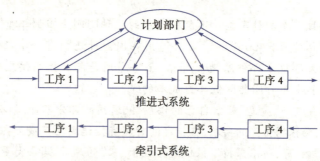

图9-1 推进式系统与牵引式系统

JIT生产方式采用的是牵引式的生产系统。牵引式生产系统的实现可以帮助企业真正实现按需生产。

（二）看板管理系统

为了实现 JIT 的目标所运用的一个重要手段就是"看板"。丰田公司在早期最常用的"看板"形式是装在长方形塑料套中的一枚纸卡。这些看板可以分为两类：第一，"取货指令"或"搬运指令"；第二，"生产指令"。它在丰田汽车工业公司内部以及丰田汽车工业公司和协作企业之间运行，起到传递情报和指令的作用。

JIT 生产方式通过"看板"便可以完全杜绝"过量生产"的现象，不需要超出需求量的库存。不需要仓库，也不需要仓库管理人员，而且，也不需要散发许多单据、传票之类的东西。

"看板"是做到"准时化"的一种手段。也可以说，它是以实现"准时化"为目的的。"看板"是生产线上的反射神经，生产现场的作业人员可以根据"看板"开始作业，并判断所需加班时间的长短。

"看板"也能使管理者、监督者的职责明确化。因为"看板"上面清楚地记载着应该做的事项，因此毫无疑问可以促进作业和设备的问题改善。使用"看板"确实可以使杜绝浪费的目的明确化。一旦发生任何浪费，运用"看板"就可发现问题，因而人们便会针对问题积极动脑筋想办法，提出改善的建议。

在生产现场中，"看板"方式对于缩减工时、减少库存、消灭次品、防止再次发生故障会起巨大作用。见表9-1。

表9-1　"看板"的作用及使用规则

作　用	使用规则
取货指令或运货指令	后一道工序按照"看板"到前一道工序去领产品
生产指令	前一道工序根据"看板"的种类和数量生产
防止过量生产和过量运送	没有"看板"时不运送、不制造
说明必须作业的事项	"看板"一定挂在作业的相关实物上
防止生产次品	必须生产百分之百的合格品
指出问题，管理库存	逐步减少"看板"数量

【延伸阅读9-3】
"看板"的由来——从超市获得的启发

二战后，日本同美国的经济联系日益密切，很多日本人去美国学习先进的企业经营经验。丰田公司的工程师大野耐一于1956年去美国，参观了通用汽车公司、福特汽车公司及其他机械制造公司的生产现场,大野耐一认为盛行于美国的大量生产方式并不适用于日本企业,他开始思索一种适合于丰田公司的汽车生产方式。

当时,超市这种零售模式在美国刚刚开始兴起。超市,对顾客来说,是能够在需要的时候,买到需要数量的物品的商店,虽然顾客有时多买了一些东西,但是,原则上是能够买到需要的商品。超市这种方式,从卖方来说,不必花时间把那些不知道什么时候才能卖出去的东西搬来搬去;从买方来说,也可以少担心买过了头。对超市来说,则必须准备齐全的物品,以便顾客能在任何时候买到需要的任何东西。大野耐一在美国逛超市时受到启发,认为汽车工业公司可以借用自选超市的方式组织生产。

如果把超市看作是生产线上的前一道工序。顾客这后一道工序相当于超市的前一道工序,在需要的时间买(拿)需要数量的需要商品(零部件),而前一道工序要立即补充后一道工序取走的那一部分。如果这样做,是否就会接近我们的"准时化"目标呢?于是,从1953年开始,大野耐一就在丰田总公司工厂的机械车间内试行,实际着手应用了。

1955年以后,日本也开始出现美国式的超市。于是,对丰田来说,可就近研究,而且研究的材料亦不再缺乏。但是,丰田公司并不是做流通的企业,既然已经能够掌握"JIT"的技术,作为制造商,就必须要赶紧去推行下一步骤。然而,这种做法首先要面临的最大问题是,后一道工序一次大量领取相同的零部件会让前一工序产生混乱。要贯彻"准时化",就无法回避这个问题,丰田公司的工程师开动脑筋,想办法去解决它。经过了多次摸索之后,终于走上了"均衡生产"的道路。

资料来源:《丰田生产方式》,大野耐一著,中国铁道出版社2006年版

(三) 均衡生产

在生产过程中,为了达到物流在各生产线、各工序和各工作地之间的均匀流动,JIT采用均衡生产的方式。均衡是指在生产过程中,生产流趋于平稳以抑制由于计划的变动给生产带来的变动。为了实现生产的平衡,企业需要建立生产计划,使得生产率固定在一个稳定水平上,使得调整量和调整频率尽可能的小。JIT均衡生产通常的做法是,预测每种产品的月需求量,然后将产量平分到每个工作日,得出每天的平均产量,进一步可以细分到每个小时的产量。这与传统的计划方式是不同的。

【示例9-2】

如表9-2所示,某企业中某月需要生产1 280件A产品、800件B产品和320件C产品。传统的计划方式通常是先生产1 280件A产品,再生产800件B产品,最后生产320件C产品。而JIT采用均衡的生产方式,将产品的生产数量细化到了每个小时,每个小时生产8件A产品、5件B产品和2件C产品,这样就保证了生产的均衡,保证了每天对每一个产品都有生产。

表9-2　JIT计划

产品	月需求计划	日需求计划	每小时产出量
A	1 280	64	8
B	800	40	5
C	320	16	2

三、准时生产的特征

准时生产具有如下的特征。

(一)牵引式的生产方式

根据市场需求,用最后一道装配工序调节整个生产过程,后道工序的生产拉动前道工序的生产。采用"牵引式"(或称拉动式)的生产方式,可以消除生产过程中的过量、过早生产,减少不必要的浪费。

(二)零废品

零废品是JIT追求的终极目标之一,生产环节中发生的任何质量问题都会影响到产品生产的准时性,并带来浪费。因此,在JIT生产系统中必须贯彻全面质量管理的思想,即生产过程中的每一个环节都必须确保产品质量,而不是通过检验来确保质量。

(三)零库存

JIT的生产系统追求零库存,库存意味着浪费,库存的存在也掩盖了生产过程中存在的很多问题,应尽量降低库存持有的成本和风险。在需要的时候进行生产,需要多少就生产多少。这就要求JIT在生产系统中的工序都要精确地按需生产,不生产多余的份额。这对于减少在制品、产成品的库存,降低资金占用,提高资金周转率,降低库存费用,加快企业对市场变化的反应速度都起到了重要作用。

(四) 具有多个制造单元

有多个制造单元是JIT系统的显著特征之一,每个制造单元都有一系列的机器设备和工具,用于成组地加工制造相似的零部件。

(五) 生产具有柔性

JIT系统的柔性体现在设备、人员、流程、产品等方面。

柔性的设备包括数控机床、柔性制造单元等。当产品生产发生转换时,这些柔性的设备可以缩短调整时间。

人员的柔性是指员工掌握了操纵多种设备、从事多种工种的技能。

流程的柔性指在生产过程中将机器设备采用U形布置,以实现生产线的平衡。

产品的柔性是指在产品设计过程中,设计易于生产和装配的、通用的、模块化的产品零部件。

(六) 同供应商建立良好合作关系

在JIT系统中,生产企业若要实现准时生产,必须实现准时采购。这就要求供应商按照JIT的要求,小批量、多批次、多品种、高质量的供应原材料或零部件。在JIT系统下,要求企业与供应商建立良好的合作关系,将供应商的准时供货纳入到企业自己的JIT系统中。

【延伸阅读9-4】

两家工厂的比较见表9-3。

表9-3 两家工厂的比较

	通用弗雷明汉厂	丰田高冈厂
每车总装工时	40.7	18.0
修正后的每车总装工时	31	16
每百辆车总装缺陷数	130	45
每车占总装面积	8.1	4.8
平均零件库存	2周	2小时

美国学者沃麦克等人研究了丰田 JIT 生产方式与传统大规模生产方式的区别。在调研的基础上对比了采用不同生产方式的两家企业。弗雷明汉厂是采用大量生产方式的典型工厂,高冈厂是采用准时生产制的工厂。通过数据统计我们发现,在每车总装工时、缺陷数、每车总装面积以及平均零件库存方面,JIT 生产方式都具有优势。

资料来源:《丰田精益生产方式》,詹姆斯·沃麦克等著,沈希瑾等译,中信出版社,2008

四、服务业的准时生产

准时生产同样可以在服务业得到应用。由于服务不能够储存,就使得以降低库存为目的的准时生产在服务业中有了更大的发挥空间。

在服务业中推行准时生产,关键在于明确顾客的需求,然后根据顾客的需求以牵引方式组织生产,准时提供顾客所需的服务。在实施 JIT 的过程中,为了保证系统的均衡运作,对总的工作量还需要进行预测,很多时候预测需要精确到每天甚至每小时的顾客需求。

【示例 9-3】

餐馆实际上就是按照 JIT 的理念进行运作的。在餐馆中,顾客按菜单点菜,每个顾客的偏好是不同的,餐馆的厨师需要根据顾客的菜单(相当于生产企业中的订单)选择所需的原材料(各种蔬菜、肉、蛋等)。为了缩短顾客的等待时间,这些原材料往往是事先准备好的。

第二节 精 细 生 产

一、精细生产方式的起源

(一) 从手工生产方式到大量生产方式

17 世纪初至 1830 年,伴随着专业分工和蒸汽机的采用,出现了最早的工场手工业生产方式,大大提高了人类社会的生产效率。到了 19 世纪末,法国巴黎的 P&L 公司开始制造汽车,它采用的是典型的手工生产方式。在这种生产方式下,手工工场独立完成整个产品的设计和工作,P&L 公司完全按照客户的需要生产汽车,几乎没有两辆汽车是完全相同的。手工生产方式下的产品零件由不同的工人进行制造,没有统一的标准,在产品进行最终组装时还需要对零部件进行选配。

手工生产方式的特点是:工人以师傅带徒弟的方式培养,具有高超的技术;在手工工场中的组织比较分散,产品的设计和零部件的制造都比较分散,并且缺乏统一的标准。

20世纪初,亨利·福特采用机械自动流水线生产推出了他的T型车,这标志着"少品种大批大量生产"模式的产生。福特提出了"单一产品原理",即只生产T型车一个品种。由于品种的固定,零部件可以做到标准化的生产。在福特的工厂里面,工程师对生产组织和设备进行了精心设计,使得分工明细、操作简化,工人只需要经过几分钟的训练,就能够上装配线干活。第二次世界大战后,以美国企业为代表的大量生产方式逐渐取代了以欧洲企业为代表的手工生产方式。

大量生产方式的特点是:按照劳动分工的原则将生产分成不同的环节,采用流水线的生产方式。在每一个生产环节上,采用专用的机器设备。实现了产品和零部件的标准化,使产品的维修保养变得更容易。在管理上,强调以工作效率为中心,采用科层化的组织结构和集权化的管理模式。

（二）从大量生产方式到精细生产方式

第二次世界大战后,以日本企业为代表的精细生产方式逐渐取代了大量生产方式。

以福特公司为代表的大量生产方式有一个根本的缺陷,即缺乏品种变化的能力,缺乏柔性。20世纪初,汽车作为一种奢侈品,大多数消费者对汽车的要求是:希望能够拥有一辆价廉、耐用的汽车。采用大量生产方式推出的T型车正好符合了人们的这一要求。但当汽车逐渐走进大多数美国家庭之后,消费者对汽车的要求发生了变化,这时候人们希望汽车能够式样美观、舒适、省油,即使价格高一点也不在乎。朴素、坚固、价廉的T型车开始不受欢迎了。

福特汽车公司长达19年的时间生产T型车,除了福特的经营理念保守外,还因为福特汽车公司的大量专用机器设备是为生产TX型车而建立的,缺乏柔性,不能够生产别的车种。而改变原有的设备,不仅耗资巨大,还需要停工一年。20世纪70年代,伴随着中东石油危机,能源紧张、原材料价格上涨、工资提高,消费多样化的时代逐渐来临,福特汽车公司反过来学习过去的学生——丰田汽车公司的生产方式。

20世纪80年代,越来越多的美国学者开始研究日本企业的生产方式。美国麻省理工学院国际汽车项目组(IMVP)的研究者约翰·克拉弗伊克将日本汽车工业的生产方式命名为精细生产方式(Lean Production,LP)。

二、精细生产方式的含义

精细生产(Lean Production,LP)是美国麻省理工学院数位国际汽车项目组(IMVP)的专家对日本丰田准时生产方式的赞誉之称。但对于什么是所谓的精细生产方式,当今还没有一个统一的定义。即使论述精细生产方式理论的原著——《改变世界的机器》一书中,也没有给精细生产方式下一个确切的定义。

英文词"Lean"的原意是指人或者动物瘦,没有脂肪。译成"精细生产"反映了Lean Production 的实质。这里的"精"是指精简、质量高;这里的"细"是指所有的经营活动有效率、有效益、没有浪费;这里的"细"是指所有的经营活动有效率、有效益、没有浪费。因此,精细生产可以理解为:生产出来的产品品种能尽量满足顾客的要求,而通过其对各个环节中采取的杜绝一切浪费的(人力、物力、时间、空间)方法与手段满足顾客对价格的要求。精细生产方式是这样一种生产经营方式,即在降低成本的同时使质量显著提高;在增加生产系统柔性的同时,也使人们增加对工作的兴趣和热情。

精细生产既是一种以最大限度地减少企业生产所占用的资源和降低企业管理和运营成本为主要目标的生产方式,同时它又是一种理念和一种文化。实施精细生产就是决心追求完美的历程,也是追求卓越的过程,它是支撑个人与企业生命的一种精神力量,也是在永无止境的学习过程中获得自我满足的一种境界。其目标是精益求精,尽善尽美,永无止境追求的终极目标。

精细生产的实质是管理过程,包括人事组织管理的优化,大力精简中间管理层,进行组织扁平化改革,减少非直接生产人员;推进生产均衡化、同步化,实现零库存与柔性生产;推行全生产过程(包括整个供应链)的质量保证体系,实现零不良;减少和降低任何环节上的浪费,实现零浪费;最终实现拉动式准时化生产方式。

精细生产的特点是消除一切浪费,追求精益求精和不断改善。去掉生产环节中一切无用的东西,每个工人及其岗位的安排原则是必须增值,撤除一切不增值的岗位。精简是它的核心,精简产品开发设计、生产、管理中一切不产生附加值的工作,旨在以最优品质、最低成本和最高效率对市场需求做出最迅速的响应。

【示例9-4】

恒洁卫浴的精细之路

位于广东佛山的恒洁卫浴1998年成立后发展迅猛,已成为陶瓷卫浴行业的领军企业。因为发展速度很快,再加上企业过于重视销售业绩而忽略内部管理,导致陶瓷生产工厂流程混乱、产销失衡、优等率低,随着这种负面效应越来越明显,公司发展也因此被制约。为了遏制这种负面效应,公司决定聘请外部专家全面推进精细生产。

专家组从 2012 年 10 月份进驻公司。刚开始的一个月,对恒洁卫浴陶瓷工厂的经营数据、财务报表、生产质量报告等进行详细调研分析后发现,厂区的产品优等品率只有 60%—70%,与行业先进水平存在很大差距。因此,如何提高优等品率就成为工厂实施精细生产变革的首要目标。

改善从流程工序入手。原来各个工序之间容易出现产能不匹配,就会出现前道工序的积压和后道工序的等待,造成浪费。通过产能负荷分析,对各工序的有效产能进行评估,滚动调整,平衡各工序间的产能差异。精细生产的核心思想之一是减少库存,而减少生产流程中的等待和浪费,也是减少库存的一种方式。

除了在工序之间实现供求匹配的生产平衡外,恒洁卫浴流程改善的另一重要措施是制定日生产计划、周计划以及月计划,并进行滚动排查。所谓生产计划的滚动排查,就是让某一天的生产任务提前一个月、一星期、三天、两天、一天进行排查,通过滚动动作,提前让所有的生产异常都暴露出来,并据此进行调整,这样就快速地拉动了生产。

实现精细生产,不仅需要对现有流程的运作进行改善,必要时还须对流程本身进行优化。陶瓷行业作为历史悠久的传统制造行业,其流程较为成熟。但随着技术的进步和工人对工作环境的要求越来越高,流程中的"洗改坯"成为亟待改进的焦点。原来的"干洗改"粉尘漫天飞扬,工人极易患上呼吸系统疾病。而运用新工艺,改成"湿洗改",则完全避免了这一风险,而且实现了节能降耗。

在多项措施的共同作用下,恒洁卫浴的生产效率、质量有了明显提高。据数据统计,变革 6 个月后,优等品率从 66% 上升至 80%,返工率也从 25% 降到了 4.3%。

资料来源:根据 http://www.ceconline.com/operation/ma/8800067941/01/?click_from = art_r_re 材料整理

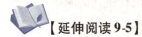

【延伸阅读 9-5】

精细生产与 JIT 的区别

精细生产与 JIT 之间的区别非常小,人们可以不加区别地使用。但 JIT 更多的是强调企业内部一种持续改善的思想,精细生产则是从关注外部顾客开始的。

理解顾客的需求,获得顾客订单并反馈给顾客,是精细生产的起点。精细生产通过分析所有产品生产的活动来识别顾客价值,然后从顾客的角度来优化整个生产流程。

精细生产方式与大批量生产方式的比较(见表9-4)

精细生产作为一种从环境到管理目标都是全新的管理思想,并在实践中取得成功,并非简单地应用了一两种新的管理手段,而是一套与企业环境、文化以及管理方法高度融合的管理体系,因此精细生产自身就是一个自治的系统。

1. 优化范围不同

大批量生产方式源于美国,是基于美国的企业间关系,强调市场导向,优化资源配置,每个企业以财务关系为界限,优化自身的内部管理。而相关企业,无论是供应商还是经销商,则以对手对待。

精细生产方式则以产品生产工序为线索,组织密切相关的供应链,一方面降低企业协作中的交易成本,另一方面保证稳定需求与及时供应,以整个大生产系统为优化目标。

2. 对待库存的态度不同

大批量生产方式的库存管理强调"库存是必要的恶物"。精细生产方式的库存管理强调"库存是万恶之源"。精细生产方式将生产中的一切库存视为"浪费",同时认为库存掩盖了生产系统中的缺陷与问题。它一方面强调供应对生产的保证,另一方面强调对零库存的要求,从而不断暴露生产中基本环节的矛盾并加以改进,不断降低库存以消灭库存产生的"浪费"。基于此,精细生产提出了"消灭一切浪费"的口号。追求零浪费的目标。

3. 业务控制观不同

传统的大批量生产方式的用人制度基于双方的"雇用"关系,业务管理中强调达到个人工作高效的分工原则,并以严格的业务稽核来促进与保证,同时稽核工作还防止个人工作对企业产生的负效应。

精细生产源于日本,深受东方文化影响,在专业分工时强调相互协作及业务流程的精简(包括不必要的核实工作)—消灭业务中的"浪费"。

4. 质量观不同

传统的生产方式将一定量的次品看成生产中的必然结果。精细生产基于组织的分权与人的协作观点,认为让生产者自身保证产品质量的绝对可靠是可行的,且不牺牲生产的连续性。其核心思想是,导致这种概率性的质量问题产生的原因本身并非概率性的,通过消除产生质量问题的生产环节来"消除一切次品所带来的浪费",追求零不良浪费。

5. 对人的态度不同

大批量生产方式强调管理中的严格层次关系。对员工的要求在于严格完成上级下达的任务,人被看作附属于岗位的"设备"。精细生产则强调个人对生产过程的干预,尽力发挥人的能动性,同时强调协调,对员工个人的评价也是基于长期的表现。这种方法更多地将员工视为企业团体的成员,而非机器。充分发挥基层的主观能动性。

与大量生产方式相比,精细生产方式在产品质量上追求尽善尽美,从而保证用户在整个生命周期都能够对产品感到满意。在分工方式上,精细生产更加强调集成的、综合性的工作组,同时也要求员工是掌握多种技能的多面手。在物料管理方面,准时的物料后勤供应和零库存的目标可以大大减少在制品的数量,从而节约流动资金。在生产技术上采用适度的自动化技术可以明显地提高劳动生产率。精细生产所采用的所有这一切都使得企业的资源得到合理的配置和充分的利用。

表9-4　精细生产方式与传统大量生产的比较

	精细生产方式	大量生产方式
生产方式	追求尽善尽美	尽可能好
分工方式	集成、综合工作组	分工、专门化
产品特征	面向用户和生产周期较短的产品	数量很大的标准产品
生产后勤	准时生产(JIT)的后勤支援	在所有工序均有在制品缓冲存贮
生产质量	生产过程的各个环节始终由工人主动地进行质量保证	由检查部门事后进行质量检验
自动化	柔性自动化,但尽量精简化	倾向于刚性和复杂的自动化
生产组织	加快进度的"同步工程"模式	依次实施顺序工程模式
工作关系	强调工作友谊,团结互助	感情疏远,工作单调,缺乏动力

三、精细生产的内容

精细生产的主要内容包括与用户的关系、新产品的开发、准时生产制和与供应商的关系等四个方面。

(一) 与用户的关系

与用户的关系,主要体现在企业的营销组织体系上。在大量生产企业下,制

第九章 准时生产与精细生产

造企业一般不与用户发生直接联系。在精细生产方式中,企业通常是通过自己的销售渠道而不是中间商来销售产品,企业与分销商之间的关系比较密切。通过这些销售渠道,精细生产企业不仅可以销售产品,还可以通过渠道收集用户的需求信息。

（二）新产品开发

与大量生产相比,精细生产企业的新产品开发有很大的不同。为了开发新产品,精细生产企业往往由新产品开发项目负责人组织一个小组,小组一直工作到新产品开发完成。新产品开发小组的负责人具有很大的权力,他是领导者,而不是一般的协调人,在新产品开发小组工作的一开始就会将所有的小组成员召集到一起相互沟通,将一些重大问题一开始就确定下来。在精细生产方式下,企业将各个部门的人员放到一起可使很多工作并行进行,从而大大缩短开发周期。

（三）准时生产制

在精细生产企业中,通过推行准时生产制,即通过消除浪费来提高企业经济效益。

（四）与供应商的关系

在精细生产下,企业与供应商建立良好的密切合作关系。在精细生产方式中,企业采用小批量多批次的生产,并且将检验视为一种浪费。因此,成功的供应商合作关系中,供应商为企业提供小批量运输的高质量零部件。

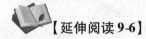
【延伸阅读 9-6】

精细生产的缺陷

精细生产并不能适合所有类型的组织。为了实现精细生产,企业需要确定生产节拍,制定平稳的计划,以及利用看板来控制生产。当精细生产应用于需求具有高度不确定性的公司(节拍时间无效),或者产品种类繁多、量少的公司(系统中看板数量过多),或者定制设计的产品时,这种方法有致命的缺陷。

精细生产也不是大量重复性产品的最佳选择,对于这类产品,大规模生产更加合适。即使是丰田公司,对于需求量比较高的零部件,也是采用批量生产的(达到 10 000 单位),当下游工序需要时,再小批量地送到下游工序。

当需求或者供应出现不可预期的变化时,精细生产也会产生问题。例如,一家生产制动器供应商的工厂发生火灾导致丰田的三家工厂停产一年。美国码头工人罢工导致海外供应链的中断,成千上万家工厂被迫停产。再加上SARS、自然灾害、恐怖袭击、武装冲突等问题,完全的精细生产并不是最佳的。

因此,精细生产必须与一个公司的产品、流程和客户兼容。企业还必须评估其商业环境的风险和不确定,对精细生产实践做出相应调整。尽管精细生产有这些缺陷,大多数类型的企业还是可以在某些环节或流程上利用精益思想,包括服务行业。

资料来源:根据邵晓峰译,罗伯塔·S·拉塞尔等著,运营管理:创造供应链价值(第六版),中国人民大学出版社2010年版改编

本章学习要点回顾

准时生产(JIT)的哲理,一是准时生产,二是消除浪费,三是持续改善。准时生产的实现主要是通过牵引式生产系统、看板控制和均衡生产来实现。准时生产的特征有:拉动式的生产方式;零废品;零库存;具有多个制造单元;生产具有柔性;同供应商建立良好合作关系。在服务业中,由于服务不能够储存,使得以降低库存为目的的准时生产有着更大的发挥空间。

精细生产方式起源于日本丰田汽车公司,是继美国福特汽车公司提出大量生产方式后,对人类社会和企业生产产生重大影响的又一种生产方式。精细生产既是一种以最大限度地减少企业生产所占用的资源和降低企业管理和运营成本为主要目标的生产方式,同时它又是一种理念和一种文化。精细生产的主要内容包括与用户的关系、新产品的开发、准时生产制和与供应商的关系等四个方面。

复习思考

1. 准时生产的哲理包含哪些内容?
2. 准时生产是如何实现的?
3. 准时生产具有哪些特征?
4. 精细生产方式同大量生产方式的区别有哪些?
5. 精细生产包含哪些内容?

第十章
业务流程再造

学习目标

1. 理解业务流程再造相关概念的含义
2. 了解业务流程再造的必要性和作用
3. 掌握业务流程影响因素和设计步骤
4. 了解业务流程再造的原则和特征
5. 掌握业务流程再造的实施方式

本章学习内容导图

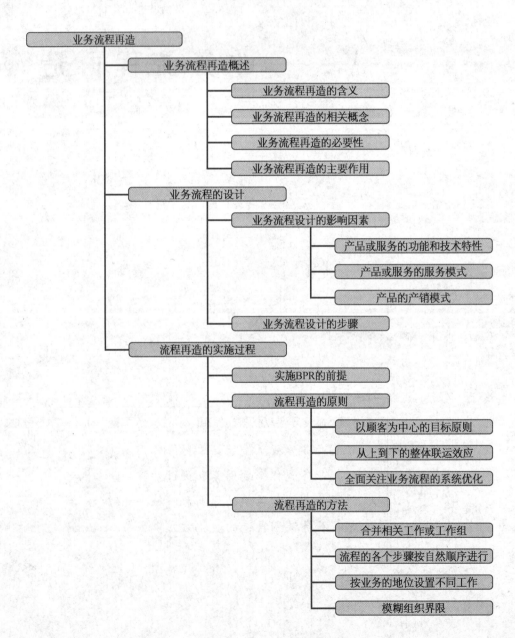

第十章 业务流程再造

引导案例

"互联网+"制造端：以顾客为导向的流程再造

互联网+制造端结合是指以顾客为导向，以解决顾客问题为出发点，利用互联网贯穿制造整个流程，建立起个性化和数字化的生产模式，推动制造链条的分工和重组。服装行业生产的是有形的产品，带有制造业的属性，但也面临着互联网时代市场环境变化的全新挑战。

红领研发成功了可标准化复制的 RCMTM 个性化服装柔性生产系统。顾客可以通过 RCMTM 平台下单定制自己想要的西装。这套系统里对定制西装的每一个细节都做了规定，客户只需点点鼠标就能选择面料、款式以及提出一些个性化要求。当客户将全身 19 个部位的尺寸输入到版型库中，一套独一无二的个性化西装版型就会自动生成。

报喜鸟 C2B 个性化定制业务已在天猫上线，消费者可在线上进行量体预约，量体师 72 小时上门量体服务，即通过信息化订单处理、智能化生产保证快速交货，通过客户管理系统提升黏性等来提供极致服务。公司打造智能化生产线，通过信息化改造，可以实现个性化的需求低成本、快速生产出来。

雅派朗迪在 2015 年服博会上展示了体验式智能 O2O 定制系统。公司人士介绍，借助互联网大数据思维，公司研发出"定制智能生产系统"，推出 P2C+O2O 商业模式，将定制智能生产系统直接对接消费者，实现消费者能在 pc 端、移动端自主设计下单，链接线下体验店，真正实现服装定制 O2O。

Nike 用户的运动数据可以帮助设计师和产品经理们设计出更加贴合消费者需求的产品。比如，耐克从旗下线上运动社区和数字化平台"Nike+"上获知有大量的用户是在夜间跑步的，就会在产品上有意加入更多的反光材质。未来随着耐克进一步了解到用户身高和体重等信息的时候，结合用户运动的地理位置信息，耐克就能够更加有效地分配自己的产能，以及在不同区域的门店里铺设产品。看到跑步爱好者对于速度的需求，耐克 2014 年在社区上新增加了"Nike+教练"功能，通过集合耐克教练资源与顶尖运动员的意见，根据每个跑步爱好者的比赛目标和能力，定制专属的跑步计划。

李宁公司宣布与小米投资的硬件生态链企业华米科技进行战略合作，首批合作推出的两款跑鞋，预计在 2015 年三季度开售。两款跑鞋分别是李宁顶级旗舰款"烈骏"智能版以及为此次合作全新定制的智能跑鞋款。此次合作的关键词是"超高性价比"与"亲民"。据悉在已经披露的智能芯片的功能中,除了标配的数据采集分析与运动记录等,李宁也将针对中国跑者的跑姿提供专业而量体裁衣的指导。

资料来源:根据 http://www.sjfzxm.com/news/hangye/201504/02/441347.html 资料整理

第一节 业务流程再造概述

20世纪90年代初,美国管理大师迈克尔·哈默(Michael Hammer)和詹姆斯·钱皮(James Champy)提出了业务流程再造(BPR)的概念。流程再造概念一经产生便席卷全球,形成一股崭新的管理革新的浪潮。1994年,有关机构调查发现:70%—80%的美国最大公司已经开始重组,未来还会进一步"重组"。同年,CSC Index公司发布了BPR实施情况的报告,报告涵盖了一个由621家公司组成的样本,这些企业都是北美和欧洲最具实力的企业。调查表明,大多数企业(在497家美国公司中有69%,124家欧洲企业中有75%)都推行一项或多项不同的BPR工程;在余下少数企业中,有的已将BPR工程排进了议事日程。调查结果还表明,诸多大企业进行业务流程重组后,运营业绩取得了翻天覆地的变化,例如IBM信用卡公司通过业务流程重组工程,使信用卡发放周期由原来的7天缩减到4个小时,生产力提高42倍;柯达公司对新产品开发实施企业业务流程重组后,结果把35毫米一次性照相机从产品概念到产品生产所需要的开发时间从原来的38周降低到19周。

一、业务流程再造的含义

业务流程是为完成某一特定业务目标而进行的一系列逻辑相关的、有序的活动集合,这些活动分别由不同部门、小组承担,消耗原材料、设备和信息等资源,按既定的程序化方式运行,为顾客创造价值。

迈克尔·哈默与詹姆斯·钱皮认为,流程再造"是对企业的业务流程(Process)作根本性(Fundamental)的思考和彻底性(Radical)重建,其目的是在成本、质量、服务和速度等方面取得显著性(Dramatic)的改善,使得企业能最大限度地适应以顾客(Customer)、竞争(Competition)、变化(Change)为特征的现代企业经营环境"。本书采用的定义遵循这一观点。按照哈默的说法,业务流程再造是"从头改变,重新设计","不把鸡蛋打碎,就无法做成鸡蛋卷"。根据"流程再造"的要求,企业应对自身的业务流程进行重新分析,彻底删除那些对"为顾客创造价值"不起作用、对企业增值无所贡献的环节。

由以上关于业务流程再造的定义,可知业务流程再造具有三个基本要素:
（1）它是由彻底的、至少是重大的变革构成；
（2）分析的单位是业务流程,而不是部门或职能区域；
（3）它试图实现主要的目标是根本性的表现提升。

认真审视"流程再造"理论,可以发现这与100年前"科学管理之父"泰勒的"工作研究"有异曲同工之妙。泰勒对工人操作的每一个动作进行科学研究,分析每项动作的必要性和合理性,去掉那些不合理的动作要素,并对保留下来的必要成分,依据经济合理的原则,加以改进和合并,形成标准的作业方法,用以代替传统的经验方法。哈默则主张对企业的业务流程的所有环节是否为顾客创造价值、是否有助于企业增值进行分析,去掉不合理的环节,保留必要的环节,形成规范的流程。

综上可见,"流程再造"与"工作研究"的共同点是:都将企业创造价值的活动作为研究对象；都主张对活动过程的活动单元进行有效性分析；都主张去掉无用的单元,要求以一种全新的活动方式取代传统的活动方式。两者的区别在于：(1)分析研究的具体对象不同,前者是工人的动作,后者是企业的业务流程。(2)有效性分析的具体标准不同,前者将产品的实现作为标准,后者则是以"为顾客创造价值"以及"有助于企业增值"作为标准。(3)两者的结果不同,前者是形成标准化的作业方法,后者则认为,由于企业相互之间规模、技术、设备、人员、市场等诸要素各不相同,因而业务流程也不可能相互通用,不可能标准化,只有符合企业自身特点的流程才是合理的,因此"流程再造"追求的是合理规范的业务流程而不是标准化的业务流程。

【示例10-1】
在制造型企业中,所谓的工艺流程是指从原料到制成品各项工序安排的程序,也称"加工流程"或"生产流程"。例如,钣金工艺流程:领料→取料→冲孔→折弯→焊接→打磨→检测→喷塑→半成品检测→入库。又如,喷涂流程:喷底漆→面漆→罩光漆→烘烤(180—250℃)→质检。

服务领域,同样有业务运作流程。例如,银行的信用证业务流程:

1. 买卖双方在贸易合同中规定使用跟单信用证支付。
2. 买方通知当地银行(开证行)开立以卖方为受益人的信用证。
3. 开证行请求另一银行通知或保兑信用证。
4. 通知行通知卖方,信用证已开立。
5. 卖方收到信用证,并确保其能履行信用证规定的条件后,即装运货物。
6. 卖方将单据向指定银行提交。该银行可能是开证行,或是信用证内指定的付款、承兑或议付银行。
7. 该银行按照信用证条款审核单据。如单据符合信用证规定,银行即按信用证规定进行支付、承兑或议付。
8. 议付银行将单据寄送开证行。
9. 开证行审核单据无误后,以事先约定的形式,对已按照信用证付款、承兑或议付的银行偿付。
10. 开证行在买方付款后交单,然后买方凭单取货。

二、业务流程再造的相关概念

业务流程重组(BPR)自 20 世纪 90 年代初首次正式提出来以后,迅速风靡全球,近年来随着国内信息化的进程,也日渐被国人所熟悉。哈默所主张的对业务流程"根本性(Fundamental)再思考和彻底性(Radical)再设计"也成为企业管理者所乐意采用的一种企业改革手段,而"业绩的戏剧性(Dramatic)改善"则是每个变革者的憧憬。然而,这些憧憬有的成了现实,有的却成了梦魇。实践证明,由于 BPR 项目是对企业的整体,甚至包括基础组织结构方面都做出很大改动,因此风险很高,业务流程重组的成功几率很低。这一现实,使得流程重组的实践者和理论家(包括流程重组的创始者哈默和钱皮)对"重组"一词有了更多的反思。自从流程再造思想诞生以来,对于"再造"的理解也存在不同的看法。但是,流程作为切入点的管理思想已经为管理者所普遍接受。企业管理者对"重组"剧烈性后果的反思以及在不同观点的争论声中,产生了能用来矫正或丰富 BPR 的很多新思想,其中比较重要的是 BPI(Business Process Improvement,流程改进)和 BPM(Business Process Management,流程管理)。

(一) BPI

詹姆斯·哈林顿认为,"BPI 是一种以预防为导向的企业管理方法,从源头上预防错误产生。""在当今的许多公司里,很多单个组织的工作都十分出色。他们做着自己的事,热衷于达到或超过自己的目标,但是他们并不了解或关心自己的工作如何影响下一流程中的其他人,他们只是对他们所做的事和他们如何被考核感兴趣。这种情形导致了工厂车间中普遍存在的次优化行为。"而 BPI 的目标就是变次优化为优化,通过逐步优化实现渐进式的再造。

(二) BPM

BPM 是在企业内部建立起来的一种理念,是对这个企业的流程进行持续不断地规范管理的过程。如果说 BPR 是对企业流程做一次性的根本性改革和彻底性的再设计,是飞跃性的质变,那么 BPM 则是持续性地对业务流程进行修正。它作为一种管理方法,主要是不断地对企业的业务流程做全面分析,以明确哪些流程对企业很重要,哪些流程对企业不太重要,然后对这些流程进行设计、描述,最后通过 IT 技术对这些流程实时地进行支持。因此,BPM 是基于不断修改的管理过程。这个管理机制要求在 BPR 的一次性转换以后,仍需要继续不断地完善这个功能。可以这么形容:企业的流程管理是一条漫漫长路,其中有上坡、转弯、下坡等不断变化,而 BPR 则是其中的大拐弯。整个的过程不管大小都是 BPM,都是流程管理,而中间一些大的变化则是 BPR。

综上可见,无论是 BPI 还是 BPM,本质上都是对于 BPR 概念内涵和外延的不断修正和理性补充。如果将这些概念加以整合,流程再造的定义将更为丰富和完整。流程再造就是通过对企业内部和外部各级各类流程进行逐步系统梳理、诊断,不断优化,在达到一定临界条件时,完成从量变到质变的过程。流程再造并不仅仅只是针对企业而言,流程再造的目的是要整合与企业相关和可能相关的一切资源,构建流程通畅的价值链,建设资源高效共享的产业结构,尽一切可能最及时、最全面、最准确地满足客户的需求和潜在期望,为利益相关人创造最大利益。

【延伸阅读 10-1】

BPM 的概念发源于 IT 业,原意是指通过图形化的流程模型描绘以控制信息的交换及交易的发生。对商业伙伴、内部应用、员工作业等活动进行协同与优化,使信息的流动无障碍并自动化。运用于企业管理以后,是指通过科学管理,确保流程执行的高效和准确,并通过持续改善活动的进行方式,优化流程,使企业保持竞争力。

业务流程管理中最主要的概念是工作流(Workflow)。各种层面的流程优化都有益于企业,为了让管理能呈现一定的效度,量化流程和明确规则是必需的。在此前提下,借助信息技术来量化工作流,优化流程,确保工作流顺畅就显得分外重要。

支持 BPM 观点的学者认为,企业的发展是依赖于对流程长期持续有效的控制和管理,对于不增值流程的适时改进,不完善的流程积少成多,势必生成痼疾,达到需要再造的时候推倒重来。通过流程的有效管理,可以维持企业常青;而实施流程再造,可能会因为"药力太猛",往往使企业元气大伤,一蹶不振。

三、业务流程再造的必要性

事实上,业务流程一直存在着,在企业运营活动中流程可谓无处不在。为什么要进行流程再造?现有的运行流程是不是简洁?是不是高效?是不是最佳组合?这些流程问题在 20 世纪 90 年代初哈默提出业务流程重组(BPR)之前并没有引起管理者或学术界的关注。

1993 年,哈默与钱皮合著的《再造公司——企业革命的宣言》一书出版,此书出版 8 周被《时代》杂志评为全美畅销书。该书的一个重要内容就是对企业业务流程的现状进行了深刻反思,认为两百多年以来,传统上遵循亚当·斯密的劳动分工思想而形成的企业流程严重阻碍了企业面向顾客、为顾客创造价值,使许多企业不能适应迅速变化的市场环境。因此,必须从"为顾客创造价值"的视角来重新设计流程,以实现企业对外界市场环境的快速反应,提高企业竞争力。

根据哈默的理论,业务流程再造存在以下两个理由。

(一)现有业务流程存在诸多弊病,效率低下,无用功太多

现有的业务流程是劳动分工观念下的产物。按照劳动分工原理,组织将其业务活动分解为若干相互独立的专门化的职务活动。于是,职务人员乃至职务管理人员根据其职务专业知识、职务工作经验,开展其职务活动,行使其职务权力。组织通常要求有从事职务工作经验的人员参加其业务管理活动,而不是根据业务流程的要求培训管理人员。企业的运营管理不是流程驱动,而是因人而异。企业的所谓业务流程,实际上就是各相对独立的职务活动凑合起来的。因此,这个业务流程实质上是职务人员的职务经验和职务权力的产物,并非是根据企业创造顾客价值的要求量身订制的。这样的流程往往会因职务人员的不同而不同,有着较大的随意性。这是"人治"的典型,是不规范的。一方面,本来应该是一个完整的业务流程,被职务活动、职务部门分解得支离破碎;另一方面业务流程因随意性太大,无规范性可言,这种流程必然在实现为顾客创造价值目标的路径上存留障碍。其结果是效率低下,无用功太多。

第十章 业务流程再造

【示例 10-2】

宁波通关流程再造显成效,"中国塑料城"千余家企业受益

日前,余姚市中国塑料城管理委员会、宁波塑料行业协会一行30余人来到宁波海关通关中心,代表塑料城全体1 000多家企业,向宁波海关赠送感谢锦旗。是什么服务能够让一个在全中国走在前列的行业感动?

2008年年底,为帮助企业应对金融危机,宁波海关实施了以流程再造为主线的通关业务改革,变多点报关模式为集中申报模式,将原来分散在8个隶属关(处)的海运通关职能整合到通关中心,由通关中心统一办理宁波口岸海关通关业务。通关作业变得专业化、集约化、精细化,实现了企业办理通关业务"一日清"。通关效率得到大幅提高,目前,宁波口岸出口货物最快的只需5分钟即可办结手续,正常出口货物一天内全部办完通关手续;进口货物最快的只要20分钟即可领到通行证。

此前,金融危机来袭时,塑料城有的企业一天就损失2万元,还不包括额外的管理费用和对下游生产企业带来的经济损失。与此同时,塑料进口价格由于波动幅度太大,海关需要按规定进行相应的审价、验估。这就意味着原来20分钟可以拿到的通行证,现在可能需要漫长的等待,一些塑料企业由此产生了不满情绪。

如今,宁波海关实施了通关业务流程再造,塑料城的企业不仅可以享受到宁波海关专门为其设置的重点企业联络专员制,享受"一站式"优质服务,还可以通过海关专门设立的"咨询接待岗"和"执法异议受理窗口"排疑解难,在第一时间了解到海关的最新政策法规。更意外的是,宁波海关通关中心还在通关现场一楼设立了税款缴款银行,使塑料城的企业不用出海关大楼,就可以办理完所有通关、缴费手续。

浙江利时塑料集团关务科科长蒋冬玉算了一笔账:"原来我们办理缴税,需要先来报关大厅交单打税单,再到附近的银行网点缴税,最后回来核注、放行,一个来回至少要40多分钟。现在,不用出大楼,就可以完成所有通关流程,前后只需10分钟,通关时间和成本大大减少了。"

宁波海关统计数据显示,1—5月宁波市塑料原料进口倍增,进口量和进口价值同比分别增长1.3倍和23.5%。

资料来源:中华人民共和国海关总署网站 http://www.customs.gov.cn/tabid/399/ctl/InfoDetail/InfoID/191735/mid/60432/Default.aspx?ContainerSrc=[G]Containers%2f_default%2fNo+Container

（二）企业面临市场环境迅速变化的全新挑战

全球生产力空前发展，企业面临的形势十分严峻。学术界将企业面临的形势称为"3C"挑战，即顾客（Customer）、竞争（Competition）和变化（Change）。

（1）顾客（Customer）——市场的主导权已经转到顾客手中，使市场由卖方市场转变为买方市场，顾客选择商品的余地大为扩展。随着生活水平的不断提高，顾客对各种产品和服务也有了更高的要求。因此，怎样使顾客满意，就成为各企业的奋斗目标和一切工作的归宿。通常所说的"满足顾客需求"其实是一个非常模糊的概念，"满足哪类顾客什么方面的需求"才是企业真正的追求。

（2）竞争（Competition）——技术进步使竞争的方式和手段不断发展，发生了根本性的变化。以往那种仅靠物美价廉的商品就能在竞争中稳操胜券的简单竞争方式，已被多层面的竞争方式所取代，如及时交货、新产品上市时间、质量、成本、售前或售后服务等。市场占有率已成为评判企业是否具有竞争力并获得成功的最集中表现。越来越多的跨国公司，在逐渐走向一体化的全球市场平台上展开各种形式的竞争。而同样有越来越多的巨型企业，不断地上演被淘汰出局的结果。

（3）变化（Change）——市场需求日趋多变，科技进步日新月异，产品寿命周期的单位已由"年"趋于"月"。这些变化已成为不可阻挡的潮流，促使企业加快变革步伐。技术进步使企业的生产、服务系统经常变化，这种变化已成为一个持续的不间断的进程。因此，在大量生产、大量消费的环境下发展起来的企业经营管理模式已无法适应快速变化的市场。

面对这些挑战，企业只有在更高水平上进行一场根本性的改革与创新，才能在严峻的挑战中增强自身的竞争力。企业要想适应外界环境的迅速变化，要能在激烈的竞争中求生存、求发展，就不仅要采用先进的科学技术，而且要尽快地改变与现代化生产经营不适应的管理方法，能够对外部环境变化做出灵活反应。因此，流程再造势在必行。

四、业务流程再造的主要作用

（一）企业贴近市场

由于业务流程再造是面向"为顾客创造价值"而展开的，企业要达到业务流程再造好效果，需要主动了解市场，并对市场的表现做出相应的改变。在流程再造的同时就必须以市场为导向，发掘新的更有效的流程。从而，成功的业务流程再造必然使企业更加贴近市场。

(二) 减少成本

业务流程再造将全面的质量管理贯穿于整个过程,从市场调研阶段开始就注意成本的投入;企业在改造过程中剔除无效作业必然节省部分不必要的投入;脱离了传统的管理模式,减少了管理层级,从而降低了成本的投入。

(三) 全面提升了产品质量,提高了服务质量和水平

业务流程再造关注顾客的满意度;而提高满意度的努力不能不提升产品的质量,提高服务质量和水平。

【示例10-3】

海尔的"市场链流程再造"以索酬(S)、索赔(S)和跳闸(T)为手段,以流程再造为核心,以订单为纽带,重新整合管理资源与市场资源,在OEC管理平台上形成每一个人(流程)都有自己的顾客、每一个人(流程)都与市场零距离、每一个人(流程)的收入都由市场来支付的管理运营模式。它的主要思想是以市场链为切入点,对原来的业务流程做重新思考和彻底的重新设计,它强调以首尾相接的、完整连贯的整合性业务流程来取代过去的被各种职能部门割裂的、不易看见也难于管理的破碎性流程,在企业内部形成"内部模拟市场",使企业质量、成本和周期等绩效指标取得显著的改善。

海尔"市场链流程再造"的机制,主要是通过"内部模拟市场""负债经营""资源存折制度"来实现的。其中,"负债经营理论"即企业将员工管辖范围内的所有资源提供给员工作为负债,并要求员工通过经营使资源增值。"资源存折制度"即每个海尔员工都持有一张IC卡(也就是资源存折),在上面记录着他从企业取得的收入(收入 = 劳动力价格 − 损失 + 增值提成)。

"内部模拟市场"是进一步明晰国有企业产权关系,有效解决公司治理结构中"委托—代理"关系的成功之路。它将企业上下级的层级式管理关系转变为市场关系中的平等交易关系,每个人都因为"负债经营理论"和"资源存折机制"获得了掌握资源的收益权和使用权,变成了"公有财产保管员",从而将国有资产的保值增值层层分解细化到每一个员工身上,真正实现了"委托"与"代理"的无缝对接,彻底克服了由于信任责任缺失所导致的国有资产流失顽疾。

通过"资源存折机制"将员工的工作动力与工作业绩、薪酬联结起来,实现了员工的自我管理和相互监督,既避免了垂直职能管理的低效率和官僚习气,又节

省了员工考核的组织费用。

"内部模拟市场"将职能型组织结构转变成流程型网络结构,强化了国企集团横向的部门沟通、促进了纵向的产业协同,明确了企业和供应商、销售渠道、买方之间的各种活动分工。

资料来源:根据 http://blog.ceconlinebbs.com/BLOG_ARTICLE_184494.HTM 资料整理

第二节 业务流程的设计

企业业务流程设计是业务流程再造和业务流程优化的核心工作。企业业务流程设计是建立在系统思考分析的基础上的,采用的是系统一体化方法。企业只有学会整体运作的思考方式,才能提升组织整体运作的质量。系统分析强调以整个流程为对象,分析企业为完成预定目标所达到的整体价值,局部的价值完全由它们提高整体价值的程度而定。或者说,企业运作一体化要求的是整体最优,并不是各个局部各自最优。

业务流程设计涉及信息、需求、预测、计划、采购、生产、仓储、运输和交付等的全过程。其目的是要按尽可能低的成本,以最快的速度支持业务活动。

一、业务流程设计的影响因素

企业的目的是实现自己的价值,而价值的实现取决于企业是否满足顾客的需求。企业业务流程设计应从顾客需求出发,以满足顾客满意为目的,实现用户利益最优化。顾客的需求决定了主要业务流程的内容和基本模式。因此,流程设计的起点就是明确顾客的需求内容和需求模式。顾客的需求内容主要为产品或服务的功能特性、技术特性、服务特性。所谓顾客需求模式是指其所需产品或服务的数量、时间等。因此,影响基本业务流程设计的主要因素就是产品或服务的功能和技术特性、产品或服务的服务模式和企业产品的产销模式,产品的生产方式也会影响业务流程的设计。

(一)产品或服务的功能和技术特性

产品或服务功能不同,基本业务流程也不同。

商业企业为顾客提供各类购买服务。其基本业务流程见图10-1。

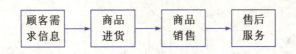

图 10-1　商业企业业务流程

货运代理的集装箱拼箱业务,为客户提供集装箱拼箱托运服务,其业务流程见图 10-2。

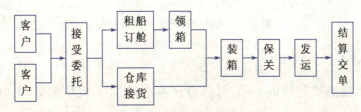

图 10-2　货运代理拼箱业务流程

有形产品生产企业为顾客制造所需要的产品。有形产品生产企业基本业务流程见图 10-3。

图 10-3　有形产品生产企业业务流程

同是有形产品,产品功能和技术特性不同,基本业务流程也不同。例如,家用计算机和电视机同是家电产品,因产品功能和技术特性不同,企业要为购买家用计算机的用户提供安装调试服务,所以家用计算机产品基本业务流程中具有安装调试环节,而电视机则不需要提供安装调试服务。

此外,有时产品功能和技术特性不同,其基本业务流程可能相同,而某些子流程会不同。例如,家用计算机和空调的业务流程基本相同,但两种产品的生产流程有很大差别。

(二) 产品或服务的服务模式

由于产品使用难度不同,客户要求企业提供的培训服务不同,从而基本业务流程不同。电风扇、电话等家用小电器产品,其使用方法客户极易掌握,不需要企业提供相关的培训、安装调试等服务,而诸如系统软件等使用难度较高的产品,不仅要提供售前服务,而且要提供培训、安装、调试、试运行、验收等售中服务,以及相应的售后服务等,见图10-4。

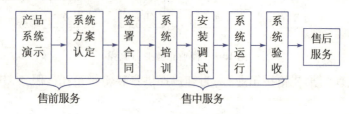

图 10-4　系统软件产品的销售流程

(三) 产品的产销模式

根据出货前置时间的不同,可以将企业产销特性分为 A 型、B 型、C 型和 D 型。

A 型为订单生产方式。按顾客订单要求的供货时间供货的产品可以采用订单生产,如飞机、发电机组等大型设备。订单生产方式没有资金积压,要求所用的原材料、零部件和成品均无库存。由于交货时间和产品价格已经确定,要更好地满足顾客需求,关键是企业尽可能缩短交货时间。其流程的起点为顾客订单。

D 型为成品备货生产方式。顾客要求随时供货的产品可以采用成品备货生产,如食品、家电等民用品,顾客要求现货购买。为此,企业要有一定的成品库存。成品备货生产可以很好地解决顾客需求的及时性问题,但由于成品库存占用一定的库存费用,必然影响产品的价格。要尽量降低库存费用,关键要做好产品顾客需求量预测,其流程的起点是销售量预测。

B 型和 C 型为部件备货生产方式。B 型为原材料备货生产方式,C 型为原材料、半成品备货生产方式。某些工业用品,如机床、电器等产品,企业在接受订单后,为了能更快地提供产品,可以建立原材料、半成品库存,一旦接到订单可以立即组织生产。B 型需要建立原材料备件仓库,C 型还需要建立半成品仓库。由于减少了成品备货,因而成本降低,同时又降低了延迟供货时间的概率。备货生产方式的关键是补货及时,保证安全存量。

A、B、C、D 四种类型产销特性不同,必然使其业务流程也不一样。其中,A 为订单生产方式,D 为库存生产方式。而 B 与 C 是介于 A 和 D 两者之间的生产方式。B 更接近于 A,C 更接近于 D。

图 10-5 与图 10-6 分别是订单生产方式与库存生产方式的业务流程图。

第十章 业务流程再造

图 10-5　订单生产方式业务流程

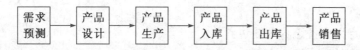

图 10-6　库存生产方式业务流程

此外,产品生产方式不同,其业务流程模式也不同。其中标准化、大流量产品应采用流水线式装配流程;设备与工件相对独立,互相分立,设备通用程度高的成批轮番生产和小批量生产的加工方式,其业务流程较为复杂,业务流程有多种选择。飞机、大型发电机组等单个产品的生产要采用项目管理流程。这部分内容具体请参考本书"第三章流程设计"中的第一节,此处不再累述。

二、业务流程设计的步骤

不同的业务活动其基本结构也不相同,但是任何业务活动都包含输入、输出、物流、信息流等因素,这些因素互动的结果是满足顾客的需求。业务流程设计的六个步骤如下。

(一)选择所需设计的业务流程

业务流程要根据不同的业务活动来定义,企业经营的业务活动有不同的范围和内容,如管理活动、销售活动、设计活动、生产活动等。根据这些业务活动,可以相应定义的业务流程有管理流程、销售流程、设计流程、生产流程等,从而选择所需设计的具体业务流程系统。

(二)收集和分析有关信息

根据所要设计的业务流程收集和分析相关信息,具体包括:顾客的需求和需求模式;企业的管理特性和管理模式;国家相关的法律和法规;企业自身的资源与能力;渠道资源能力,包括供应商的供应能力与销售商的销售能力;市场竞争状况等。

（三）确定业务流程设计的目的

企业流程设计的核心目的是以顾客满意为中心的原则或以提高系统运行效率为原则；设计业务流程时，要重点关注流程生产与运送相应产品或提供服务的能力。通常可以用四个基本特征加以衡量：流转时间、流程成本、流程质量、流程的灵活性。

（四）定义业务流程系统边界

每一个业务流程系统都有自己的输入输出因素，输入和输出主要包括信息流的内容和物流内容。定义业务流程系统边界必须根据业务流程设计的目的确定信息流程的起点和终点、物流的起点和终点，并确定输入和输出的信息流、物流的内容。识别了这个系统的边界将有助于对流程设计的理解，下面用一个银行的例子来说明系统边界的界定。

【示例10-4】

A银行正在考虑购置新自动柜员机，这一决策的相关系统会产生哪些影响呢？首先，新自动柜员机将影响出纳职能，因为现金可以通过设备直接存入或取出，而无须经过出纳；如果柜员机能够自动记录该项业务发生的会计过程，则也会影响会计的职能。另外，员工的工作也受到影响，由于新设备的增加，在业务量一定的情况下，会减少出纳和会计员工的工作量，进而减少该岗位员工的总人数；同时，必须设置一些新的工作岗位，如安排新的工人来适时地对自动柜员机进行维修和保养，以保证其能够正常运行；增加客服人员以指导顾客使用该设备等。

（五）评估与审批业务流程

设计的业务流程必须与相关部门沟通，取得共识后确定，并报经主管领导评估和审批。业务流程评估的标准是产品质量、服务质量、产品价格和响应时间。审批的依据是顾客满意的流程效率和适应性。

（六）规范流程管理

为了保证流程运行的质量，必须确认流程主体和主要责任人，形成一条无缝的责任链。还可以通过制定流程程序文件、制定流程输入规范和输出规范、绘制流程图、编制业务流程清单等方式，进一步规范流程的管理。

第十章 业务流程再造

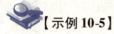
【示例10-5】

银联信的银行流程再造最早由美国的银行再造专家保罗·阿伦提出。20世纪80年代中期开始,一场在美国兴起的"银行流程再造"运动迅速向全世界扩展。再造以后的银行成本明显下降,收益水平明显增加,平均资本收益率(ROE)由再造之前的14%提高到再造之后的20%。

银联信运用先进的流程再造理念和方法,对银行的业务流程和经营方式进行脱胎换骨式的彻底改造,建立面向市场、以客户为中心的系统化业务流程,确立扁平化、集中化、垂直化、专业化的组织体系,实现前、中、后台分离,建立类似工业企业的一体化、流水线作业、"工厂式"的流程化管理模式,使得银行在经营成本、服务质量、客户满意度和应变能力等方面有质的突破,将原来的"部门银行"转变为"流程银行",将银行经营管理带入一个新的高度。

在流程优化的具体操作上,银联信主要采取三大步骤:

首先,采用时间指标、成本指标、质量指标和风险指标作为流程优化的定量化管理指标,以快速、准确、容易作为流程优化的定性化管理指标,构建出银行的横向一体化的基础业务流程运作和管理体系,即一级业务流程管理体系。

其次,结合银业务特点和管理架构,进一步梳理局部流程,以银行价值取向作为指导,优化处理局部流程中出现的瓶颈问题以及短板问题,即二级业务流程管理体系。

最后,结合银行发展规划,制定出阶段性流程优化目标和任务、改进措施、操作手段和管控措施,并配合银行的绩效管理,使流程优化落地实施,真正提升银行运营效率。

资料来源:http://www.unbank.info/page/sid/1/pid/249/item/2.shtml。

第三节 流程再造的实施过程

一、实施 BPR 的前提

(一) 实施 BPR 的战略动因

业务流程重组只有在企业调整战略地位时才真正存在实施需要,因此在业务流程重组之前,明确企业调整经营战略的必要就显得异常重要。需要调整战略的因素有:

(1) 认识到竞争对手将在成本、速度、灵活性、质量及服务等方面产生优势；
(2) 增加运营能力所需的战略；
(3) 重新评估战略选择的需要，如进入新市场或重新定位产品与服务；
(4) 核心运营流程基于过时的商业假设或技术建立；
(5) 企业的战略目标似乎无法实现；
(6) 市场上有了新变化，如市场份额需要扩大，出现新的竞争对手等。
当企业出现以上因素时，业务流程重组的实施就有了战略驱动力。

（二）实施 BPR 必要的关键成功因素

尽管业务流程重组形成了世界性的浪潮，并且有许多异常成功的案例，但是仍有超过一半的业务流程重组项目走向失败或是达不到最初设定的目标。这中间最大的三个障碍是：①缺乏高层管理人员的支持和参与；②不切实际的实施范围与期望；③组织对变革的抗拒。正是因为这些原因，业务流程重组的"关键成功因素"(Key Success Factors, KSF)就变成一个重要的研究领域，以下是业务流程重组的 KSF：

(1) 核心管理层的优先关注；
(2) 企业的战略引导；
(3) 可以量度的重组目标；
(4) 可行的实施方法；
(5) 业务流程重组是一个过程；
(6) 提升业务流程的过程应得到持续的资金支持；
(7) 组织为流程而定，而不是流程为组织而定；
(8) 将客户与供应商纳入业务流程的重组范围；
(9) 重组的一致性优先于完善性。

【示例 10-6】

福特汽车公司的业务流程重组

20 世纪 80 年代初，福特汽车公司像许多美国大企业一样面临日本竞争对手的挑战，正想方设法削减管理费和各种行政开支。公司北美应付账款部有 500 多名员工。按传统观念，这么大一家汽车公司，业务量庞大，有 500 多个员工处理应付账款是合情合理的。当时曾有人想到，要设法利用电脑等设备，使办公实现一定程度的自动化，提高 20% 的效率就很不错了。

促使福特公司认真考虑"应付账款"工作的是日本马自达汽车公司。马自达公司是福特公司参股的一家公司,尽管规模远小于福特公司,但毕竟有一定的规模了。马自达公司负责应付账款工作的只有 5 个职员。5∶500,这个比例让福特公司经理再也无法泰然处之了,应付账款部本身只是负责审核并签发供应商供货账单,符则付,不符则查,查清再付。整个工作大体上是围着"审核"转,自动化也帮不了太大的忙。应付账款本身不是一个流程,但采购却是一个业务流程。思绪集中到流程上,重组的火花就渐渐产生了。重组后的业务流程完全改变了应付账款部的工作和应付账款部本身。现在应付账款部只有 125 人(仅为原来的 25%),而且不再负责应付账款的付款授权,这意味着业务流程重组工程为福特公司的应付账款部门节俭了 75% 的人力资源。

二、流程再造的原则

(一)以顾客为中心的目标原则

将顾客满意放在第一位,这是流程再造的基本原则。因此,流程再造要求建立以最快的速度响应和不断满足顾客个性化和差异化需求的流程、组织结构和运营机制。比如,沃尔玛建立快速补货体系、福特公司缩短开票流程等。流程再造的目的就是要求企业各部门都围绕着以顾客为中心开展工作,行动一致。这样就大大减少了各部门之间的接口问题,降低了运营费用和管理成本,提高了工作效率,提高了对顾客的反应速度,在同行业中增强了竞争力。

当今的市场竞争不只是单一企业与单一企业的竞争,而是一个企业价值链与另一个企业价值链之间的竞争。因此,决策者在进行业务流程重组时不仅要考虑企业内部的业务流程,还应对客户、企业自身与供应商组成的整个供应链中的全部业务流程进行重新设计。也就是说,要将整个供应链渠道纳入"顾客满意"流程体系。

同时,"顾客"既可以是外部的,也可以是内部的。内部顾客是指企业的任何一个雇员。每位员工或者员工群体都构成了对外部顾客供给循环的一部分,它们既为其他流程单元提供自己的产品,也是其他某一流程单元的"顾客"。如果内部顾客没有适宜的服务水平,使他们以最大的效率进行工作,那么,外部顾客所接受的服务便会受到不良影响,必然会引起外部顾客的不满甚至丧失外部顾客的忠诚。如果企业对这一问题不给予足够的重视,势必会导致较低的顾客忠诚度和较高的顾客流失率,最终导致企业赢利能力降低。因此,"顾客满意"的原则必须要延伸到企业内部的业务流程环节之间。

【延伸阅读 10-2】

现代企业进行质量管理，无论是运用全面质量管理的理论，还是以 ISO9000 标准建立组织质量管理体系，其最终目的是使顾客满意。因此，过程质量控制中要使内部顾客满意，企业员工无论处于何岗位、何过程，也无论从事什么活动或工作，要时时处处秉承"下一过程就是顾客"的内部顾客理念，时刻牢记"以顾客为关注焦点""顾客至上"的宗旨，各尽其能、各司其职地做好每一项工作。

【示例 10-7】

ZARA 凭什么"快"起来？

ZARA 凭借其令人咋舌的快速反应能力在激烈的市场竞争中赢得了成功。"高速度、小批量、多款式"构成 ZARA 与众不同的生产方式，ZARA 最成功的地方在于：把由设计到销售所需的时间大幅缩减，ZARA 的前导时间只有 12 天。它保证了第一时间为顾客带来最为时尚的新款服装。传统的服装零售商由于生产周期长而不能根据季节的变化随时改变设计或增加新的款式，而 ZARA 由于其快速的生产方式可以随时更换产品的数量、设计、面料、色彩，其速度与二十多岁的年轻人改变心意的速度一样快。公司会在商店里不断地推出新产品来测试顾客的反应。由于从设计到上架的时间只需要短短 9—15 天，ZARA 公司能够抓住最新的潮流，并且很快地将其付诸实施。去年 ZARA 生产了 20 000 种不同的产品——是 Gap 公司的三倍。Gap 公司从设计到上架需要 3—6 个月；H&M 公司需要 20 天。

那么，Zara 的流程如何支持其快速战略呢？那是通过使用多种非传统的方法做到的。ZARA 公司自己在西班牙拥有 22 家工厂，其所有产品的 50% 通过自己的工厂来完成，以保证绝对的快速。其余 50% 的产品 ZARA 外包给 400 家小加工厂，它们负责大量繁琐的缝制工作。而且，一个工厂只生产一种款式，这就绝对保证了生产的专业化水平和非常快的速度。这 400 家企业其中 70% 在欧洲，而且主要是在西班牙和葡萄牙，地理位置的便利让这些工厂能对 ZARA 的订单快速做出反应，尤其是异常时尚的款式。而剩下的 30% 则主要在亚洲生产，ZARA 向这些地方订"基础型"产品或者当地有明显优势的产品。这也是 ZARA 取得成功的关键之处。

在 ZARA 的西班牙总部，有数以百计的年轻设计师、采购和生产计划人员在一个紧密合作的团队中工作，他们做好了应对最新客户潮流的准备。公司自己管理所有的设计、仓储、配送和物流。ZARA 公司补货系统的效率依赖于整个供应链信息交换的速度,这个供应链包括从顾客到门店经理再到市场专员和设计师,从设计师到生产人员再到分包商和配送商,等等。生产和配送都是小批量的。多余的产能能够保证新的订单可以很容易地安排到生产计划当中。在每个季度初,布料和其他原材料的采购开始是比较慢的,但随着客户偏好的明朗,速度会快速提升。零售门店对下单和收货有严格的时间表,这就在整个供应链上设置了一个反应的节拍。衣服在到达商店之前已经预先设定好价格和标签。ZARA 的物流配送系统十分发达,大约20公里的地下传送带将 ZARA 的产品运送到西班牙拉科鲁尼亚的货物配送中心,该中心拥有非常成熟的自动化管理软件系统。为了确保每一笔订单准时到达目的地,ZARA 借用光学读取工具进行产品分拣,每小时能挑选并分拣超过6万件的服装。物流中心的运输卡车依据固定的发车时刻表,不断开往欧洲各地。ZARA 还有两个空运基地,通常欧洲的连锁店可以在 24 小时之内收到货物,美国的连锁店需要 48 小时,日本在 48 小时—72 小时之间。

"速度"虽然是 ZARA 占领市场的法宝,但"速度"的背后却是 ZARA 集约式的高效管理与有力的 IT 支撑,更重要的是对原有服装生产流程的颠覆。

资料来源:根据 http://www.askci.com/bschool/2014/08/28/141824atc1_all.shtml 材料整理

(二) 从上到下的整体联动效应

流程再造有赖于组织最高管理层的坚定而积极的倡导推动;有赖于一个各有所长的优秀人才组建而成的再造指导机构和再造小组,对整个再造活动负有自上而下的责任与权力;更有赖于广大员工主动、积极和创造性地参与和合作。

(三) 全面关注业务流程的系统优化

流程再造理论打破了传统模式下以部门为单位的劳动分工体系,避免了作业流程被分割成各种简单任务的弊病。流程再造主张企业业务以"流程"为中心进行,而不以一个专业职能部门为中心进行,实行根据工作任务组成各个职能管理部门并连成相应的业务流程。

企业可以在设计和优化业务流程和组织结构时,利用 IT 技术实现信息的获取和处理以及共享使用机制,将串行流程改造为并行流程,并适时地对销售、生产售后服务等信息进行有效的整合,使整个企业分散分布的资源有机地联结起来,以解决原有企业中固有的分散与集中管理之间的相互冲突的问题。

流程再造强调整体全局最优,而不是单个环节或作业任务的最优。它注重整体流程的系统优化。整体最优化的衡量标准是要理顺业务流程，强调流程中每一个环节上的活动尽可能有助于实现整个流程最大化增值，尽可能减少无效的或对整个流程的增值无作用的活动。

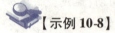

【示例 10-8】

IBM 信贷公司是 IBM 的一个全资子公司，它为 IBM 公司销售的计算机、软件和服务提供融资服务，即为 IBM 的顾客提供贷款服务。IBM 信贷公司早期的经营方式非常呆板。如果 IBM 公司的一位销售人员需要这种服务时，他将通过电话与 IBM 信贷公司的人进行联系，提出融资要求。IBM 信贷公司本来打算将处理信息申请的五个部门用计算机联系起来，显然，这样可以提高信用文件从一个部门转到下一个部门的速度，但实质上其信用申请的程序并未改变，尚不能从根本上减少文件的等待时间。运用再造工程方法，借助计算机的信息处理能力可将原来的五个部门合并为一个部门。IBM 信贷公司对流程重新设计所带来的绩效是巨大的，一个平均 7 天以上的过程被减少到 4 个小时。与此同时，管理费用不仅没有提高，而且还有所降低。这一过程的再设计使公司所处理的交易额增加了 100 倍。

资料来源：根据 http://qzdingsheng.blog.163.com/blog/static/1320631322009107104418382/整理

【延伸阅读 10-3】

流程再造理论要求流程中每一个环节的活动尽可能实现最大化增值。在企业管理活动中，研发与生产环节，是流程增值最直接的环节，但是如果没有仓储、物流和销售到消费者手中的其他环节，前面的增值活动就根本不可能实现。由此可见，仓储流程、送货流程、销售流程都不是增值流程，但它们或担当保值责任、或实现价值交换，却都是流程增值最终实现必不可少的环节。还有诸如企业的监察、审计、安保环节，如果没有这些保值、防贬值流程，企业的生产成果或流程增值可能要大大打折扣，甚至化为乌有。

从这个角度来看，我们没有必要确认所有的流程或活动都是增值的。如果我们改换一下思路，从流程增值、保值或防贬值的角度去理解这些"必要的流程或活动"，就可"迎刃而解"了。迈克尔·波特提出的"企业内部每一个活动是否创造价值，在于其是否能为后续活动提供所需，是否有助于后续活动的成本降低和质量改善"，这完全可以作为流程或活动是否增值的判断准则。

三、流程再造的方法

BPR 作为一种重新设计工作方式、设计工作流程的思想,是具有普遍意义的,但在具体做法上,必须根据本企业的实际情况来进行。美国的许多大企业都不同程度地进行了 BPR,其中一些主要方法如下。

(一) 合并相关工作或工作组

如果一项工作被分成几个部分,而每一部分再细分,分别由不同的人来完成,那么每一个人都会出现责任心不强、效率低下等现象。而且,一旦某一环节出现问题,不但不易于查明原因,更不利于整体的工作进展。在这种情况下,企业可以把相关工作合并或把整项工作都交给一个人来完成,这样,既提高了效率,又使工人有了工作成就感,从而鼓舞了士气。如果合并后的工作仍需几个人共同担当或工作比较复杂,则成立团队,由团队成员共同负责一项从头到尾的工作,还可以建立数据库、信息交换中心,来对工作进行指导。在这种工作流程中,大家一起拥有信息,一起出主意想办法,能够更快更好地做出正确判断。

(二) 工作流程的各个步骤按其自然顺序进行

在传统的组织中,工作在细分化了的组织单位间流动,一个步骤未完成,下一步骤开始不了,这种直线化的工作流程使得工作时间大为加长。如果按照工作本身的自然顺序,是可以同时进行或交叉进行的,则尽可能安排同时或交叉进行。这种非直线化工作方式可大大加快工作速度。

(三) 根据同一业务在不同工作中的地位设置不同工作方式

传统的做法是,对一项业务按同一种工作方式处理。为了使这种工作方式在不同的工作中都有效,因此就对这项业务设计出在最困难最复杂的工作状况中所运用的处理方法,再规定把这种工作方法运用到所有适用于这项业务的工作过程中。另外,也可以根据不同的具体工作状况设置出对这一业务的若干处理方式,这样就可以大大提高效率,也使工作变得简捷。

(四) 模糊组织界线

在传统的组织中,工作完全按部门划分。为了使各部门工作不发生摩擦,又增加了许多协调工作。因此,BPR 可以使严格划分的组织界线模糊甚至超越组织界线。例如,P&G 根据超级市场信息网传送的销售和库存情况,决定什么时候生产多少、送货多少,并不一味依靠自己的销售部门进行统计,同样,这也就避免了很多协调工作。

在上述方法上,应用业务流程设计的方法对企业业务流程重新设计,即可达到业务流程重组的结果。

【示例10-9】

美国保险直销公司是一家通过电视、电话和直接邮寄向消费者出售各种保险(包括人身保险、财产保险、健康保险、意外伤害保险等)的直销商。该公司面向一般公众,采用无差别市场策略。它曾邀请名人为公司产品做电视广告,也曾向上百万人邮寄广告以推销保险。在20世纪80年代中期以前,这种保险公司向消费者直接寄广告的方法一直收效不错,但到了80年代中期,这种营销方式突然失灵了。由于消费者信箱里常常充斥各种邮件,因此公司富有创意的广告很可能被直接丢进垃圾箱。更糟的是,在顾客至上的年代,公司的无差别营销战略已不合时宜。在由许多观念和爱好不同的消费者组成的市场中,曾被公司称为"友好的大熊"的大规模市场不复存在。与此同时,曾经能够把信息有效地传送给一般消费者的大众媒介也今非昔比,因为除了三大电视网之外,电视观众们已经有了更多的选择。一时间,公司增长缓慢,顾客响应率滑坡,相应地,每笔保险单的成本上升,利润随之下降。

适者生存,这是保险直销公司对突如其来的打击得出的教训。为了提高公司对顾客的价值,增加顾客的响应率,保险直销公司采用细分市场的策略,在巩固老顾客的同时,把与本公司战略相配的潜在顾客作为目标市场。针对特定顾客的需要,总裁诺姆·菲尔普斯为保险直销公司勾勒了发展远景,公司很快组建了业务流程再造项目小组。该组提出了一个"8"字形经营模式,其中上圈代表市场管理部,下圈代表顾客管理部。顾客管理部将为顾客提供即时的个人化服务;市场管理部将使用全国最大的数据,提供各类顾客及潜在顾客的详细资料。这样既裁减了那些不必要、不增值的部门,又满足了顾客的需要。"8"字形经营模式,使保险直销公司的产品得到广大顾客的青睐。可是,要设计出"8"字形经营模式并非那么容易。保险直销公司选拔了专业人员负责"8"字形经营模式的设计,同时为了让这种富有现代特点流程的"8"字形经营模式适应企业的现代文化,公司打破了过去那种因为那些自己知道而别人不知道的信息会使他们显得对公司更为重要的文化。为了消除企业文化中的消极、抵制因素,公司与每一位员工进行互动式的沟通,制定了系统化、科学化企业再造流程。在实施企业再造流程过程中,公司的高级领导高度支持和参与,而且公司引进信息技术的支持,及时改变了公司以前的人力资源管理制度,收效甚大。

资料来源:根据丁华民主编,跟大师学·管理,吉林文史出版社2006年版改编

本章学习要点回顾

流程再造是对企业的业务流程作根本性的思考和彻底性重建。企业现有业务流程存在的诸多弊病和面临市场环境迅速变化的全新挑战是业务流程再造的主要原因。业务流程再造可以使得企业贴近市场、减少成本,从而全面提升产品质量,提高服务质量和水平。

影响基本业务流程设计的主要因素有产品或服务的功能和技术特性、产品或服务的服务模式和企业产品的产销模式,产品的生产方式也会影响业务流程的设计。业务流程设计应按照选择所需设计的业务流程、收集和分析有关信息、确定业务流程设计的目的、定义业务流程系统边界、评估与审批业务流程、规范流程管理等步骤进行。

流程再造应当遵循以顾客为中心的目标、从上到下的整体联动效应、全面关注业务流程的系统优化等原则。流程再造的主要方法有:合并相关工作或工作组;工作流程的各个步骤按其自然顺序进行;根据同一业务在不同工作中的地位设置不同工作方式;模糊组织界线。

复习思考

1. 什么是业务流程?什么是业务流程再造?
2. 为什么要进行业务流程再造?流程再造有何作用?
3. 业务流程设计的影响因素有哪些?
4. 试述业务流程设计的主要步骤。
5. 业务流程再造的关键成功因素是什么?试说明业务流程再造的实施方式。

参 考 文 献

1. 陈荣秋、马士华编著.生产运作管理(第2版).北京：机械工业出版社,2006
2. 陈荣秋、马士华编著.生产运作管理(第3版).北京：机械工业出版社,2009
3. 陈荣秋、周水银编著.生产运作管理的理论与实践.北京：中国人民大学出版社,2002
4. 陈志祥、李丽编著.生产与运作管理.北京：机械工业出版社,2009
5. Christopher Lovelock, Jochen Wirtz 著,周逸衡、凌仪玲译.服务业行销.台北：华泰文化事业股份有限公司,2005
6. 丁华民主编.跟大师学·管理.长春：吉林文史出版社,2006
7. 丁慧平编.现代生产运作管理.北京：中国铁道出版社,2000
8. 丹尼尔·贝尔著,王建民译.后工业社会的来临.北京：新华出版社,1997
9. 戴维斯等著,汪蓉等译.运营管理基础.北京：机械工业出版社,2004
10. 龚国华、王国才编著.生产与运营管理：制造业和服务业.上海：复旦大学出版社,2003
11. 高鹏举等编著.生产与运作管理.上海：中国纺织大学出版社,2001
12. 龚益鸣等编著.质量管理.上海：复旦大学出版社,2004
13. 高声荣主编.质量手册编制实用指南.北京：经济管理出版社,1994
14. 黄卫伟编著.生产与运营管理.北京：中国人民大学出版社,2006
15. 靳志宏主编.生产与运作管理.北京：清华大学出版社,2009
16. 季建华主编.运营管理.上海：上海人民出版社,2007
17. 杰伊·海泽、巴里·伦德尔著,陈荣秋等译.运作管理.北京：中国人民大学出版社,2006
18. John R. Hauser and Don Clausing, "The House of Quality," Harvard Business Review, May-June 1988
19. 罗伯特·S.拉塞尔等著,邵晓峰译.运营管理：创造供应链价值(第6版).北京：中国人民大学出版社,2010
20. 李季主编.企业运营管理.北京：首都经济贸易大学出版社,2003
21. 刘晓冰主编.运营管理.大连：大连理工大学出版社,2005

22. 刘大明、胡川编著.运作管理.武汉：武汉大学出版社,2005
23. 刘丽文著.运营管理.北京：中国经济出版社,2002
24. 蔺雷、吴贵生编著.服务管理.北京：清华大学出版社,2008
25. 梁国明编著.常用统计技术方法43种.北京：中国标准出版社,2004
26. 理查德B.蔡斯、F.罗伯特·雅各布斯、尼古拉斯J.阿奎拉诺著,任建标等译.运营管理（原书第11版）.北京：机械工业出版社,2007
27. 李·克拉耶夫斯基、拉里·里茨曼著,刘晋、向佐春译.运营管理：流程与价值链.北京：人民邮电出版社,2007
28. 麦格纳森等著,刘伟、石海峰译.六西格玛:通向卓越质量的务实之路.北京：中国标准出版社,2002
29. 诺曼·盖泽、格雷格·富兰泽尔著,刘庆林等译.运营管理.北京：人民邮电出版社,2005
30. 贾森·马吉德松（Jason Magidson）.你的顾问设计了吗?《商业评论》2005年第9期
31. 佩凰帕、德兰罗著,高俊山译.业务流程再造精要.北京：中信出版社,2002
32. 彭东辉主编.流程再造教程.北京：航空工业出版社,2004
33. 齐二石主编.生产与运作管理教程.北京：清华大学出版社,2006
34. 任建标主编.生产与运作管理.北京：电子工业出版社,2006
35. 阮喜珍主编.生产与运作管理.大连：东北财经大学出版社,2008
36. 史蒂文森、张群、张杰著.运营管理.北京：机械工业出版社,2008
37. 苏慧文著.中国企业市场主义管理与业务流程再造.青岛：青岛海洋大学出版社,2001
38. 唐晓芬主编.六西格玛质量之旅（管理者读本）.北京：中国标准出版社,2002
39. 上海质量管理科学研究院编著.六西格玛实施技巧（绿带读本）.北京：中国标准出版社,2003
40. 王璞、曹叠峰.流程再造.北京：中信出版社,2005
41. 夏健明主编.运营管理.上海：立信会计出版社,2004
42. 于晓霖主编.质量管理.北京：中央广播电视大学出版社,2003
43. 于献忠主编.2004版质量专业理论与实务（中级）.北京：中国人事出版社,2004
44. 张杰编著.生产与运营管理.北京：对外经济贸易大学出版社,2004
45. 郑称德编著.运作管理.南京：南京大学出版社,2003
46. 赵启兰主编.生产运作管理.北京：清华大学出版社,2008

47. 张莉等编著.质量管理体系内审员实用培训教程.北京：企业管理出版社,2003
48. 周妮等编.企业业务流程设计与再造.北京：中国纺织出版社,2005
49. 王蓁著.终端为什么缺货.北京:清华大学出版社,2006
50. 詹姆斯·沃麦克等著,沈希瑾等译.丰田精益生产方式.北京:中信出版社,2008
51. 大野耐一著.丰田生产方式.北京:中国铁道出版社,2006
52. 郑伟雄主编.国际外包——国际外包全球案例与商业机会.北京:经济管理出版社,2008

图书在版编目(CIP)数据

运营管理/孙慧主编. —2 版. —上海:复旦大学出版社,2016.9(2022.1 重印)
ISBN 978-7-309-12450-7

Ⅰ. 运… Ⅱ. 孙… Ⅲ. 企业管理-运营管理-高等学校-教材 Ⅳ. F273

中国版本图书馆 CIP 数据核字(2016)第 168297 号

运营管理(第二版)
孙 慧 主编
责任编辑/王联合

复旦大学出版社有限公司出版发行
上海市国权路 579 号 邮编:200433
网址:fupnet@fudanpress.com http://www.fudanpress.com
门市零售:86-21-65102580 团体订购:86-21-65104505
出版部电话:86-21-65642845
浙江临安曙光印务有限公司

开本 787×960 1/16 印张 18.25 字数 320 千
2022 年 1 月第 2 版第 5 次印刷
印数 18 301—19 900

ISBN 978-7-309-12450-7/F·2290
定价:39.80 元

如有印装质量问题,请向复旦大学出版社有限公司出版部调换。
版权所有 侵权必究

责任编辑　王联合
封面设计　马晓霞

　　随着社会的进步，服务业逐步兴起，生产的概念已扩大到服务领域，并逐步形成了包含生产和服务管理的学科体系——运营管理。运营管理研究生产要素的投入如何转化为有形产品和无形服务的过程，是企业经营管理的一项重要内容。

　　本书系统介绍了运营管理的完整过程：运营系统设计——运营系统运行管理——运营系统改进。共分为十个章节，第一章为运营管理的概述；第二章至第四章介绍了运营系统的设计，包括产品和服务设计、流程设计、设施选址与布置等三个章节；第五章至第八章介绍了运营系统的运行管理，包括运营计划、库存管理、质量管理和项目管理等四个章节；第九章至第十章介绍了运营系统的改进，包括准时生产与精细生产、流程再造等两个章节。

　　本书在编写过程中，加大了服务性企业运营管理的比重，内容注重实务性，着重说明怎么做、如何做。尽量避免大段的基本概念与理论的介绍，采用一个知识点搭配一个小例子的方法，尽可能穿插一些短小的、具有经典性或时效性的"案例"和"延伸阅读"材料，使抽象的知识变得更加具体和生动。

　　本书可作为高等院校工商管理专业的教材，也适用于从事生产运营管理实践的相关人员阅读。

定价：39.80元
www.fudanpress.com